dtv

Gordon Grice frönt einem nicht ganz alltäglichen Hobby, das manch anderem das Blut in den Adern gefrieren ließe: In seinem Haus beherbergt er Schwarze Witwen, Gottesanbeterinnen und Giftschlangen. Der unerschrockene Hausherr erweist sich darüber hinaus als genauer Beobachter und witziger Führer durch eine Welt, in der Sex in Kannibalismus endet und trockene Brunnen als Überwinterungsquartier für Hunderte von Klapperschlangen dienen, die sich wohlig aneinander kuscheln. Bei diesem kurzweiligen Buch werden selbst eher schreckhafte Zeitgenossen schnell ihre Furcht überwinden und sich von den präzisen Beschreibungen gern fesseln lassen, im Wissen, dass diese Tiere ganz weit weg leben und sie hier beruhigt barfuß über eine Wiese laufen können. Oder vielleicht doch nicht?

Gordon Grice unterrichtet Altphilologie und Englisch am Seward County Community College in Liberal, Kansas.

GORDON GRICE

Die rote Sanduhr

Aus dem Leben von Spinnen, Klapperschlangen und anderen Kuscheltieren

Aus dem Englischen von Thomas Bauer

Deutscher Taschenbuch Verlag

Deutsche Erstausgabe
Juli 2002
Deutscher Taschenbuch Verlag GmbH & Co. KG, München
www.dtv.de

Published by arrangement with
Sanford J. Greenburger Associates, Inc., New York
Titel der amerikanischen Originalausgabe:
The Red Hourglass.
Lives of the Predators
Delacorte Press, New York
Deutschsprachige Ausgabe:

Umschlagkonzept: Balk & Brumshagen
Umschlaggestaltung unter Verwendung einer Fotografie von © Getty Images
Bavaria/Buddy Mays
Satz: Offizin Wissenbach, Höchberg bei Würzburg
Gesetzt aus der 10/13,5 Punkt Garamond
Druck und Bindung: Buchdruckerei C. H. Beck, Nördlingen
Gedruckt auf säurefreiem, chlorfrei gebleichtem Papier
Printed in Germany · ISBN 3-423-20547-4

Für Tracy, Parker und Abilene

DANK

Bei der Recherche für dieses Buch profitierte ich von den Erfahrungen und dem Wissen vieler Menschen; ihnen allen gebührt mein Dank. Ganz besonders möchte ich mich bei David Grice, Michael Ridgway und Michael Gabriel bedanken, deren Sachkenntnis äußerst hilfreich war; bei Steve Ridgway, der mich zu zahlreichen Abenteuern ermuntert hat; bei Pat Krause, der mich großzügig mit Informationen über Dr. Allan Blair versorgte; bei William Harrison, der mir bei meinen ersten Versuchen, über Schwarze Witwen zu schreiben, unter die Arme gegriffen hat; bei meiner Agentin Elyse Cheney, von der die Idee für dieses Buch stammt, und bei James Twiggs, der mich immer bestens berät.

INHALT

SCHWARZE WITWEN

Ich mache Jagd auf Schwarze Witwen. Wenn mir eine über den Weg läuft, fange ich sie ein. Ich entdecke sie in ausrangierten Autoreifen und unter Eisenbahnschwellen. Ich entdecke sie in den Grundmauern und Kellern von Häusern, in Fachgeschäften für Autozubehör und in Werkzeugschuppen, an Zäunen und in Löschbetonwänden. Als kleiner Junge hob ich immer die eisernen Deckel an, unter denen sich unterirdische Wasserzähler verbergen, und dort, in der Dunkelheit der Zählerschächte, sah ich dann oft etwas Rundliches von der Form eines blanken Totenschädels, das schimmerte wie zerschlagenes Vulkangestein und von zwei blutroten Dreiecken gezeichnet war, die sich berührten wie die gläsernen Hälften einer Sanduhr: So zeigt sich die Witwe dem Betrachter im Halbdunkel. Ein kurzes Stochern mit einem Stock macht sie für ein paar Sekunden zur Gefangenen ihres eigenen Netzes – lange genug, um sie mit einem Glas einzufangen.

Wenn ich auf den gepflasterten Wegen eines künstlich angelegten Parks in meiner Heimatstadt spazieren gehe, sehe ich an heißen Tagen manchmal ein Funkeln, das nur aus einem ganz bestimmten Winkel zu erkennen ist. Gleich in der Nähe hat sich fast immer irgendein vom Wind verwehter Abfall an den scharfen Kanten eines Granitblocks oder im Sand unter einem stacheligen Feigenkaktus verfangen. Ein kurzer prüfender Blick verrät mir, dass Abfall, Stein, Kaktus und Boden von einem beinahe unsichtbaren Netz zusammengehalten werden. Aus irgendeiner Ritze lugen die glatten, klauenförmigen Beine einer Schwarzen Witwe hervor. Um eine Witwe in dieser Situation zu fangen, muss ich mir ein lebendes Insekt suchen und es in ihr Netz werfen. Erst wenn sie ihren Schlupfwinkel verlässt, um das Insekt zu töten, und ganz und gar damit beschäftigt ist, es zu beißen und einzuwickeln, habe ich eine reelle Chance, sie zu erwischen; andernfalls würde sie viel zu schnell wieder in ihrem Versteck verschwinden.

Als ich noch im trockenen Westen Oklahomas wohnte, entdeckte ich einmal eine Schwarze Witwe unter der Schwelle der Tür zu meinem Garten. Sie streckte die Vorderbeine in die Küche, um dem Bleistift zu drohen, mit dem ich sie provozierte. Jahre später, als ich mit meiner Frau Tracy bereits in Arkansas in einer Wohnung in den feuchten Ozark Mountains wohnte, wollte sich Tracy auf unsere neue Türschwelle setzen. Im letzten Augenblick erkannte ich in den schwarzen Linien, die ebenso gut Risse im Beton hätten sein können, die Beine einer Witwe: Ich lockte die Spinne aus ihrem Versteck und nahm sie in einer Kaffeedose gefangen.

Ich habe Witwen auf Spielplätzen, in einem Krankenhaus und im verlassenen Versteck einer Klapperschlange gefunden. Einmal entdeckte ich eine auf der Unterseite des Liegestuhls, auf dem ich saß, als ich gerade ein paar Witwen beobachtete, die ich an diesem Tag gefangen hatte.

Manchmal ziehe ich ein oder zwei Generationen in Gefangenschaft groß. Die Eierkokons der Schwarzen Witwe beherbergen Unmengen winziger Kannibalen. Der Nährwert des Eidotters, den sie vor dem Schlüpfen zu sich nehmen, lässt sie noch einige Tage lang weiterwachsen, und so fressen sie erst, nachdem sie sich das erste Mal gehäutet haben. Die Spinnenschar taucht zunächst in der Mitte des Eierkokons in Form eines dunklen Schattens auf, der nach und nach zu einem Klumpen heranwächst, sich merklich bewegt und schließlich den gesamten Kokon ausfüllt. Etwa fünf Tage lang verharren die kleinen Spinnen in ihrer Privatsphäre, ehe sie durch ein vollendet rundes Loch, das eine frühreife Schwester in den Kokon gebissen hat, ihre Reise in die große weite Welt antreten. Dabei lässt jede von ihnen einen feinen Seidenfaden hinter sich, der in der Sonne glitzert. Gemeinsam fabrizieren sie ein schimmerndes Knäuel, das aussieht wie das Modell einer Elektronenwolke, mit dem leeren Kokon als Atom. Nach einem Tag in geschlossener Formation geht jede ihren eigenen Weg.

Die kleinen Witwen wachsen rasend schnell, und die besten Esser unter ihnen häuten sich alle paar Tage. Sie besitzen zunächst eine verwaschene, bräunlich beige Färbung, werden mit jedem Häuten dunkler und tragen schließlich ein braunes Gewand mit weißen Punkten. Auf ihren Bäuchen zeichnet sich bald eine weiße Sanduhr ab. Bei den Weibchen färbt sich das Zentrum der Sanduhr beim nächsten Häuten blassorange, und ihr Braun verdunkelt sich rasch. Das Orange geht wie bei einem Sonnenuntergang in Rot über, breitet sich aus und färbt die ganze Sanduhr ein. Wenn sie ausgewachsen sind, wird ihre schwarze Färbung nur von der blutroten Sanduhr unterbrochen; manche sind allerdings zusätzlich mit ein paar roten Flecken oder Streifen oder einem weißen Punkt gezeichnet. Die Männchen behalten ihren ursprünglichen Farbton bei oder färben sich schwarz und tragen ein exzentrisches Muster aus roten, goldfarbenen und weißen Flecken zur Schau.

Normalerweise trenne ich die Geschwister voneinander, wenn noch drei oder vier von der anfänglichen Kannibalenhorde übrig geblieben sind. Es ist kein Zufall, dass ausgerechnet sie überlebt haben. Sie waren von Anfang an größer, kräftiger und aggressiver als ihre Geschwister und sind schneller gewachsen. Während der ersten Tage fressen die wilden Witwen nichts anderes als sich gegenseitig. Selbst in Gefangenschaft, wo sie kleine Insekten in Hülle und Fülle vorgesetzt bekommen, bevorzugen sie den Geschmack ihrer Geschwister. Die große Schar der zurückhaltenderen Spinnenkinder existiert einzig dazu, einige wenige Nimmersatte zu ernähren. Letztere füttere ich nun mit größeren Insekten, zunächst mit Stubenfliegen und Mücken, später mit Grillen und Hummeln.

Aber ich wage es nicht, den Behälter zu öffnen, ehe sie mit ihrer Auslese fertig sind.

Einmal ließ ich elf Kokons in einer Holzkiste mit knapp 50 Zentimetern Seitenlänge schlüpfen. Als ich die Kiste, die mit einem aufschiebbaren Deckel aus Glas verschlossen war, eines Tages umstellen wollte, stolperte ich. Der Deckel rutschte herunter, und ich fiel mit den Händen voraus in die Schar junger Witwen. Bei den meisten handelte es sich noch um bräunlich beige, halb durchsichtige Neugeborene. Einige Weibchen waren bereits größer und dunkler, aber noch nicht schwarz. An meinen Unterarmen hing ein Gewirr aus zerrissenem Gespinst, und die Spinnenbabys kullerten zwischen meinen Armhaaren umher wie Wassertropfen.

Die meisten von ihnen hatten zweifellos noch zu kleine Klauen, um meine Haut verletzen zu können, aber sie waren bereits giftig. Das Gift ist von Anfang an vorhanden. In den frühen Tagen des amerikanischen Westens zerrieben die Gosiute-Indianer die Eier der Schwarzen Witwe auf ihren Pfeilspitzen und machten sie damit zu tödlichen Waffen.

Ich ging ins Freie und hielt die Arme in den Wind. Die Witwen trieben an neuen Spinnfäden davon und leuchteten golden in der Nachmittagssonne. Nach etwa zehn Minuten waren auf meinen Armen nur noch alte Gespinstreste und die Hüllen der Spinnen zurückgeblieben, die von ihren Geschwistern ausgesaugt worden waren.

Ich bin noch nie gebissen worden.

Das Netz der Schwarzen Witwe ist hässlich. Die vermeintlich vollendeten Netze, die in der Lyrik seit jeher Fantasie, Ordnung und Vollkommenheit symbolisieren, werden von Radnetzspinnen gewebt, die ihre festen Fäden im Gras oder in Büschen spannen. Die Witwe dagegen webt ein scheinbar unordentliches Gewirr in Ecken und Winkeln, unter Baumstämmen und in Abfallhaufen. Oft verfängt sich Laub in ihrem Netz. Darunter liegen die leeren Hüllen erbeuteter Insekten mit erstarrten Antennen, die sie herausgetrennt und fallen gelassen hat. Auf der Beute und auf dem Boden findet man Spuren des weißen Urins der Spinne, der aussieht wie Vogelmist und im Umkreis von etwa einem Meter Ammoniakgeruch verströmt. Diese übel riechende Substanz lockt Aasfresser an – wie zum Beispiel Ameisen, Grillen und Kakerlaken –, die sich in den senkrechten Seidenfäden zwischen dem Boden und dem Hauptteil des Netzes verfangen. Manchmal reißen diese vertikalen Fäden und schnellen mit der neuen Beute nach oben wie ein Bungeeseil. Dann krabbelt die Witwe ihrem Opfer entgegen und bewirft es mit einem kreisenden Strampeln des hinteren Beinpaars mit klebriger Seide.

Wenn sich das Beutetier endgültig verheddert hat, aber noch kämpft, klettert die Witwe vorsichtig herab und beißt es, meistens in ein Beingelenk. Durch den Biss flößt sie ihrem Opfer Nervengift ein und lähmt es. Das gebissene Tier bleibt am Leben, kann sich jedoch nicht gegen das wehren, was folgt. Sobald seine Gegenwehr nachlässt, beißt die Witwe mehrmals zu und injiziert ihm dabei Verdauungssäfte. Schließlich saugt sie die verflüssigten Eingeweide aus der Beute, wobei sie zwei bis drei Mal die Stellung wechselt, um sich auch ja nichts entgehen zu lassen.

Bevor die Witwe mit dem Verzehr beginnt, manchmal sogar bevor das schleichende Gift ihr Opfer lähmt, befördert sie ihre Mahlzeit nach oben ins Netz. Mit einer kreisenden Bewegung der Beine befestigt sie einen Faden an ihrem Opfer, klettert an dem senkrechten Fangfaden, der die Beute dingfest gemacht hat, nach oben und dann weiter über eine Speiche in das kreuzschraffierte Zentrum des Netzes, wo sie den Faden fixiert. Anschließend zieht sie ihr Opfer wie mit einem Flaschenzug hoch; seine Gegenwehr führt dazu, dass es andere Fäden berührt. Im Gegensatz zu den zweidimensionalen Aktivitäten herkömmlicher Radnetzspinnen spielt sich dieser Vorgang in drei Dimensionen ab.

Man braucht der Witwe nicht lange bei der Arbeit zuzusehen, um festzustellen, dass es sich bei ihrem Netz ganz und gar nicht um einen unorganisierten Wirrwarr, sondern um einen effizienten Mechanismus handelt. Das Netz ermöglicht der Spinne, sich auf raffinierte Weise Hebelkräfte zunutze zu machen, und sorgt aufgrund der Komplexität seiner Verknüpfungen dafür, dass sie sämtliche Erschütterungen wahrnehmen und in der Regel bereits von weitem mit ausreichender Treffsicherheit zwischen einem Regentropfen oder einem Blatt und einem Beutetier unterscheiden kann. Darüber hinaus berücksichtigt sie beim Bau des Netzes die Luftströmungen, so dass Fluginsekten hineingezogen werden. Das erklärt, weshalb man Witwennetze häufig auf der nach unten gekehrten Seite ausrangierter Autoreifen findet: Im geschützten Inneren eines liegenden Reifens steht die Luft praktisch still, die mittige Öffnung auf der Oberseite sorgt jedoch dafür, dass Insekten hineinfliegen. Schwerfällige Fluginsekten, wie beispielsweise Junikäfer, gehen besonders leicht in diese Falle.

Die Spinnseide der Witwe ist stabil, selbst im Vergleich zur Seide anderer Spinnen, die Stahl ohnehin schon in den Schatten stellt. Einmal entdeckte ich eine Stelle im Gras, die merkwürdig verfilzt aussah. In dieses Gewirr hatte der Wind Schwalbenwurzsamen und Häcksel geweht. Als ich mich näherte, sah ich ein halbes Dutzend Heuschrecken in seltsamen Winkeln mit qualvoll verdrehten Extremitäten im Gras liegen. Da ihre Beine den Boden nicht berührten, sahen sie aus, als wären sie mit Klebstoff fixiert worden. Mir war klar, dass ich auf ein Spinnennetz blickte, konnte es aber trotzdem nicht erkennen. Erst nachdem ich die Szenerie aus verschiedenen Perspektiven betrachtet hatte, nahm sie verständliche Formen an – wie ein suggestives »Gedankenbild« von Maurits Cornelis Escher, nur umgekehrt.

Zwei der Heuschrecken waren bereits tot und vertrocknet. Drei zeigten noch Gegenwehr und rüttelten und zerrten mit ihren mächtigen Hinterbeinen am Netz. Eine andere hing regungslos im Schatten der Grashalme. Ich sah sie mir genau an und entdeckte eine Witwe, die wie eine überreife schwarze Blase auf dem »Knie« eines der Hinterbeine der Heuschrecke saß. Sie hielt sich völlig still. Kurz darauf ließ sie von ihrem Opfer ab und krabbelte zum nächsten.

Der Todeskampf der drei Heuschrecken, die noch am Leben waren, ließ das Netz erbeben. Die Witwe stattete jeder von ihnen einen Besuch ab und schleuderte mit ihren Hinterbeinen fast unsichtbar dünne Seidenfäden auf sie. Die größte Heuschrecke maß etwa sieben bis acht Zentimeter – die Gliedmaßen nicht mitgerechnet – und trug eine rote Zeichnung auf ihrem dunkelgrauen Körper. Sie hatte sich beinahe freigekämpft. Zwischen ihren Mundwerkzeugen schimmerte ein Tropfen braune Flüssigkeit – »Tabaksaft«, sagten meine Freunde und ich früher dazu –, den sie an einem Faden des Netzes verschmierte. Die Witwe umkreiste sie, bewarf sie halbherzig mit Seide und wandte sich dann wieder einer ihrer weniger Furcht erregenden Artgenossinnen zu. Als die große Heuschrecke heftig um sich trat, hielt die Witwe inne und schien ihr Netz mit allen Beinen festzuhalten. Das Netz gab nicht nach, doch die Heuschrecke riss sich das rechte Hinterbein aus, und sie kam frei.

Die anderen entkamen nicht. Einer von ihnen gelang es ebenfalls, sich selbst ein Bein auszureißen, aber sowohl Bein als auch Rumpf blieben gefangen. Als ich weiterging, stoben unter meinen Schritten Scharen von Heuschrecken in alle Richtungen auseinander. Die Landung einer solchen Schar musste der Witwe zu ihrem unverhofften Glück verholfen haben.

Witwen passen ihre Netze den Gegebenheiten ihres Lebensraums an. Manche suchen ihre Bauplätze instinktiv nach Gerüchen aus. Oft findet man ihre Netze in Abfallhaufen oder zwischen verfaulendem Holz, und die Fäden tragen eine Tarnung aus Blättern, Unrat oder Rinde. Vor ein paar Jahrzehnten waren Schwarze Witwen berüchtigt dafür, dass sie sich vorzugsweise an einem anderen geruchsintensiven Ort niederließen: in Außentoiletten. In den Vereinigten Staaten wurden bis in die 70er Jahre die meisten Witwenbisse in Toilettenhäuschen im Freien verzeichnet. (Noch heute ist in Teilen Afrikas und Australiens die Wahrscheinlichkeit am größten, auf einer Außentoilette gebissen zu werden.) Die Opfer wurden vorwiegend in die Genitalien oder ins Gesäß gebissen, wobei Männer aus offensichtlichen anatomischen Gründen öfter gebissen wurden als Frauen. Die Witwen webten ihre Netze in der Regel unter der Klobrille oder im Abflussloch der Toilette. Die Tatsache, dass Insekten vom Geruch angezogen und bauartbedingt nur durch einen Zugang geschleust wurden, sorgte für reiche Beute. Zudem kam die dunkle Umgebung den sensiblen Witwen sehr entgegen.

Wenn ein menschlicher Körperteil das Netz berührte, wurde er von der Witwe oft als Beute betrachtet und gebissen. In anderen Fällen drohten menschliche Störenfriede die Witwe zu zerquetschen und provozierten damit einen Verteidigungsbiss. Meine Großmutter, die im ländlichen Oklahoma aufwuchs und in ihrer Jugend in verschiedenen Häusern ohne sanitäre Installation wohnte, erzählte mir, dass manche Leute stets einen Stock auf die Außentoilette mitnahmen. Ehe sie dem Geschäft nachgingen, dessentwegen sie gekommen waren, stocherten sie mit dem Stock unter dem Sitz und im Abflussloch und horchten dabei genau auf ein Geräusch, das dem Knistern brennenden Papiers ähnelt. Dieses Geräusch ist charakteristisch für das robuste Netz der Witwe. Jeder, der etwas Erfahrung besitzt, kann das Werk einer Witwe von dem einer anderen Spinne am Ton unterscheiden.

Von Menschenhand geschaffene Gegenstände bieten Witwen so viele einladende Winkel und Nischen, dass Wissenschaftler die Spinnen als unsere Kommensalen betrachten, als im Allgemeinen harmlose Nutznießer unserer unbeabsichtigten Dienste.

Witwen kolonialisierten verschiedene Inseln, indem sie in Fortbewegungsmitteln von Menschen als blinde Passagiere mitreisten. Die Insel Tristan da Cunha im Südatlantik galt als witwenfrei, bis 1968 bei einer botanischen Bestandsaufnahme mehrere Exemplare entdeckt wurden. Der United States Coast and Geodetic Survey hatte eine Satellitenausrüstung zur Vermessung auf die Insel gebracht, die zuvor in Australien benutzt worden war, wo Rotrückenspinnen mit an Bord gegangen sein mussten. »Rotrückenspinne« ist die australische und südostasiatische Bezeichnung für die Schwarze Witwe; die Art, die dort anzutreffen ist, trägt auf dem Rücken einen zusätzlichen roten Streifen, der einer aufgeplatzten Naht gleicht. Da Witwen ein Talent dafür besitzen, unentdeckt zu bleiben, können sie mit großen aggressiven Kreaturen auf die Reise gehen, die mit Fliegenklatschen bewaffnet sind. Die Tatsache, dass sie so weit verbreitet und Bestandteil der mündlichen Überlieferung so vieler Völker sind, beweist, dass sie zweifellos nicht auf menschliche Hilfe gewartet haben, um die Welt zu erobern, sondern einfach mit uns gereist sind, wann immer sich die Gelegenheit dazu ergab.

Die Witwe ist in fast jeder gemäßigten oder tropischen Region der Erde anzutreffen und als »Kirschspinne«, »Schwarzer Wolf«, »24-Stunden-Spinne«, »Nachtstecher«, »Knopfspinne« oder »Rabenschwarze Lady« bekannt – um nur einige ihrer vielen Namen zu nennen. Die Bezeichnung »*Black Widow*« existiert im englischsprachigen Raum erst seit etwa hundert Jahren, doch entsprechende Bezeichnungen im Italienischen oder Russischen sind wesentlich älter. Es gibt 20 bis 30 verschiedene Arten von Schwarzen Witwen, die sich farblich und in anderen unerheblichen Details unterscheiden. In den Vereinigten Staaten findet man eine rote, eine bräunlich graue sowie drei schwarze Arten. Allerdings haben alle Arten auf der ganzen Welt eine ähnliche Lebensweise und alle sind gefährlich giftig. Wissenschaftler zählen die Witwe zur Gattung *Latrodectus*, was man als »hinterlistiger Beißer« übersetzen könnte. Die Wurzeln dieses Begriffs reichen ins antike Griechenland zurück, wo er für bösartige Hunde verwendet wurde.

Witwen bewegen sich fast blind in ihren Netzen, trotzdem leisten sie sich keinen Fehltritt und verlieren niemals die Orientierung. In der Tat wirkt eine Witwe, die aus ihrem Netz gestoßen wurde, nicht orientierungslos; sie klettert im Handumdrehen zu ihrem gewohnten Ruheplatz zurück. Witwen gehen sich auch nie selbst in die Falle, obwohl jeder Faden des Netzes – mit Ausnahme des Gerüsts – eine potenzielle Gefahr darstellt. Witwen bringen jeden Tag mehrere Minuten damit zu, die klauenförmigen Enden ihrer Beine mit einem Öl zu benetzen, das es ihnen ermöglicht, auf den klebrigen Fäden zu laufen. Dieses Öl sondern sie aus dem Mund ab und befeuchten damit ihre Beine wie eine Katze, die ihre Pfoten säubert.

Der menschliche Verstand kann die komplexen Funktionen des Netzes nicht erfassen, sondern nur erahnen. Die Witwe baut es instinktiv. Ein Ganglion, das kleiner ist als ein Stecknadelkopf – und zu primitiv, um als Gehirn bezeichnet zu werden –, enthält die Baupläne, ein angeborenes Wissen, das die Witwe in die Tat umsetzt. Ich habe bislang noch keine Schwarze Witwe sorgfältig genug seziert, um ein brauchbares Exemplar ihres winzigen Ganglions zu erhalten, doch ich habe einmal eines zu Gesicht bekommen. Eine Witwe war gerade damit beschäftigt, eine Gottesanbeterin einzuwickeln, als die skalpellartigen Vorderbeine des Insekts blitzschnell das Außenskelett der Spinne aufschlitzten und inmitten des Safts aus ihren zerstörten Giftdrüsen ein blutiges Tröpfchen primitiven Hirns freilegten.

Die kalte Jahreszeit nahte. Das zeigte sich daran, dass sich Scharen von Kriebelmücken auf der Wunde versammelten, die ich einer Ulme beim Zurechtstutzen zugefügt hatte. Noch ließ die Hitze den Saft des Baumes fließen, aber die Mücken waren schon so träge – verlangsamt von der Vorahnung, dass sie die Kälte in zwei Tagen vollständig lähmen würde –, dass man sie zwischen die Finger nehmen konnte. Motten strömten in grauen und braunen Schwärmen zu den Ringelblumen; Bienen krochen auf den Blüten umher, ihre Beine dick mit Pollen bedeckt; fingergroße grüne und schwarze Heuschrecken prallten gegen die Zäune; blassrote Ameisen schwärmten ins welkende Gras um ihre Sandhügel aus, noch immer hektisch, doch deutlich gemächlicher als zur Paarungszeit im Sommer. Alles befand sich in dem Stadium, das im Herbst vielleicht drei Tage lang anhält, einem Stadium unbekümmerten Schwärmens und Kopulierens und Fressens, verlangsamt vom Tod, der sich bereits in den kurzlebigen Körpern der Insekten breit macht.

Eines Tages stattete ich einer Schwarzen Witwe einen Besuch ab, die ich seit ungefähr einem Monat beobachtete. Sie hatte sich an einem hölzernen Gartentor niedergelassen. Ihr Netz erstreckte sich über die Vorderseite des Tors und reichte bis in seine Zwischenräume und Spalten. Der Großteil der Spinnseide war zwischen den Brettern versteckt. Ich hatte die Witwe schon ein paar Tage lang nicht mehr gesehen. Vermutlich hatte sie sich gepaart und war in irgendeinen Schlupfwinkel in Bodennähe gekrochen, um dort zu überwintern; ihre Eier würde sie im Frühjahr legen. Ich entfernte das Netz mit einem Stock, falls ich mich bezüglich ihrer Abreise getäuscht haben sollte. Das Geräusch, das dabei entstand, hörte sich wie eine atmosphärisch gestörte Funkverbindung an. Als ich mit dem Stock in den Spalten im Tor herumstocherte, fiel vertrocknete Beute auf den Gehweg. Ich untersuchte die eingewickelten Kadaver von Käfern, Mücken, Florfliegen, Ameisen und einer männlichen Schwarzen Witwe. Dann förderte ich etwas Ungewöhnliches zutage.

Es handelte sich um ein papierartiges Wespennest. Die braungelben Wespen, die solche Nester bauen, leben in Gemeinschaften. Die Königin baut aus zerkauten Holzfasern und Speichel die ersten zwei oder drei Zellen – sechseckige Zylinder, die mit der Öffnung nach unten hängen –, legt ihre Eier darin ab und füttert die Larven, die aus ihnen schlüpfen, mit vorgekauten Insekten und Spinnen. Einmal habe ich ein Nest mit Larven entwendet. Ihre wurmartigen Körper waren weiß, und in ihren harten und kugelrunden brauen Köpfen saßen zwei dunkle unfertige Augen und vier fingerförmige Mundwerkzeuge, die hungrig zuckten. Mithilfe einer Nähnadel fütterte ich sie mit Tropfen gezuckerter Milch. Sie verschlangen sie gierig, reckten die Köpfe und verlangten nach mehr. Manchmal fiel ein Tropfen zu früh herab und umhüllte ihre weißen »Schultern«. Dann drehten sie die Köpfe hin und her und versuchten vergeblich, an die Milch zu gelangen. Sie hatten eine verblüffende Ähnlichkeit mit neugeborenen Kätzchen, die ihre Augen noch nicht geöffnet haben.

Auf diese Art und Weise hielt ich sie fast zwei Wochen lang am Leben. Eigentlich hätten sie sich dann verpuppen sollen, doch ich hatte keine Möglichkeit, die hormonellen Veränderungen zu stimulieren, die sie in dieses Stadium versetzen. In der freien Natur hätten die Königin oder ältere Geschwister sie mit ihren eigenen Körpersekreten gefüttert, die sie nicht nur erwachsen werden lassen, sondern auch über ihr Geschlecht entscheiden – sie zu Männchen, Weibchen oder zu sterilen, »pseudofemininen« Arbeiterinnen machen.

Wenn die erste Generation von Arbeiterinnen das Verpuppungsstadium erreicht hat, verschließt die Königin die Zellen mit Papierdeckeln. Während der Verpuppung nehmen die Larven nach und nach das Aussehen ausgewachsener Wespen an – wie eine Wachsfigur, die langsam zu einer formlosen Masse schmilzt, nur umgekehrt. Dieser Vorgang lässt sich beobachten, wenn man ältere Nester öffnet, in denen sich mehrere Generationen von Wespen in verschiedenen Verpuppungsstadien befinden. Diejenigen, die kurz davor sind zu schlüpfen, sind bereits hart und haben eine verschwommene Zeichnung; sie sehen aus wie mumifizierte, in eine fötale Position gebrachte ausgewachsene Wespen.

Nach dem Verpuppungsstadium übernimmt die erste Generation von Arbeiterinnen Aufgaben wie die Bewachung des Nests, das Sammeln von Nahrung und die Versorgung der jüngeren Geschwister. Die Königin konzentriert sich aufs Eierlegen und tut sonst nur wenig.

Eine Arbeiterin sticht, indem sie dem Feind ihren Stachel ins Fleisch rammt und ihm ein säurehaltiges Gift injiziert, das die meisten Insekten rasch tötet. Für den Menschen fühlt sich ihr Stich wie das Brennen eines Streichholzes unter der Haut an.

Bei den Wespen, die den Winter überleben, handelt es sich um eine neue Generation von Königinnen. Sie werden durch das Larvenstadium gefüttert und verpuppen sich, ehe es kalt wird. Die Arbeiterinnen und die alte Königin sterben der Reihe nach weg. Mit zunehmender Kälte siechen sie dahin und bewegen sich nur noch in Zeitlupe. Teile ihres Körpers erstarren, verfärben sich schwarz und trocknen schließlich aus. Im Frühling beißen sich die neuen Königinnen aus ihren Zellen frei, um auszuschwärmen und neue Nester zu bauen. Manchmal bleiben sie auch im selben Nest. Hier setzt sich die Hinterlistigste von ihnen durch, indem sie heimlich die Eier ihrer Schwestern vertilgt – wie in einem Bette-Davis-Film im Miniaturformat.

Die letzte Stunde des Nests, das aus dem Netz der Schwarzen Witwe fiel, hatte just in dem Moment geschlagen, als es wieder zum Leben erwachte. Daran bestand kein Zweifel, da ein Dutzend ausgewachsener Wespenköniginnen tot in ihren verschlossenen Zellen lagen. Eine andere hatte sich aus ihrer Zelle freigebissen und war auf halbem Weg nach draußen verendet. Ihr nächster Schritt wäre es gewesen, ans Sonnenlicht zu kriechen und die Flügel auszubreiten, um die Energie spendende Wärme aufzunehmen. Offenbar hatte sich die Schwarze Witwe im Frühjahr, während die Wespen schliefen, das Tor als Bauplatz für ihr Netz ausgesucht. Sie hatte es über das Wespennest gesponnen und zahlreiche Fäden an ihm befestigt. Genau genommen hatte sie das Nest so gründlich verbarrikadiert, dass es die meisten Wespen nicht einmal mehr verlassen konnten. Einige von ihnen hatten sich zwar durch die Papierdeckel gefressen, waren dann jedoch von den Fäden des Netzes gestoppt worden. Die Witwe musste die besagte Wespe entdeckt und eingewickelt haben, als sie gerade aus dem Papiernest kroch. Sie hatte ihre Zelle zur Hälfte verlassen, ihre Flügel und ihr Stachel waren allerdings noch darin gefangen. Die zähe Spinnseide war um ihre Fühler geschlungen wie ein Lasso um die Hörner eines Langhornochsen. Vermutlich hatte die Witwe sie mit einem Biss in das Gelenk einer ihrer Fühler getötet – die bevorzugte Methode der Witwe, Wespen unschädlich zu machen, was darauf hindeutet, dass sie um die Gefahren weiß, die der Stachel in sich birgt. Die Wespe wirkte äußerlich unversehrt, war aber blass und hohl: Als ich sie gegen das Licht hielt, schien es durch sie hindurch.

Die anderen Wespen waren in ihren Zellen gestorben, wo sie entweder verhungert oder bei lebendigem Leib verspeist worden waren. Doch nicht die Witwe hatte sie vertilgt, sondern irgendeine Meute von Aasfressern. Im Gegensatz zu ihrer ungestümeren Kameradin waren diese Wespen vom Stachel in Richtung Kopf verzehrt worden. Irgendetwas hatte an der Basis des Nests begonnen, das Papier zu fressen, und sich dann nach unten in die Zellen vorgearbeitet. Die unbekannten Aasfresser hatten offenbar keinen Unterschied zwischen dem Papier und den Wespen gemacht, denn manche Wespenkadaver waren vollständig, andere nur halb aufgefressen. In einigen Zellen waren die Aasfresser bis zu den Köpfen der Wespen vorgedrungen, hatten sie vertilgt und sich dann durch die darunter liegenden Papierdeckel gebissen. Die winzigen runden Öffnungen, die sie hinterlassen hatten, waren leicht von den Löchern zu unterscheiden, die von den Mundwerkzeugen einer Wespe herausgefräst worden waren. Einige der Aasfresser waren im unteren Bereich des Wespennests in Freie gekrochen – eine schlechte Idee, wie sich herausstellte. Die Witwe hatte etliche von ihnen getötet. Die Außenskelette dieser Kreaturen waren im Gegensatz zu denen der Wespen nach dem Aussaugen nicht intakt geblieben. Ihre Überreste bestanden aus verstreuten Chitinbrocken, die sich nicht ohne weiteres identifizieren ließen.

Ich fragte telefonisch einen Entomologen um Rat. Er erwähnte parasitäre Wespen, die größere Artgenossen fressen, während diese überwintern. In diesem Fall kamen sie als Schuldige allerdings nicht infrage, da meine Vandalen an Papier ebenso interessiert gewesen waren wie an Protein. Der Entomologe schlug außerdem einige aasfressende Käfer- und Raupenarten vor. Bestimmte winzige Käfer haben die Angewohnheit, ganze Insektenkolonien auszurotten.

Die Käfer-Theorie passte zu den Überresten, die ich gefunden hatte. Als ich mir die mysteriösen Chitinbrocken nochmals ansah, stellte ich fest, dass es sich dabei durchaus um ausgehöhlte Abdomen, Thoraxe und Flügeldecken von Käfern handeln konnte. Das Rätsel schien gelöst. Bis dahin hatte ich mich bemüht, das Wespennest nicht allzu sehr zu beschädigen, weil mir so vielleicht irgendein Detail entgangen wäre, das mir unter Umständen dabei helfen konnte, das Geheimnis zu lüften. Doch jetzt fuhr ich fort, es zu zerlegen. Als ich die Wespenkadaver zutage förderte, fiel mir auf, dass ihre Zellen auf der Oberseite weiß schimmerten. Ich schnitt mit einer Schere einige Zellwände weg und stocherte in die weißliche Masse. Handelte es sich um Raupenseide? Wenn ja, musste ich meine Käfer-Theorie widerrufen.

Plötzlich kam eine weiße Spinne mit braunen Punkten zum Vorschein und krabbelte über meine Hand. Ihr winziger Körper bestand fast ausschließlich aus dem Abdomen, einem weichen Abdomen mit erhabenen Streifen, die an Fettröllchen erinnerten. Es war keine Schwarze Witwe. Sie gehörte einer weit verbreiteten Art an, deren Vertreter ich schon viele Male in Ecken hinter Möbelstücken oder unter Holzverkleidungen entdeckt hatte: Kreaturen, die so unauffällig sind, dass sie nicht einmal einen landläufigen Namen besitzen.

Nachdem ich die kleine Spinne gefangen hatte, untersuchte ich noch einmal die Seide am Wespennest. Auf der Außenseite handelte es sich, wie ich vermutet hatte, um die zähen Fäden einer Schwarzen Witwe, und diese Witwe hatte ohne Zweifel die schlüpfende Wespe sowie einige der aasfressenden Käfer auf dem Gewissen. Im Inneren mehrerer Zellen befanden sich jedoch winzige Gespinste aus weicherer Seide, bei denen es sich um das filigrane Werk der kleinen weißen Spinne handeln musste. Dank der Tunnel der Papier verschlingenden Aasfresser waren die meisten Zellen im oberen Bereich miteinander verbunden, und in diesem Hohlraum hatte die kleine weiße Spinne gelebt. In ihren Netzen hingen die Überreste Dutzender Käfer. Für die zwei Spinnen war dieses Arrangement ideal gewesen: Die kleinere war durch die Reste des Wespennests vor der größeren geschützt worden, und beide waren zweifellos mit reichlich Beute gesegnet gewesen. Zwei Räuber hatten in Symbiose gelebt, vermutlich ohne von der Existenz des anderen zu wissen.

Die Entscheidung der Witwe für diesen Ort als Bauplatz für ihr Netz hatte ein halbes Dutzend Wespenköniginnen das Leben gekostet, die wahrscheinlich selbst Nester gebaut hätten und nach der Verpuppung ihrer Larventöchter im Herbst gestorben wären.

Einen ähnlichen Fall einer Miniatur-Massentötung entdeckte ich in einem Witwennetz, das über die Eikapsel einer Gottesanbeterin gespannt worden war. Die Eikapsel hatte ungefähr die Länge einer großen Büroklammer – ein ovaler, beigefarbener Klumpen, der unauffällig auf einem Stück Holz befestigt war. Eine einzelne Kapsel enthält bis zu 200 Eier. Die jungen Gottesanbeterinnen hatten die Eikapsel verlassen, und Dutzende kleine verworrene Knoten im Netz der Witwe verrieten, was mit ihnen geschehen war.

Witwen fangen und fressen bekanntermaßen Mäuse, Frösche, Schnecken, Taranteln, Eidechsen und Schlangen – beinahe alles, was sich in ihr bemerkenswertes Netz verirrt. Ich habe noch keine Schwarze Witwe bei einem Festessen dieser Größenordnung beobachtet, aber ich habe Witwen Mistkäfer verspeisen sehen, die so schwer waren wie Pekannüsse, Kakerlaken, die fast drei Zentimeter maßen, sowie Hummeln, Grillen und Hunderte von anderen Gliederfüßern unterschiedlicher Größe. Ich habe Witwen Schmetterlinge und Ameisen verspeisen sehen, die von den meisten anderen Spinnen wegen ihres schlechten Geschmacks verschmäht werden. Ich habe sie Spinnen fressende Insekten wie ausgewachsene Fangschrecken und Lehmwespen töten sehen. Durch die Kombination von Netz und Gift sind Witwen in der Lage, es auch mit Räubern aufzunehmen, die größer und kräftiger sind als sie.

Zu den interessantesten tagtäglichen Feinden der Witwe gehört eine bestimmte Laufkäferart. Es gibt Tausende verschiedene Laufkäferarten, doch die, von der ich spreche, erreicht etwa die Größe eines Dominosteins und besitzt über sechs Millimeter lange Mundwerkzeuge. Diese gezackten Mandibeln erinnern an die Scheren einer Krabbe. Sie schnappen mit unglaublicher Vehemenz zu.

Mein Interesse an diesen Käfern erwachte in einem besonders nassen Mai, als sich Unmengen von Regenwürmern über die Bürgersteige und Wiesen schlängelten. Die Würmer versammelten sich zu Dutzenden unter Steinen und Gartenmöbeln. Schon bei der geringsten Störung suchten sie Schutz in der Gruppe oder glitten ins feuchte Erdreich. Als ich die Regenwürmer betrachtete und in ihren Erdhäufchen herumstocherte, scheuchte ich viele Laufkäfer auf. Sobald ich sie freilegte, sausten sie los und schafften es irgendwie, ihre massigen schwarzen Körper, die von der Feuchtigkeit der Erde schimmerten, innerhalb von ein bis zwei Sekunden, nachdem sie entdeckt worden waren, im Boden zu versenken. Wenn ich versuchte, sie wieder auszubuddeln, waren sie bereits spurlos verschwunden, als hätten sie sich selbst in Brocken der fruchtbaren Erde verwandelt, in der sie lebten.

Ihre Mundwerkzeuge wiesen sie als Räuber aus. Ich suchte nach ihnen und fand sie in Scharen: hier ein Laufkäfer, der die Larve eines Junikäfers zerlegte – seine Mundwerkzeuge zerschnitten die Larve ebenso leicht, wie es eine Schere getan hätte –, dort ein anderer, der einen Regenwurm halbierte. Einen Laufkäfer fing ich, indem ich ihn mit einem Stock provozierte. Er packte den Stock mit den Mundwerkzeugen und ließ ihn erst wieder los, nachdem ich ihn in einem Glas abgesetzt hatte.

Seine Jagdgewohnheiten waren eindrucksvoll. Er griff alles, was sich bewegte, sofort an. Ich versorgte ihn mit ausgewachsenen Junikäfern. Der Laufkäfer stürzte sich auf die Junikäfer, packte sie und ließ seine Mandibeln über ihren Körper wandern, bis er die Verbindungsstelle von Thorax und Abdomen zu fassen bekam. Dann drückte er zu, bis die Junikäfer mit einem geräuschvollen Krachen entzweibrachen. Während er den Saft aus dem Hinterleib saugte, krabbelten Kopf und Thorax der verstümmelten Beute voller Panik davon.

Das nächste Opfer des Laufkäfers war die Larve eines riesigen Tomatenschwärmers. Die Raupe war ungefähr so groß wie mein Mittelfinger. Ich entfernte sie von einer Tomatenpflanze in unserem Garten und setzte sie auf den Rand eines 10-Liter-Eimers, wo sie im Kreis krabbelte. Für eine vollständige Runde brauchte sie nur wenige Sekunden. Sie wollte einfach nicht aufhören.

Ich ging weg, und als ich zwei Stunden später zurückkam, drehte die riesige grüne Raupe noch immer ihre Runden, ohne Geschwindigkeit oder Richtung geändert zu haben. Sie hätte vermutlich endlos weitergemacht. Ich hob sie vorsichtig hoch, drehte sie um und setzte sie erneut auf den Rand. Und wieder kreiste und kreiste sie …

Ich beschloss, dass die Raupe zu dumm war, um weiterzuleben. Also setzte ich sie zu dem Laufkäfer ins Glas. Sie war zwar wesentlich größer als er, besaß jedoch kein Mittel zur Verteidigung. Der Laufkäfer schlitzte sie auf und leckte das austretende Blut auf. Da die Raupe so groß war, musste er sie weitere acht bis zehn Mal angreifen. Nach den ersten Attacken kroch die Raupe noch hektisch davon, allerdings so langsam, dass ihre Bewegungen den Käfer nicht daran hinderten, sich an ihrer blutenden Flanke gütlich zu tun. Nach etwa zehn Minuten blieb sie regungslos liegen. Ihr jadegrünes Fleisch verfärbte sich schwarz, als der Käfer sie aussaugte und verzehrte. Nach einer halben

Stunde war ihr Körper zu einem schwarzen Häufchen von ungefähr einem Viertel ihrer ursprünglichen Größe zusammengeschrumpft und lag wie ein leerer Jutesack im Dreck. Der Käfer stand mit erhobenem Haupt und zuckenden Mundwerkzeugen da. Er hatte eine gewisse Ähnlichkeit mit einem wütenden Bullen und hätte vielleicht sogar drollig gewirkt, hätte er nicht soeben eine schreckliche Bluttat begangen.

Der Laufkäfer war unersättlich, und ich tischte ihm eine reiche Auswahl an Beute auf. Er versuchte, eine kleine Kröte zu fressen, konnte sie aber nicht fest genug packen, um sie zu töten. Einmal setzte ich ihn zusammen mit einer großen grauen Wolfsspinne in ein Glas. Der Spinne fehlte ein Bein, weil ich sie beim Einfangen verletzt hatte. Am folgenden Morgen drehte der Laufkäfer auf der Suche nach seiner nächsten Mahlzeit im Glas seine Runden; alles, was von der großen Spinne übrig geblieben war, waren sieben graue Beine.

Als im Spätherbst der Nachschub an Beute versiegte, wurde mir klar, dass ich entweder den Laufkäfer oder eine meiner Witwen opfern musste. Ich wollte die Entscheidung nicht selbst treffen und quartierte den Laufkäfer bei einer Witwe ein, um zu sehen, wer fressen und wer gefressen werden würde.

Der Kampf – wenn man es so nennen kann – war nach etwa drei Minuten entschieden. Der schwere Laufkäfer befand sich 15 Zentimeter über dem Boden und zappelte zwischen den klebrigen Fäden, die ihn hochgezogen hatten. Er versuchte, das Netz mit seinen Mundwerkzeugen zu packen und zu durchtrennen, ohne dabei auch nur den geringsten Schaden anzurichten. Die Witwe umkreiste ihn knapp außerhalb der Reichweite seiner Mandibeln und seiner strampelnden Beine und nahm jede Gelegenheit wahr, ihre Seide strategisch geschickt auf ihn zu schleudern. Bald hatte sie seine Mundwerkzeuge in Fesseln gelegt. Sie schob sich graziös an den furchteinflößenden, aber mittlerweile unbrauchbaren Instrumenten vorbei und biss ihn in einen Fühler. Er zappelte noch kurze Zeit weiter, dann war er nichts weiter als Futter, das der Witwe über den Winter reichen würde.

Von da an fielen mir häufig Überreste von Laufkäfern in oder unter Witwennetzen auf. Die harten schwarzen Chitinpanzer scheinen immun gegen Verwesung und Zerfall zu sein; sie liegen monatelang, vermutlich sogar jahrelang zwischen verrottendem Abfall, ohne ihren auffallenden Glanz zu verlieren. Als ich einmal den hohlen und ausgetrockneten Kopf eines Laufkäfers aus dem Netz einer Witwe entfernte, entdeckte ich zwei schmale Streifen, die auf der Rückseite herausragten und aussahen wie transparentes Klebeband. Als ich an ihnen zog, bemerkte ich, dass es sich um die Sehnen handelte, mit denen die Mundwerkzeuge gesteuert werden. Ich benutzte sie wie die Fäden einer Marionette, um den abgetrennten Kopf zubeißen zu lassen. Auf diese Weise konnte er Bleistifte, Zweige und kleine Steinchen aufheben. Ich steckte sogar meinen kleinen Finger zwischen die Mandibeln des Käferkopfes und ließ mich beißen, was allerdings nicht schmerzhaft war, da ich nicht annähernd so viel Druck erzeugen konnte wie ein lebendiger Laufkäfer, dessen Sehnen weit hinten in seinem Thorax verankert sind.

Witwen meucheln tagtäglich größere Räuber, doch wie jedes andere Tier auf der Welt dienen auch sie manchmal anderen als Mahlzeit.

Gottesanbeterinnen stellen aufgrund ihrer ungewöhnlichen Bewaffnung eine besondere Gefahr für die Witwe dar, aber selbst diese Superräuber sind ihr nicht immer gewachsen. Manchmal werden Witwen von Lehmwespen und anderen Wespen gelähmt und von ihnen als lebendiges Futter für ihre Larven verwendet. Angeblich werden Witwen auch von scheinbar harmlosen Weberknechten und einigen ihrer Verwandten sowie von bestimmten Eidechsen gefressen.

Bis vor etwa hundert Jahren, als Schwarze Witwen und verschiedene andere kleine, mysteriöse Räuber noch unzureichend erforscht waren und den meisten Menschen nur aus übertriebenen Überlieferungen bekannt waren, inszenierte man Kämpfe zwischen solchen Räubern, indem man Kolosseumsspektakel im kleinen Maßstab nachempfand. Wie Erzählungen und Reiseberichten aus verschiedenen Kulturen zu entnehmen ist, zählten zu den Gladiatoren Gila-Krustenechsen, Witwen, Taranteln, Skorpione, kleine Klapperschlangen und Gottesanbeterinnen. Die Chinesen hatten ein ausgeklügeltes System, um Gottesanbeterinnen gegeneinander kämpfen zu lassen, und auf den Philippinen sind Tarantelkämpfe noch heute an der Tagesordnung.

In den Vereinigten Staaten wurden Duelle zwischen Miniatur-Superräubern in der Regel als Wette oder als Werbegag inszeniert. (Einer dieser Kämpfe fand im Schaufenster eines Kaufhauses statt.) Heute wissen wir in erster Linie durch Zeitungsberichte davon. Einmal hielt ich eine alte Zeitung aus einer Provinzstadt im Westen in den Händen, die in ihrem Leitartikel auf Seite eins einen Käferkampf schilderte. Unter Umständen dauerten diese Kämpfe tagelang, und wenn zwei nicht aneinander interessierte Wettkämpfer ausgewählt worden waren, riss den Zuschauern manchmal der Geduldsfaden. Die Ergebnisse variierten, je nachdem, wie der Wettkampf ausgerichtet wurde, doch die Witwe, die Kleinste im Feld der Teilnehmer, schlug sich wacker. Es zeigte sich, dass selbst Klapperschlangen nicht gegen ihr Gift gefeit waren.

Obwohl solche Spektakel den Ansprüchen seriöser Journalisten inzwischen nicht mehr genügen, werden sie auch heute noch immer veranstaltet. Einen Hinweis darauf fand ich in einer Ausgabe des *Harper's Magazine* von 1993. In dem Artikel geht es eigentlich um einen Mann, der Tausende seltene Bücher aus Bibliotheken gestohlen hatte, doch am Rande wird erwähnt, dass er und ein Reisegefährte bei einem Zwischenstopp in Amarillo in Texas vergeblich versucht hatten, eine Witwe und eine Tarantel in einer Kaffeekanne miteinander kämpfen zu lassen. Der Bücherdieb machte den Fehler, dass er für keine der beiden Spinnen eine an ihre Jagdgewohnheiten angepasste Umgebung schuf. Da dieser Exkurs recht wenig mit dem Thema des Artikels zu tun hat, nehme ich an, dass er hinzugefügt wurde, um zu veranschaulichen, wie merkwürdig der Bücherdieb war, oder vielleicht auch, um die Angewohnheiten der Einwohner Amarillos aufzuzeigen.

Eine andere Teilnehmerin an diesen Wettkämpfen war die Walzenspinne. Diese Kreatur ist unter vielen verschiedenen Namen bekannt

– sofern sie überhaupt bekannt ist: *Solpugid* (»Sonnendolch«), *Sunspider* (»Sonnenspinne«), *Matavenado* (spanisch für »Hirschtöter«, obwohl sie nichts dergleichen tut) und *Windscorpion* (»Windskorpion«). Genau genommen ist die Walzenspinne allerdings weder ein Skorpion noch eine Spinne. Sie bildet eine eigene Art innerhalb der Familie der Spinnentiere, der sowohl Skorpione als auch Spinnen angehören. Oberflächlich betrachtet sieht sie aus wie eine Spinne, und ihre Jagdgewohnheiten ähneln denen der Wolfsspinne. Allerdings erreicht die Walzenspinne eine Länge von bis zu 15 Zentimetern. Auf den zweiten Blick (der nicht so leicht zu erhaschen ist, da die Walzenspinne nachtaktiv und die schnellste Läuferin unter allen Gliederfüßern ist) zeigt sich jedoch, dass sie ein nach oben gekrümmtes, segmentiertes Abdomen wie ein Skorpion besitzt. Ihre Pedipalpen, die beinartigen Taster am vorderen Ende, sind keulenförmig und klebrig und dienen zum Festhalten der Beute. Über ihren mächtigen Oberkiefern, die im Verhältnis zum Körper gesehen größer sind als bei jeder anderen bekannten Tierart, sitzen zwei hervortretende Augen; bei einem Exemplar, das ich fand, nahmen die Kiefer ein Drittel der gesamten Körperlänge ein. Die Walzenspinne besitzt kein Gift, sondern tötet ihre Beute durch die mechanischen Verletzungen, die sie ihr mit den Kiefern zufügt.

In den Wüstenregionen des amerikanischen Südwestens gedeihen Walzenspinnen und Witwen bestens, denn beide lieben es heiß. Die zwei Räuber konkurrieren um die verfügbare Insektenbeute und verspeisen sich auch gern gegenseitig. Die Walzenspinne ist eine leidenschaftliche Witwenfresserin. Sie zerkaut Witwen zu Brei, bis nur noch ein paar verdrehte Beine übrig sind: Dabei saugt sie Körpersäfte in sich hinein, die buchstäblich giftig genug sind, um ein Pferd zu töten, bei ihr jedoch keinerlei Wirkung zeigen. Trotzdem haben Walzenspinnen alles andere als eine gute Statistik gegen Witwen aufzuweisen, da sie häufig von ihnen gefangen und gefressen werden. Skorpione sorgen in vielen Wüsten rund um den Erdball dafür, dass daraus eine Dreiecksfeindschaft wird. In Witwennetzen wurden bereits bis zu 18 Zentimeter lange Skorpionhüllen gefunden.

Der gefährlichste Feind der Witwe ist eine andere Witwe. Ein ausgewachsenes Weibchen greift jedes andere Weibchen an, das es bedrängt, und die Gewinnerin frisst die Verliererin oft auf. Ich habe gehört, dass inszenierte Kämpfe zwischen Witwen in Mexiko noch immer ein beliebter Zeitvertreib sind: Kinder setzen die Witwen auf einen Stock, den sie herumgehen lassen, damit jeder zusehen kann. Manchmal wickelt ein Weibchen das andere ein und zieht von dannen, ohne es zu töten. Das habe ich bei Witwen in Gefangenschaft mehrmals beobachtet. Einmal entdeckte ich in der freien Natur an einem roten Zaun etwas, das aussah wie eine in Seide gewickelte schwarze Perle. Als ich die Fäden abzupfte, streckte die Perle ihre Beine aus und machte sich aus dem Staub. Ein andermal sah ich, wie ein Witwenweibchen ein anderes einwickelte und in ein Beingelenk biss – wie sie es auch bei einem Beutetier getan hätte –, sich dann aber ohne es zu fressen entfernte. Kurz darauf streckte die unterlegene Witwe die Beine, schüttelte ihre Fesseln ab und krabbelte davon. Ich hatte noch nie zuvor gesehen, dass ein Gliederfüßer den Biss einer Witwe überlebte.

Ihren Namen hat die Witwe bekommen, weil sie ihren Partner auffrisst, obwohl sie das nicht immer tut. Sobald ein Männchen erwachsen wird und sich das letzte Mal häutet, hat die Herumsitzerei im Netz ein Ende. Es webt ein kleines Gespinst und presst einen Tropfen Spermienflüssigkeit darauf. Anschließend saugt es diese Flüssigkeit mit den verdickten Enden seiner Pedipalpen auf und macht sich auf die Suche nach einem Weibchen. Wenn es ein Netz findet, erkennt es am Geruch, ob es sich dabei um das eines Weibchens seiner Spezies handelt – die Spinnseide des Weibchens ist mit Pheromonen angereichert. Ehe es sich dem Weibchen nähert, macht es sich eine Zeit lang am Rand des Netzes zu schaffen, kappt ein paar Fäden, ballt die herausgetrennte Seide zusammen und bastelt an den Befestigungen herum. Offenbar sabotiert das Männchen das Netz, damit das Weibchen über die Vibrationen nur noch ungenaue Informationen erhält. Auf diese Weise erzeugt das

Männchen einen toten Winkel in ihrer Weltsicht und erschwert es ihr, es zu finden und zu töten. Dann ist es bereit, sich ihr zu nähern. Das Männchen sorgt dafür, dass es sich von gewöhnlicher Beute unterscheidet, indem es auf ihrem Netz spielt wie auf einer Leier, es mit den Vorderbeinen streichelt und mit dem Bauch die Fäden erbeben lässt.

Einmal konnte ich das Werben eines Männchens beobachten. Es war braun-weiß gefärbt. Sein Rücken war in der Mitte von einem breiten weißen Balken gezeichnet, und die Sanduhr auf seinem Bauch war ebenfalls weiß. Mit seinen Vorderbeinen klopfte es das Netz ab wie ein Blinder, der die Umgebung mit seinem Stock abtastet. Das Weibchen saß in seinem röhrenförmigen Versteck in einer geschützten Ecke des Netzes. Das Männchen näherte sich, drehte sich um und fesselte ihre Beine mit einem Strampeln seiner Hinterbeine mit feiner Seide. Als sie sich kurz regte, als wollte sie eine bequemere Schlafposition finden, glitten die feinen Fäden ab, mit denen er sie beworfen hatte. Er flüchtete auf die gegenüberliegende Seite des Netzes, wartete und leckte die Spitzen seiner Klauen. Als er sich das nächste Mal näherte, beantwortete sie sein Klopfen mit den Vorderbeinen – dieselbe Bewegung, die sie ausgeführt hätte, wenn sie Beute vermutet hätte. Das Zittern des Netzes schlug ihn abermals in die Flucht.

Doch er ließ nicht locker und näherte sich ihr immer wieder. Manchmal zog er sich wieder zurück, ohne dass ich den Grund dafür erkannte; manchmal schien sie von seinem Klopfen kurzzeitig hypnotisiert; hin und wieder erstarrte sie, als hätte sie Beute entdeckt und würde den Vibrationen ihres Netzes »lauschen«, um sich zu orientieren. Ich zählte über hundert Annäherungsversuche, bis mich ein Termin zwang zu gehen. Als ich am nächsten Morgen einen Blick auf das Netz warf, konnte ich das Weibchen nirgends sehen. In der Mitte des Netzes hing ein kleiner Seidenklumpen, aus dem mehrere durchscheinende Beine herausragten. Ich entfernte den Klumpen vorsichtig, wobei das Netz mit dem charakteristischen trockenen Knistern zerriss. Nachdem ich den Körper des Männchens befreit hatte, stellte ich an seinem Außenskelett fast keine Beschädigungen fest. Nach dem Verlust von Blut und Organen war es nicht mehr braun, sondern goldfarben. Seine Pedipalpen waren noch immer schwarz und aller Wahrscheinlichkeit nach voll.

Keine der Erklärungen für das unberechenbare Verhalten der weiblichen Schwarzen Witwe konnte lange aufrechterhalten werden. Manchmal frisst sie das Männchen, bevor es zur Kopulation kommt; manchmal packt sie es, sobald es mit seiner Pedipalpe von ihrer Genitalöffnung ablässt; manchmal zieht es unversehrt von dannen, nachdem sie sich gepaart haben. Früher nahmen Wissenschaftler an, das Weibchen würde das Männchen nur dann auffressen, wenn es sich bereits mit einem anderen Männchen gepaart hat oder besonders hungrig ist. Doch auch diese Theorie hat sich nicht bestätigt. Auch jungfräuliche Weibchen, die vor kurzem gefressen haben, verspeisen hin und wieder ein Männchen.

Ich habe bereits Männchen und Weibchen beobachtet, die in einer offenbar platonischen Beziehung in einem Netz lebten. Manchmal dauern die Annäherungsversuche des Männchens und die Zurückweisungen des Weibchens tage- oder sogar wochenlang an, ehe es zu einer Entscheidung kommt. In Gefangenschaft frisst ein Männchen gelegentlich auch einmal ein Weibchen. Ob das auch in der freien Natur vorkommt, kann ich nicht beurteilen, doch das Vernichten zukünftiger Generationen ist mit Sicherheit nicht die Regel.

Das Verhalten von Witwen in Gefangenschaft mag entscheidend zu unserem Verständnis – oder besser gesagt, zu unserem falschen Verständnis – ihres Paarungsverhaltens beitragen. In der freien Natur nimmt das Männchen unmittelbar nach der Paarung Reißaus. Der Forscher R. G. Breene hat nachgewiesen, dass Männchen in Gefangenschaft – wenn sie aus dem Terrarium eines Weibchens entfernt werden – wiederholt zeugen und die Eier einer ganzen Reihe von Weibchen befruchten können. Er stellte die These auf, dass das der Normalfall sei und dass Sexualkannibalismus zwar gelegentlich vorkomme, jedoch ziemlich unüblich sei. Das häufige Fressen des Partners, das von Forschern im Labor beobachtet wurde, so Breene, lässt sich durch die verschlossenen Behälter erklären, die dort verwendet werden. Anders als in der Natur kann das Männchen nicht flüchten und wird früher oder später gefressen. Breene äußerte sogar die Ansicht, dass der Arachnologe John Henry Comstock, der die Bezeichnung »Schwarze Witwe« um 1900 populär machte, seine Beobachtungen unter diesen irreführenden Umständen gemacht und aufgrund seiner Fehlinformationen der breiten Öffentlichkeit die Bezeichnung »Witwe« untergejubelt habe. Breene zufolge werden in der freien Natur nur unterernährte oder kranke Männchen gefressen. Obwohl Breene selbst nicht so weit geht, könnte man das kannibalische Liebesverhalten des Weibchens seiner Theorie zufolge als ein Beispiel für die natürliche Auslese betrachten, bei der weibliche Scharfrichter unvollkommene Männchen aus dem Genpool aussortieren, ehe sie sich paaren oder zumindest ehe sie sich ein weiteres Mal paaren können.

Breenes These wird dadurch ins Wanken gebracht, dass Sexualkannibalismus in der freien Natur nicht nur ab und zu beobachtet werden kann – ich bin nicht der Einzige, der mehrfach Zeuge dieses Schauspiels wurde. Eine Zeit lang hielt ich ein Männchen und ein Weibchen zusammen in einem Senfglas, ohne dass sie sich gegenseitig verletzten. Das widerlegt Breenes Vermutung, dass Witwenweibchen in Gefangenschaft unweigerlich zu Kannibalinnen werden. Und dann wäre da noch die Rotrückenspinne.

Die australische Rotrückenspinne begeht eine grausige Variante des Gattenmords. Sobald das Männchen die Spitze seiner Palpe in die Genitalöffnung des Weibchens eingeführt hat, macht es einen Purzelbaum und befördert damit seinen Hinterleib zwischen die Klauen des Weibchens. Sie beißt ihn und beginnt noch während der Kopulation, seine Eingeweide zu verdauen und auszusaugen. Vermutlich opfert das Männchen sich selbst, damit das Weibchen genug Protein und Kalorien bekommt, um Eier legen zu können.

Allerdings waren Forscher bislang nicht in der Lage, bei Weibchen, die Männchen gefressen hatten, eine gesteigerte Eierproduktion nachzuweisen – schließlich sind die Männchen vergleichsweise unterentwickelt und bringen oft nur ein Fünfzigstel des Gewichts eines Weibchens auf die Waage. Einer anderen Theorie zufolge können Männchen das Interesse des Weibchens länger aufrechterhalten – und somit länger kopulieren –, wenn sie ihren Körper gewissermaßen als Ablenkung offerieren. Ihre Selbstaufopferung vermindert so die Chancen rivalisierender Männchen, sich zu paaren.

Keines der Witwenmännchen, die mir untergekommen sind, hat sich in Rotrückenspinnen-Manier geopfert, trotzdem hätte diese Taktik vermutlich Erfolg. Ein Weibchen, dessen Zeit von wiederholten Drohungen und Rückzügen in Anspruch genommen wird, kommt nicht dazu, andere potenzielle Partner zu empfangen. Außerdem wird ein soeben begattetes Weibchen, das gerade damit beschäftigt ist, Freier Nummer eins zu verzehren, bei ihrer Mahlzeit nicht von Freier Nummer zwei gestört werden wollen. So gesehen sind die genetisch erfolgreichsten Männchen diejenigen, die am längsten die Aufmerksamkeit eines Weibchens auf sich lenken können, selbst wenn das bedeutet, dass sie so lange vor Ort bleiben müssen, bis sie zur Mahlzeit werden.

Die Paarung ist die letzte Handlung des Männchens. Nachdem es sein Netz verlassen hat, um nach Partnerinnen Ausschau zu halten, frisst es nicht mehr; sein körperlicher Verfall hat bereits begonnen, ob es ein Weibchen findet oder nicht, und es nähert sich seinem vorherbestimmten Lebensende, das mit dem Beginn der kalten Jahreszeit zusammenfällt.

Die meisten Witwen fressen so viel sie bekommen können. Einmal fing ich auf der Veranda meiner Eltern ein angriffslustiges Weibchen ein, dessen Abdomen etwas größer war als eine Erbse. Sie fing einen riesigen Kakerlak, brauchte mehrere Stunden, um ihn zu überwältigen und benötigte anschließend drei Tage, um ihn zu vertilgen. Ihr Hinterleib schwoll auf die Größe einer Murmel an, und ihr glänzendes Schwarz dehnte sich zu einem prallen Rotbraun. Bei einer anderen Witwe beschloss ich herauszufinden, ob dieser Appetit tatsächlich unersättlich ist. Ich sammelte Dutzende große Grillen und Heuschrecken und ließ alle drei bis vier Stunden eine in ihr Netz fallen. Nachdem die aufgeblähte Witwe ihr zehntes Opfer gefangen und verspeist hatte, fiel sie aus ihrem Netz und landete auf dem Rücken. In dieser Position verharrte sie stundenlang, ohne auch nur zu versuchen, sich zu bewegen. Dann verendete sie.

Der Appetit der Witwe steht in direktem Zusammenhang mit ihrem Fortpflanzungspotenzial: Je mehr ein Weibchen nach der Paarung frisst, desto mehr Eier kann es legen. In der freien Natur habe ich nur selten Witwen mit mehr als zwei oder drei Eierkokons zu Gesicht bekommen, aber in Gefangenschaft, wo sie nicht gegen die Naturgewalten kämpfen müssen, weniger Zeit mit dem Reparieren ihres Netzes verbringen und wo Beute im Überfluss zur Verfügung steht, habe ich sie wesentlich mehr produzieren sehen. Manche Witwen legen so viele Eier, dass sie wie Rosinen zusammenschrumpfen und sterben. Wenn man einer Witwe einen Eierkokon wegnimmt, legt sie in der nächsten Nacht neue Eier. Solange ein Witwenweibchen frisst, kann es Eier produzieren, doch die letzten ein oder zwei Gelege sind meistens steril. Die größte Serie von Gelegen, die ich eine Witwe habe produzieren sehen, bestand aus neun Eierkokons; aus sechs von ihnen schlüpfte eine normale Anzahl von Spinnenkindern, aus dem siebten eine spärliche Brut von einem Dutzend. Die letzten beiden Kokons erwiesen sich als steril.

Das Weibchen beginnt das Ritual des Eierlegens mit dem Spinnen des Kokons. Dazu befestigt es an einem kurzen Stängel eine Gespinstfläche, die wie ein Spitzendeckchen herabhängt. In Rückenlage legt die Witwe ihre Eier im unteren Bereich dieses Gespinsts ab, wobei sie den Eierschaum langsam aus der Genitalöffnung in der Mitte ihres Bauches presst. Diese zähflüssige Substanz, in der keine einzelnen Eier zu erkennen sind, bläht sich auf wie eine Kaugummiblase und tritt in Form einer annähernd vollkommenen Kugel aus. Dieser Vorgang kann Stunden dauern. Der Eierschaum hat die Farbe von hellem Karamellpudding und bleibt an der seidenen Plattform kleben.

Nach einer Pause widmet sich die Witwe wieder dem Kokon. Sie hängt in gewohnter Bauch-nach-oben-Stellung unter dem Eierschaum, richtet die Spinndrüsen am Ende ihres Hinterleibs auf den Rand der Plattform und bespritzt ihn mit Seide. Diese Seide ist extrem fein; wenn sie austritt und an der Plattform haften bleibt, kann man sehen, wie sich die einzelnen Fäden verheddern. Die Lücken am Rand des Gefüges erinnern an ein Spitzengewebe, der Rest ist fest gefügt. Wenn die Seide trocknet, entsteht ein undurchlässiges, wasserdichtes Gewebe, dessen Struktur sich nicht mit dem vergleichen lässt, was die Witwe sonst webt, und irgendwo zwischen Papier und Leinen anzusiedeln ist. Nach und nach nimmt der Kokon die Gestalt eines auf dem Kopf stehenden Kelchs an; dann rundet sich der Kelch zu einer Kugel, die den kugelförmigen Eierschaum in ihrem Inneren nur am ursprünglichen Befestigungspunkt berührt. Das dunkler gefärbte Gelege kann man erkennen, wenn man den Kokon vor eine Lichtquelle hält.

Wenn der Eierkokon getrocknet ist, hat er normalerweise eine glatte Oberfläche, und nur eine einzelne Erhebung verrät, wo mit dem Bau begonnen wurde. Oft dunkeln die Kokons ein wenig nach; die dunkelsten verfärben sich hellbraun oder hanffarben, andere bleiben fast weiß. Ihr Geflecht ist stabil; wenn man es aufritzt, kann man mehrere feine Schichten erkennen. Auch das Gelege im Inneren trocknet langsam und verwandelt sich in einzelne Eier, die aussehen wie die Körner in einer Sanduhr.

Als ich noch aufs College ging, arbeitete ich einen Sommer lang als Hausmeister in einem Krankenhaus. Eines Tages säuberte ich einen Betonschacht, der zur Wäscherei im Keller führte. Der Schacht war voll mit Laub, weggeworfenen Verpackungen und anderem Müll, und die Entlüftung der Wäscherei nebelte mich beim Kehren ein. Rennechsen von der Größe meiner Hand schossen unter dem Abfall hervor und suchten in einiger Entfernung Zuflucht. Eine sauste mir über die Stiefel. Ich lief ihr hinterher und durchforstete den Abfallhaufen, in dem sie sich vergraben hatte.

Als ich einen 20-Liter-Plastikeimer umdrehte, vergaß ich das harmlose Reptil. In dem Eimer befand sich das Netz einer noch nicht ausgewachsenen weiblichen Witwe. Sie hing in der Mitte ihres Netzes, und die leuchtende Sanduhr bedeckte fast die ganze Unterseite ihres schlanken Hinterleibs.

Offenbar war ihr nicht aufgefallen, dass ich ihre Welt auf den Kopf gestellt hatte. Ich war schockiert. Den ganzen Nachmittag lang hatte ich mit den Händen im Abfall herumgewühlt. Mit dem Stiel eines Rechens zielte ich wie mit einem Billardqueue auf die Spinne und verwandelte sie mit einem Stoß auf den Boden des Eimers zu Brei. Ich freute mich, sie so ökonomisch entsorgt zu haben, bereute es aber bald. Schließlich hatte es sich um ein ansehnliches Exemplar gehandelt, und ich hätte vermutlich Spaß daran gehabt, sie durch eine sichere Glasscheibe hindurch zu beobachten. Ich redete mir ein, ich hätte verhindert, dass irgendjemand anderer gebissen wurde; da jedoch niemand außer mir in naher Zukunft den Schacht reinigen würde, war ich von meiner Entscheidung nicht völlig überzeugt.

Ich konnte mein moralisches Dilemma erst verdrängen, als ich eine zweite Witwe fand. Und eine dritte und eine vierte und eine fünfte. Ich fing sie in weggeworfenen Pappbechern und Big-Mac-Verpackungen aus Hartschaum ein. (McDonald's zeigte damals noch wenig Umweltbewusstsein.) Keine von ihnen war ausgewachsen, und mit Ausnahme derjenigen, die ich getötet hatte, waren alle braun-weiß gefärbt. Ich deponierte sie in einer schattigen Ecke, um sie nach der Arbeit mitzunehmen. Als ich meinem Chef später erzählte, dass ich Schwarze Witwen gesehen hatte, meinte er: »Hoffentlich haben Sie sie getötet.« Ich wechselte das Thema.

Nach der Arbeit nahm ich die Witwen mit nach Hause und brachte sie in Terrarien unter. Als der Sommer vorüber war, fand ich in unmittelbarer Umgebung des Krankenhauses noch weitere Witwen. Ich fand sie auf drei verschiedenen Seiten des Gebäudes; ich fand sie in verschiedenen Höhen; ich fand sie in verschiedenen Entwicklungsstadien.

Eines Tages reinigte ich eine Gitterwerkmauer, die vermutlich formschöne Schattenmuster auf den Boden werfen sollte, tatsächlich jedoch zahlreiche Nischen bot, in denen sich bei auffrischendem Wind Abfälle verfingen. Ich fasste in die dreieckigen Öffnungen, um Verpackungen von Süßigkeiten und Papierbecher mit Blumenmustern herauszufischen, die aus dem Aufenthaltsraum des Krankenhauses stammen mussten. Die Mauer war dick; meine Hand verschwand bis zur Mitte des Unterarms darin. In einem Anfall geistiger Umnachtung hatte ich mich dafür entschieden, mit bloßen Händen zu arbeiten.

Als ich die Hand in die nächste dreieckige Öffnung steckte, streiften meine Finger etwas Trockenes und Samtiges. Ich zog sie sofort wieder heraus. Ich hatte keine Ahnung, was ich berührt hatte. Etwas Vergleichbares hatte ich noch nie gespürt. Also warf ich einen Blick in das Loch.

Ein Witwenweibchen hing zwischen vertrockneten Blättern und ein paar Papierfetzen in einem zerrissenen Netz. Ich hatte den Hinterleib der Witwe berührt, da sie sich jedoch trotz meiner Störung nicht zurückgezogen hatte, wusste ich, dass sie tot war. Ich räumte das Loch komplett aus.

Das Außenskelett der Witwe war vertrocknet, aber in gutem Zustand. An der Verbindungsstelle zwischen Vorderkörper und Hinterleib hatte das ausgetretene Blut eine Kruste gebildet. Sie war einfach verendet, wie es bei Witwen üblich ist, wenn sie ihren letzten Eierkokon gelegt haben. Dieser letzte Kokon hing ebenfalls im Netz. Er hatte seine runde Form beibehalten, doch sein sauberes Beige hatte sich im Lauf der Zeit grau verfärbt. Ein kleines Loch verriet, dass die Spinnenkinder geschlüpft waren. Ich riss den Kokon auf. Im Inneren waren die winzigen Eier zu erkennen, die alle aufgebrochen waren und aussahen wie völlig vertrocknete Schalen ordentlich halbierter Orangen. Außerdem hingen im Netz die eingewickelten Kadaver einiger junger Schwarzen Witwen, die von ihren Geschwistern oder ihrer Mutter während ihrer letzten trägen Tage gefressen worden waren.

Die übrigen Spinnenkinder mussten kurz nach dem Schlüpfen im Frühling ausgeschwärmt sein, wie es junge Witwen nach ihrer kindlichen kannibalischen Phase tun. Nachdem sie aus der Wand gekrochen waren, hatte jede von ihnen einige Fäden produziert, die vom Wind erfasst worden waren. Als die Fäden lang genug waren, hatte der Wind Faden und Spinne angehoben und fortgetragen. Diese Fortbewegungsmethode wird als »Fadenflug« bezeichnet und dient zahlreichen Spinnenarten zur Verbreitung. »Fliegende« Spinnen können Höhen von mehreren Tausend Metern erreichen und wurden bereits Hunderte von Kilometern von ihrer Geburtsstätte entfernt gefunden.

Bei der Schwarzen Witwe kommt es auch häufig vor, dass der Nachwuchs sehr nah beim Netz der Mutter landet, so dass auf dessen windabgewandter Seite in einem kegelförmigen Bereich neue Netze aus dem Boden schießen. Mit dieser Verbreitungstaktik können innerhalb von ein paar Jahren Areale von etlichen Kilometern Länge befallen werden. Witwen können trotz ihrer kannibalischen Veranlagung so nah beieinander leben, weil sie ihr Netz nur selten verlassen. Ein Befall dieses Ausmaßes tritt vorwiegend auf Wiesen zutage, und schon so mancher Landwirt musste große Flächen Weideland abbrennen, um es von Schwarzen Witwen zu befreien. Eine andere Möglichkeit ist, Schafe oder Schweine auf die Weiden zu treiben. Schafe reagieren kaum auf das Gift der Witwe, was vermutlich darauf zurückzuführen ist, dass sie in ihrer langen Entwicklungsgeschichte oft auf spinnenbefallenen Wiesen gegrast haben. Schweine sind zwar nicht immun, besitzen aber unter der Haut eine Fettschicht, so dass Gifte normalerweise nicht in ihren Blutkreislauf gelangen können und sie den Biss einer Witwe überleben. Ihr Wühlen zerstört Witwennetze. Die U.S.-Marine ließ einmal Soldaten ein befallenes Feld mit Flammenwerfern säubern.

Was ich in jenem Sommer beim Krankenhaus entdeckt hatte, war die Verbreitung von Witwen in umgekehrter Richtung. Ich hatte zunächst die jüngeren von ihnen gefunden und war erst später, gegen Ende des Sommers, auf den Ort ihrer Herkunft gestoßen. Natürlich ist es durchaus möglich, dass nicht alle jungen Witwen, die ich gefunden hatte, aus demselben Nest stammten – ich werde es nie erfahren. Allerdings trugen alle Weibchen, die ich dort fand, bereits ihre endgültige Färbung, die mit der Färbung der toten Mutter übereinstimmte –

abgesehen von den zwei roten Dreiecken auf dem Bauch waren sie allesamt einfarbig.

Während der letzten Sommerwochen war es oft stürmisch gewesen. Der Wind brachte das Dach des Gebäudes zum Ächzen und jagte Abfälle um die Ecken. Er wirbelte in merkwürdige Winkel und Nischen und lud dort Schmutz und Laub ab. Dann flaute er plötzlich ab und ließ alles Mögliche vom Himmel fallen – Kiefernnadeln, Staub, Papierschnipsel, auf denen die Bezeichnungen von Krankheiten und Medikamenten zu lesen waren, Teile von Zeitungen, Löwenzahnsamen an ihren büscheligen Fallschirmen, Tierhaare, Stofffetzen.

Das Erste, was mich die Leute fragen, wenn sie von meiner Vorliebe für Schwarze Witwen hören, ist, warum ich keine Angst habe. In Wahrheit wurzelt meine Faszination jedoch in einem Gefühl von Angst.

Ich habe Kindheitserinnerungen, die diese Angst zum Teil erklären. Als ich sechs Jahre alt war, nahm meine Mutter meine Schwester und mich in den Keller unseres Bauernhauses mit. Wir sollten ihr dabei zusehen, wie sie eine Witwe tötete. Feierlich griff sie zu einem langen Stock (ich bin geneigt zu sagen, zu einem drei Meter langen Pflock) und schritt zur Tat. Dabei erläuterte sie ihre Vorgehensweise mit derselben gedämpften Stimme, mit der sie uns auch in religiösen oder sexuellen Dingen aufklärte. Im Strahl ihrer Taschenlampe sahen wir zwei Kugeln auf halber Höhe an der Betonwand hängen – die eine war strahlend weiß, die andere glänzend schwarz. Meine Mutter rammte ihren Stock in das schmutzig silberige Netz, das die Kugeln umgab, und befahl uns, auf das Knistern zu achten, mit dem es zerriss. Die schwarze Kugel setzte ihre dünnen Beine in Bewegung, um den Störenfried abzuwehren. Als ihr plumper Hinterleib über die Wand wackelte, schien er die Beine ständig aus dem Weg zu schieben. Ihre Bewegungen vermittelten den Eindruck von Schnelligkeit und rasender Wut, obwohl sich Witwen außerhalb ihres Netzes eigentlich nur langsam und unbeholfen vorwärts bewegen. Meine Mutter zerquetschte die Witwe mit ihrem Stock und nahm ihn mit nach oben ans Tageslicht.

Dort zerrieb sie die Spinne, die noch immer mit ihren verbliebenen Beinen strampelte, auf dem Pflaster zu Brei. Dann ging sie wieder nach unten, um sich um die weiße Kugel, den Eierkokon der Witwe, zu kümmern. Auch er fand ein aufreibendes Ende.

Meine Mutter wollte uns auf diese Weise beibringen, wie wir ein gefährliches Tier, das uns auf der Farm tagtäglich begegnen konnte, identifizieren und unschädlich machen konnten. Natürlich schlossen wir daraus auch, dass Witwen von Natur aus bösartig waren, dass sie uns in dunklen Ecken auflauerten, um uns anzufallen, und dass man sie feierlich hinrichtete wie einen Feind, dessen Tod allein nicht genügt, sondern die Ermordung seiner Nachkommen und die Zerstörung seines Quartiers nach sich zieht, und dessen schmutzige Überreste nicht mit unseren Händen in Berührung kommen durften.

Seltsam ist allerdings, dass sich auch so viele Menschen, deren erste Begegnung mit einer Schwarzen Witwe nicht in einer solch mystischen Atmosphäre stattfand, vor ihr fürchten. Verschiedene Freunde von mir behaupteten, dass Witwen immer ihre Partner fressen würden oder dass ihr Biss für Menschen unweigerlich tödlich sei – in der Realität ist er das selten, vor allem seit ein Gegengift entwickelt wurde. Ich habe todernst gemeinte Geschichten darüber gehört, dass sich in importierten Waren aus Asien mit hoher Wahrscheinlichkeit Witwen eingenistet hätten und dass bereits etliche Frauen mit toupierten Haaren gestorben seien, weil sie von Witwen befallen worden waren. Das Anzweifeln solcher Geschichten kommt – nach den Reaktionen zu schließen – einer Gotteslästerung gleich.

Auch Wissenschaftler sind nicht immun gegen die mystische Aura der Witwe. Der erschreckendste Beitrag über Schwarze Witwen, den ich jemals gelesen habe, ist ein 1945 in den USA erschienenes Buch von Raymond W. Thrope und Weldon D. Woodson, das in Forscherkreisen offenbar Anerkennung genoss. Es enthält eine ausführliche Auflistung von Krankheitsfällen und Laborexperimenten und wurde deshalb in der Forschungsliteratur noch Jahrzehnte nach seinem Erscheinen zitiert. Neben verlässlichen wissenschaftlichen Beobachtungen präsentieren die Autoren die Witwe als heimtückische Landplage mit einer Vorliebe für Menschenfleisch und fordern: »Die Menschheit muss jetzt mit vereinten Kräften der größten arachnoiden Bedrohung entgegentreten, die jemals auf der Welt existiert hat.« Die Witwenpopulation explodiert, warnen sie und erklären diese Tatsache zu einer Gefahr von höchster Dringlichkeitsstufe. Die psychologisch aufschlussreichste Passage ist wahrscheinlich die, in der die Verfasser einen anderen Autor zitieren: »Die gefährlichsten Kommunisten haben eines mit der Schwarzen Witwe gemein: Sie verbergen ihr *Rot* auf der Unterseite.«

Wir projizieren unsere Urängste auf die Witwe. Sie ist schwarz; sie meidet das Licht; sie ist ein gefräßiger Fleischfresser. Ihre rote Zeichnung wird mit Blut assoziiert. Ihr Name und ihre glatten, prallen Formen lassen ein merkwürdiges, sexuell gefärbtes Unbehagen aufkommen: Die Witwe wird zum Inbegriff männlicher Furcht, sich einer Frau hinzugeben, und erinnert an die Eskimo-Legende über einen Vampir in Gestalt einer mit Reißzähnen versehenen Vagina.

Selbstverständlich ist das Gift der Witwe ein guter Grund dafür, sie zu fürchten. Menschen, die in Gegenden leben, in denen die Witwe heimisch ist, wissen seit Jahrhunderten um ihre Gefährlichkeit; von Russland bis Nordamerika sind Warnungen und Heilverfahren fester Bestandteil der Volksweisheit. Trotzdem dauerte es lange, bis die Medizin die Witwe als Menschenmörder anerkannte. Die Kreatur schien zu klein, um für das verantwortlich zu sein, was ihr vorgeworfen wurde: ungeheuerliche Schmerzen und qualvoller Tod. Nicht alle, die von einer Witwe gebissen worden waren, brachten die Spinne mit den Symptomen in Verbindung, die oft erst Stunden später auftraten; und wenn sie es doch taten, wurde ihnen von Ärzten versichert, dass kein Zusammenhang bestand.

Fast alle Spinnen bezwingen ihre Beute mithilfe von Gift; ob irgendeines dieser Gifte in einer kleinen Menge, wie sie von Spinnen abgesondert wird, Menschen gefährlich werden kann, diskutierten Arachnologen noch im 20. Jahrhundert. Viele Ärzte behandelten

Bisse der Schwarzen Witwe und schenkten den Mutmaßungen ihrer Patienten hinsichtlich der Ursache des Problems Glauben, doch der Großteil der Forscher- und Medizinergemeinde blieb skeptisch. Die Zweifler hielten die anekdotenhafte Beweisführung für unzureichend. Sie wollten unwiderlegbare Beweise in Form von Laborversuchen, die sich reproduzieren ließen. Seit dem Ende des 19. Jahrhunderts versuchten viele Forscher diese Beweise mithilfe von Tierversuchen zu liefern.

Berichte über solche Tierversuche – sie finden noch heute statt, da Wissenschaftler die Wirkungsweise des Gifts erforschen möchten – lesen sich wie H. G. Wells' Schreckensutopie *Die Insel des Dr. Moreau*. Forscher haben Witwengift in Affennieren und Hummerscheren injiziert, in die Iris von Rattenaugen und in die Nerven von Fröschen und Tintenfischen. Sie haben Ratten vergiftet, sie seziert und ihr Herz, Gehirn, ihre Milz, Leber, Nieren, Lungen und ihre Rumpfmuskulatur gesondert verflüssigt und anderen Ratten injiziert – die allesamt verendeten, mit Ausnahme derer, denen die Rumpfmuskelflüssigkeit verabreicht wurde. Sie zapften den Witwen das Gift mithilfe von Elektroschocks ab. Sie flößten den Witwen mit radioaktivem Selen und Phosphor versetztes Wasser ein und zählten dann die Ausschläge des Geigerzählers an den Organen von Meerschweinchen, die diese Witwen getötet hatten. Sie haben Witwen dazu animiert, Laborratten in den Penis zu beißen, worauf diese einen »niedergeschlagenen und depressiven Eindruck machten«. Sie haben Tieren das Blut von Menschen injiziert, die Opfer von Witwen geworden waren; die Tiere reagierten so, als wären sie selbst gebissen worden. Bei einem Versuch veranlassten Wissenschaftler, dass Ratten in den Knöchel gebissen wurden; anschließend amputierten sie einer Ratte nach der anderen das jeweilige Bein am Kniegelenk, um herauszufinden, wie schnell sich das Gift ausbreitet. Die vollen Auswirkungen des Gifts blieben nur den Ratten erspart, denen das Bein innerhalb von fünf Minuten abgenommen wurde. Selbst diejenigen, die in den ersten 15 Sekunden amputiert wurden, zeigten einige Symptome.

Derartige Experimente brachten eigenartige Reaktionen verschiedener Tiere auf das Gift zutage. Ratten werden lärmempfindlicher und demzufolge schreckhafter; sie reiben ihre Schnauze am Boden und fangen an zu zucken; kurz bevor sie verenden, stecken sie den Kopf zwischen die Hinterbeine, als erwarteten sie einen Luftangriff. Katzen werden lichtscheu. Sie beginnen zu jammern, kriechen mit dem Bauch am Boden rückwärts und verfallen dann in einen Zustand, der bei schizophrenen Menschen als »Katalepsie« bezeichnet wird. Dabei lassen sich die Katzen in jeder absonderlichen Position fixieren, bevor sie ebenfalls sterben. Zu den Tieren, für die das Gift der Witwe mit großer Wahrscheinlichkeit tödliche Folgen hat, zählen Meerschweinchen, Mäuse, Pferde, Kamele, Schlangen, Frösche, Insekten und Spinnen, einschließlich der Witwe selbst. Hunde, Schafe und Hasen überleben dagegen einen Biss in den meisten Fällen.

Die schwachen Reaktionen mancher Tiere ließen den Skeptikern Raum für Diskussionen. 1899 versuchte die russische Regierung, die Debatte beizulegen. Da es ihren Forschern nicht gelang, die Spinnen zum Beißen zu animieren, zog sie die Schlussfolgerung, dass es sich bei ihrer vermeintlichen Gefährlichkeit um ein Gerücht handelte. Der Fotograf des Versuchsteams entschied sich offenbar dazu, diesen Befund zu dokumentieren, indem er einem anderen Mitarbeiter eine Handvoll Witwen auf die entblößte Brust setzte und Aufnahmen davon machte. Dabei wurde der Fotografierte gebissen. Innerhalb von fünf Minuten traten ernsthafte Symptome auf.

Seitdem hat mindestens ein halbes Dutzend westlicher Forscher versucht, sich selbst zu vergiften. Sie animierten Witwen dazu, sie zu beißen, oder injizierten sich Flüssigkeit aus deren Giftdrüsen. Keiner dieser Forscher stellte irgendwelche Symptome bei sich fest – ein Ergebnis, das die Skeptiker in ihrer Meinung bestärkte. Weshalb wirkte das Gift bei keinem dieser Männer? In den folgenden Jahrzehnten kam die Forschung zu der Erkenntnis, dass die Beschaffenheit des Gifts stark von Umwelteinflüssen abhängt, insbesondere von der Jahreszeit und der Temperatur. Wahrscheinlich hatten die frühen Forscher schlicht und einfach mit Spinnen experimentiert, die zu kalt oder zu alt waren, um ein wirksames Gift zu produzieren. In den Fällen, in denen sich die Forscher beißen ließen, anstatt sich ein Extrakt zu spritzen, kommt noch eine weitere Erklärung infrage. Die Spinne kann darüber entscheiden, ob sie Gift injiziert oder nicht; sie ist also auch in der Lage, einen »trockenen« Biss auszuführen. Das erweist sich manchmal als gute Strategie, da durch einen trockenen Biss ein größeres Tier in die Flucht geschlagen werden kann, ohne dass dabei Gift verschwendet wird. Den Forschern, die sich selbst ein Extrakt injizierten, könnte ein chemischer Fehler unterlaufen sein.

1922 führte William Baerg, ein Arachnologe der Universität von Arkansas, ein Experiment bei sich selbst durch. Anfangs gelang es ihm nicht, seine Witwe dazu zu bringen, ihn zu beißen. Als er ihr schließlich doch einen Biss entlockte, wurde er mit einem dreitägigen Krankenhausaufenthalt, starken Schmerzen und Bewusstseinsstörungen belohnt. Das klingt nach einem unwiderlegbaren Beweis, da aber bei anderen Forschern keine Symptome aufgetreten waren, ließen sich die Zweifler noch immer nicht überzeugen. In den folgenden Jahren häuften sich die Beweise: Ein Arzt trug Hunderte von Krankengeschichten zusammen, und andere Experimente, bei denen aus Sicherheitsgründen geringere Dosen verwendet wurden, riefen leichte Symptome hervor.

Der nächste Wissenschaftler, der einen Witwenbiss riskierte, war Dr. Allan Blair von der medizinischen Fakultät der Universität von Alabama. Blairs Frau und einige andere stellten sich freiwillig als Versuchskaninchen für sein Witwenexperiment zur Verfügung, doch er lehnte ihr Angebot ab. Für den wissenschaftlichen Artikel, den er später schrieb, führte er zahlreiche Messungen durch und machte sorgfältige Aufzeichnungen. So konnte er auf spektakuläre Weise den Beweis dafür liefern, dass die Schwarze Witwe dem Menschen durchaus gefährlich werden kann. Sein wissenschaftlicher Triumph hätte ihn nämlich beinahe das Leben gekostet.

Wenn man eine Witwe aus der Nähe betrachtet, sieht sie gar nicht schwarz aus: Sie glänzt im Licht und verwandelt sich auf überirdische

Weise in etwas Strahlendes. Eine Krone aus schwarzen Perlen ziert ihr Haupt: Sie besitzt acht Augen, die man allerdings von Angesicht zu Angesicht nicht alle sehen kann. Das mittlere Augenpaar glotzt gleichgültig zurück. Ihr Außenskelett ist runzlig und stachelig, ganz und gar nicht so glatt, wie es von weitem erscheint. Ihre Vorderbeine scheinen einen umschlingen zu wollen. Dazwischen baumeln ihre behaarten Pedipalpen. Zwischen den Palpen befinden sich ihre Cheliceren: Sie sind dunkler als der Rest ihres Gesichts, haben die Form einer Bügelsäge und enden in blassen, nach innen gekrümmten Klauen, die an die Krallen einer Katze erinnern. Ihre Cheliceren wirken überdimensioniert und sehen in ihrem verhältnismäßig kleinen Gesicht aus wie ein Rauschebart.

Ohne technische Hilfe könnte man eine Witwe niemals so genau betrachten. Das Gesicht, in das ich blicke, wurde auf einem Foto von 1933 festgehalten. Dieses Foto ist eine extreme Nahaufnahme von »Spinne Nummer 111.33«, wie sie für wissenschaftliche Zwecke genannt wurde. In der rechten unteren Ecke befindet sich eine handgeschriebene Nachricht des Fotografen an Allan Blair: »Damit Sie nicht vergessen …«

Blair hielt in seinem Labor Witwen zu Tierversuchszwecken. (Eines seiner Experimente ergab, dass für Mäuse selbst die Eier der Witwe giftig sind.) Er hatte die Spinnen mit seinen Kollegen und Assistenten in der freien Natur eingefangen; in Tuscaloosa in Alabama gab es damals Unmengen von Witwen. Spinne Nummer 111.33 hatte Blair am 25. Oktober 1933 in einem Geröllhaufen in der Nähe seines Hauses gefangen. Wie die anderen Spinnen in Blairs Labor war auch sie in einem Glas untergebracht und wurde mit lebenden Insekten versorgt. Ihre letzte Mahlzeit vor dem Experiment bestand aus einer Wasserwanze. Dann musste sie zwei Wochen lang hungern. Da Forscher anfangs hin und wieder Probleme damit gehabt hatten, Witwen zum Beißen zu animieren, wollte Blair, dass seine Witwe ausgehungert und reizbar war, wenn er versuchte, sich von ihr beißen zu lassen. (Nebenbei bemerkt sind zwei Wochen ohne Nahrung für eine Witwe ein Klacks.

Ein Team von Wissenschaftlern, das mit einer ähnlichen Versuchsanordnung arbeitete und etliche nummerierte Witwen in Gläsern im Regal aufbewahrte, stellte fest, dass eine Witwe versehentlich nach hinten verrutscht worden war. Als sie neun Monate später gefunden wurde, lebte sie noch immer und hatte einen gesunden Appetit.)

Am 2. November war Spinne Nummer 111.33 in Blairs Worten »durchschnittlich groß, lebhaft und glänzend schwarz, mit der für ausgewachsene Tiere charakteristischen Zeichnung« – er meinte damit die rote Sanduhr –, »und schien in glänzender Verfassung zu sein.« Sich selbst beschrieb Blair folgendermaßen: »32 Jahre alt, 76 Kilogramm schwer … athletisch gebaut und kerngesund.« Blair hatte am College in der Footballmannschaft gespielt und soeben das Tennisturnier seiner Fakultät gewonnen. Er hatte seinen Körper eine Woche lang genau beobachtet und bezeichnete seinen Zustand als »normal«. Er war nicht gegen Mücken- oder Bienenstiche allergisch.

Um 10.45 Uhr vormittags packte Blair die Spinne Nummer 111.33 mit einer kleinen Pinzette am Hinterleib und setzte sie sich auf die linke Hand. Ohne sich lange bitten zu lassen, biss sie ihn in die Kuppe des kleinen Fingers und »drehte dabei ihren Vorderkörper hin und her, als wollte sie auf diese Weise die Klauen an ihren Cheliceren tiefer ins Fleisch versenken«. Der Biss fühlte sich an wie der Stich einer Nadel, der gleichzeitig brannte. Blair ließ sich zehn Sekunden lang von der Spinne beißen, wobei das Brennen immer intensiver wurde. Dann entfernte er die Witwe und setzte sie unversehrt in ihr Glas zurück.

Auf der Wunde perlte ein Tropfen einer weißlichen, braun geäderten Flüssigkeit – mit Blairs Blut durchsetztes Gift. Die Wunde selbst war so klein, dass Blair sie nicht einmal unter der Lupe erkennen konnte.

Mit der rechten Hand machte Blair unentwegt Notizen. Zwei Minuten nach dem Biss verzeichnete er an der Bissstelle einen »winzigen bläulichen Fleck«, der von einem Ring weißer Haut umgeben war. Sein Finger »brannte«. Kurz darauf verfärbte sich die Fingerkuppe rot, mit Ausnahme des blassen Bereichs in der Umgebung des Bisses. Blair verspürte einen »pochenden, stechenden« Schmerz.

15 Minuten nach dem Biss hatten die Schmerzen bereits auf Blairs Handteller übergegriffen. Eine Seite seiner Hand fühlte sich taub an. Um die Bissstelle trat Schweiß aus. Der Schmerz griff schnell auf seine Hand und seinen Arm über, war aber in der Fingerkuppe noch immer am intensivsten. Der Finger war zu einer purpurroten Wurst angeschwollen.

Nach 20 Minuten hatten die Schmerzen Blairs Brust erreicht, und ihr Zentrum war in die Achselhöhle gewandert. Der Finger pochte weiterhin. Als auch der Lymphknoten in der Nähe des Ellbogens zu schmerzen begann, schloss Blair daraus, dass das Gift in sein Lymphgefäßsystem gelangt war.

50 Minuten nach dem Biss diagnostizierte Blair, dass sich das Gift in seinem Blutkreislauf befand. Er fühlte sich »träge, schläfrig und lethargisch«; sein Blutdruck sank; sein Puls wurde schwächer; seine Atemzüge wurden tiefer. Seine weißen Blutkörperchen stiegen steil an, eine Entwicklung, die sich im Lauf des Tages und der folgenden Nacht fortsetzen sollte. Blutdruck und Puls verschlechterten sich zunehmend.

Bald fühlte Blair sich fiebrig, hatte Kopfschmerzen und verspürte ein Stechen in der Magengegend. Hinzu kamen Unwohlsein und Schmerzen in der Nackenmuskulatur. Er überließ es von da an seinen Assistenten, Aufzeichnungen zu machen. Kurz nach zwölf Uhr mittags stellte er fest, dass sich seine Beine »heiß und zittrig« anfühlten und sein Bauch schmerzte und »verkrampft« war.

Wie Blair aus Fallstudien anderer Ärzte wusste, sind schmerzhafte Krämpfe im Bauchbereich ein klassisches Symptom bei Bissen der Schwarzen Witwe. Er muss damit gerechnet haben, dass seine Schmerzen noch wesentlich schlimmer werden würden, und bat darum, in ein knapp fünf Kilometer entferntes Krankenhaus gebracht zu werden. Die Fahrt dauerte 15 Minuten, in denen sich – wie es Politiker formulieren würden – die Situation verschlechterte.

Um halb eins befand sich Blair im Krankenhaus. Sein Puls war »schwach und holprig«, sein Bauch war verkrampft und schmerzte heftig. Außerdem hatte er Schmerzen im unteren Rückenbereich und in der Brust und fühlte sich »eingeschnürt«. »Das Sprechen war mühsam und stockend«, schrieb er später und fügte in sachlichem, der medizinischen Fachzeitschrift, in der seine Ergebnisse veröffentlicht wurden, angemessenem Ton hinzu: »Die Respiration war beschleunigt und angestrengt und in der Ausatmung war ein Rasseln zu hören.«

Blairs Schmerzen – einer seiner Assistenten hielt gewissenhaft fest, dass er sie als »Folter« bezeichnete – machten es ihm beinahe unmöglich, sich fürs EKG hinzulegen. Es gelang ihm jedoch, sich stillzuhalten, und die Werte erwiesen sich als normal. Als Zeitungsreporter von den Problemen beim EKG erfuhren, nahmen einige von ihnen fälschlicherweise an, das Gift hätte Blairs Herz in Mitleidenschaft gezogen. In der Presse wurde dieser Mythos jahrzehntelang immer wieder aufgegriffen und ausgeschmückt. So entstand eine falsche Erklärung für die Gefährlichkeit der Schwarzen Witwe, die für Laien leichter verständlich war: Herzinfarkt.

Zwei Stunden nach dem Biss lag Blair in fötaler Position auf der Seite. Die Schmerzen hatten inzwischen seine Beine erreicht. Seine »Respiration war angestrengt, die Einatmung war von einem Keuchen begleitet, die stockende Ausatmung von lautem, unkontrolliertem Stöhnen«. Er wurde von Krämpfen geschüttelt und war nicht in der Lage, sich zu strecken, geschweige denn aufzustehen. Seine Haut war blass und »aschfahl« und mit kaltem Schweiß bedeckt. Kurzum, er stand unter schwerem Schock. Der Finger, in den er gebissen worden war, hatte sich blau verfärbt.

Zu den Hausmitteln, die aus so unterschiedlichen Gegenden wie Madagaskar und Südeuropa überliefert sind, gehört unter anderem die Heilbehandlung durch Hitze, und auch verschiedene Ärzte hatten auf die Wirksamkeit von heißen Bädern und Kompressen hingewiesen. William Baerg hatte die schmerzlindernde Wirkung von heißen Bädern während seines Krankenhausaufenthalts ebenfalls bestätigt. Blair beschloss, diese Behandlungsmethode an sich selbst zu testen. Sobald er sich im Wasser befand, ließen seine Schmerzen beinahe wie durch ein Wunder nach, waren allerdings noch immer erheblich. Seine

Atmung war schwerfällig, seine Unterarme und Hände zuckten krampfartig. Eine Krankenschwester maß bei ihm Blutdruck und Puls. Der systolische Druck lag bei 75, der diastolische war so gering, dass er nicht gemessen werden konnte. Blairs Puls war weiterhin schwach und schnell – so schnell, dass man ihn nicht zählen konnte.

45 Minuten nach Blairs Ankunft im Krankenhaus fand sich sein Kollege J. M. Forney ein, um sich um ihn zu kümmern. Forney fand Blair in der Badewanne liegend und um Luft ringend vor. Sein Gesicht war zu einer schweißbedeckten Maske mit schweren Augenlidern verzerrt, die seither als typisches Symptom bei Witwenbissen gilt. Eigenen Angaben zufolge fühlte sich Blair schwindelig. Forney merkte später an: »Ich kann mich nicht erinnern, jemals im Zusammenhang mit einer Erkrankung oder Verletzung vergleichbare Schmerzen beobachtet zu haben.«

Als Blair nach über einer halben Stunde aus der Badewanne gehoben wurde, war er rot wie ein gekochter Hummer. Seine Atemprobleme und seine Schmerzen hatten durch das Bad nachgelassen. 15 Minuten später kehrten sie in vollem Umfang zurück. Blair krümmte sich im Krankenbett. Mithilfe von Wärmflaschen, die ihm an Rücken und Bauch gelegt wurden, konnten die Schmerzen abermals gelindert werden. Der Schweiß brach ihm aus allen Poren und durchnässte das Bettlaken. Blair hatte einen Blutdruck von 80 zu 50 und einen kaum tastbaren Puls von 120. Er war damit einverstanden, dass man ihm schmerzstillendes Morphium injizierte.

Blair trank große Mengen von Wasser. Sein Körper war schweißgebadet – ein Zustand, der noch tagelang anhalten sollte – und produzierte aufgrund des hohen Flüssigkeitsverlusts kaum Urin. Auf seiner linken Hand wurde ein roter Streifen sichtbar. Blair übergab sich und hatte Durchfall; er war nicht in der Lage, Nahrung zu sich zu nehmen. Am Abend des ersten Tages schnellte sein Blutdruck auf 150 zu 92 hoch und blieb eine Woche lang erhöht. Sein Gesicht schwoll an; seine Augen waren blutunterlaufen und wässrig.

Die Nacht war schrecklich. Blair war unruhig und fand keinen Schlaf. Die Schmerzen hielten an. Er hatte Schüttelfrost. Beruhigungsmittel zeigten keinerlei Wirkung. Die ganze Nacht über nahm er immer wieder heiße Bäder. Irgendwann im Lauf der Nacht erreichten seine Qualen ihren Höhepunkt. Blair glaubte, die Schmerzen nicht mehr ertragen zu können, und befürchtete, verrückt zu werden; allein sein stets schwächer werdender Wille ließ ihn noch durchhalten. Seine Betreuer injizierten ihm abermals Morphium.

Am nächsten Tag hatte Blair noch immer Schmerzen. Seine Hände zitterten, sein Arm war mit dicken Pusteln übersät, sein Atem roch widerwärtig, seine Gesichtszüge waren durch Schwellungen entstellt, doch er wusste, dass er sich auf dem Weg der Besserung befand. Als er am Abend noch immer heftig schwitzend Orangensaft trank, stellten die Schmerzen in den Beinen das schlimmste Symptom dar.

Am dritten Tag war Blair in der Lage zu schlafen und etwas Nahrung zu sich zu nehmen. Sein verkrampfter Bauch hatte sich endlich entspannt. Nach und nach klangen die Schwellungen im Gesicht ab, und er erlangte sein normales Aussehen zurück. An diesem Tag kehrte er nach Hause zurück. Es dauerte noch ungefähr eine Woche, bis alle ernsten Symptome verschwunden waren. Anschließend plagte ihn noch zwei Wochen lang ein Juckreiz, und die Haut an seinen Händen und Füßen schälte sich wie nach einer Verbrennung.

Später kehrte Blair in seine Heimat Saskatchewan zurück, wo er auf dem Gebiet der Krebsforschung und -behandlung großes Ansehen erlangte. Als er im Alter von 47 Jahren an Herzversagen starb, rühmten ihn Politiker und andere Persönlichkeiten des öffentlichen Lebens. Zum Anlass seines Todes erschien in den Zeitungen noch einmal die Geschichte seines Experiments mit der Schwarzen Witwe, die Nachrichtenagenturen zu einem der ergreifendsten menschlichen Schicksale des Jahres 1933 gekürt hatten. Diese Geschichte wurde nun um eine weitere mythische Komponente ergänzt, indem man den Biss der Schwarzen Witwe 16 Jahre zuvor fälschlicherweise für sein Herzversagen verantwortlich machte.

Blairs Martyrium überzeugte die Skeptiker, dass der Biss der Schwarzen Witwe giftig und unter Umständen tödlich ist. Seitdem sind zigtausend Fälle von *Latrodectismus*, wie die Vergiftung durch einen Witwenbiss genannt wird, verzeichnet worden. Die Diagnose ist manchmal sehr schwierig, da die Symptome von Mensch zu Mensch stark variieren. Schmerzen zählen in jedem Fall dazu, normalerweise im ganzen Körper, insbesondere jedoch im Bauch, in den Beinen und in der Lendengegend. Oft schmerzen auch die Fußsohlen – eine Frau gab an, sie hätte das Gefühl gehabt, jemand würde ihr die Zehennägel abreißen oder ein Bügeleisen an die Füße halten.

Ursprünglich wollte Blair mit seinem Experiment unter anderem herausfinden, ob Menschen nach mehreren Bissen in Folge immun werden. Diese Frage beantwortete er allerdings nie – wie er offen zugab, hatte er Angst davor, dass sich sein erstes Erlebnis wiederholen könnte.

Das Gift der Witwe enthält ein Neurotoxin, das für die Schmerzen und für Symptome, die den gesamten Organismus betreffen, verantwortlich ist. Doch diese chemische Erklärung gibt nur neue Rätsel auf. Eine Dosis des Gifts enthält nur wenige Moleküle des Neurotoxins, das ein hohes Molekulargewicht besitzt – die Moleküle sind in der Tat so groß, dass man sie unter einem gewöhnlichen Mikroskop erkennen kann. Wie können diese wenigen Moleküle den ganzen Körper eines Tieres in Mitleidenschaft ziehen, das mehrere hundert oder sogar tausend Kilogramm schwer ist? Bislang hat niemand eine Erklärung für diesen speziellen Vorgang geliefert. Es scheint sich dabei um eine Kettenreaktion im Nervensystem zu handeln, um eine Reihe von Abläufen, die vom Toxin ausgelöst werden, wobei das Toxin aber nur an den ersten Schritten des Prozesses unmittelbar beteiligt ist. Das Gift legt sozusagen einen Schalter um, der einen Selbstzerstörungsmechanismus in Gang setzt.

Manchmal sterben Menschen an Witwenbissen. Thorpe und Woodson schildern den Fall eines zweijährigen Jungen, der nach einem Spaziergang mit seinem Großvater im Garten über Schmerzen im großen Zeh klagte. Kurz darauf verlor er das Bewusstsein. Innerhalb einer Stunde war er tot. Sein Großvater ging an die Stelle im Garten, wo der Junge den Schmerz bemerkt hatte, und drehte dort einen Stein um.

Eine plötzlich enttarnte Schwarze Witwe krabbelte über die Pflastersteine davon.

Ältere Menschen sterben überdurchschnittlich oft am Biss einer Witwe, was offenbar daran liegt, dass sie besonders empfindlich auf die Nebenwirkungen reagieren. Der erhöhte Blutdruck zum Beispiel führt bei manchen Opfern in Form eines Schlaganfalls oder Herzinfarkts zum Tod. So war es auch bei dem Schauspieler Harry Carey, der vor allem für seine Charakterrollen in John-Wayne-Western bekannt ist. Während der Dreharbeiten zu *Panik am roten Fluss* wurde er von einer Witwe gebissen; er starb an einem Herzinfarkt.

Anfangs ging die Wissenschaft davon aus, dass das aggressive Gift der Witwe zum Töten von Blatthornkäfern erforderlich sei. Zur Familie der Blatthornkäfer gehören Tausende verschiedene Arten, unter anderem Junikäfer und der berühmte Mistkäfer, den die alten Ägypter für unsterblich hielten. Alle Blatthornkäfer besitzen einen dicken, kräftigen Rumpf und ein widerstandsfähiges Außenskelett, und viele von ihnen sind eine bevorzugte Beute der Witwe. Man nahm an, ihr stabiler Panzer würde ein besonders gefährliches Gift erfordern. Ich habe Witwen beobachtet, die Dutzende von daumendicken amerikanischen Mistkäfern getötet haben. Diese breitschultrigen Kreaturen sind zwar kleiner als ihre afrikanischen Vettern, aber trotzdem gewaltig und mit kammartigen Grabklauen an den Vorderbeinen bewaffnet. Im Sommer krabbeln sie vor meinem Haus auf dem Bürgersteig und im Rinnstein umher. Ich erinnere mich, dass ich als Kind einmal einen von ihnen vor einen Spielzeugwagen spannte: Er war in der Lage, ein Vielfaches seines Körpergewichts zu ziehen. Als ich genug von ihm hatte, warf ich ihn ins Netz einer Witwe. Er wehrte sich wie ein aufgezogenes Spielzeug und warf zur Verteidigung mit seinem teerartigen Kot um sich. Die Witwe verharrte geduldig außerhalb der Gefahrenzone und bewarf ihn über eine Stunde lang mit Seide, ehe sie sich ihm von vorne näherte und ihm den tödlichen Biss zufügte. So groß der Mistkäfer auch war, ihr Biss tötete ihn innerhalb von Minuten.

Es ist erwiesen, dass das Gift der Witwe tausend Mal stärker ist als zum Töten von Blatthornkäfern erforderlich wäre. Dieses Beispiel ist typisch für den Zauber, der die Witwe umgibt: Ein Sinnbild ewigen Lebens, getötet von einer Kreatur, deren markante, blutfarbene Zeichnung immer wieder mit einer Sanduhr verglichen wird.

Bislang konnte niemand eine hinreichende Erklärung dafür liefern, weshalb das Gift der Witwe so gefährlich ist. Es bietet ihr keinen klaren evolutionären Vorteil: Ein weniger giftiges Toxin wäre für alle ihre Beutetiere ebenfalls tödlich, und aus dem Töten oder Verletzen größerer Tiere kann sie keinen eindeutigen Nutzen ziehen. Eine Witwe, die einen Menschen oder ein größeres Tier beißt, läuft Gefahr, dabei selbst getötet zu werden. Die Evolution bringt bisweilen solche Phänomene natürlicher Bösartigkeit hervor – Merkmale, die weder funktionell noch rudimentär sind, sondern absolut sinnlos. Die natürliche Auslese fördert die Vererbung nützlicher Eigenschaften, die aus zufälliger Mutation entstehen, und merzt nachteilige Charakteristika in der Regel aus. Alle anderen Charakteristika, die für das Überleben weder förderlich noch hinderlich sind, werden nach dem Zufallsprinzip bewahrt oder getilgt, je nachdem, ob sie im Zuge der Mutation mit nützlichen oder nachteiligen Merkmalen in Verbindung gebracht werden. Viele Menschen – darunter auch viele Wissenschaftler – gehen davon aus, dass jedes Tier seiner ökologischen Nische optimal angepasst ist und dass es für jeden anatomischen Aspekt und jedes Verhaltensmerkmal eine funktionale Erklärung gibt. Dennoch wird diese Annahme von der Evolutionstheorie nicht gestützt. Bei genauer Beobachtung unserer Umwelt stellt sich heraus, dass eine derart systematische Betrachtungsweise unmöglich ist.

Wir wünschen uns die Welt als geordneten Raum, doch in einer Ecke dieses Raums hängt ein unordentliches Netz. Hier sieht sich der analytische Verstand mit einem unlösbaren Rätsel konfrontiert, mit einem bösartigen und völlig grundlosen Streich der Natur, und das Bild, das der Wissenschaftler vom Bösen hat, deckt sich mit dem der gottesfürchtigen Bäuerin mit ihrem drei Meter langen Pflock. Keine

Definition, die den Kosmos als formvollendet beschreibt, kann die Witwe erklären. Keine Vorstellung von einem gütigen Gott will in die Welt der Witwe passen. Sie sitzt in ihrem Netz, dieses Wunderwerk der Natur, und trotzt der Teleologie.

FANGSCHRECKEN

Von meiner Wohnung im ersten Stock konnte ich über den Parkplatz bis zum Bach sehen und ich ging in der Dämmerung oft auf den Laubengang hinaus, um zu beobachten, wie die Glühwürmchen vor der dunklen Kulisse aus Kiefern, Ahornbäumen und Osagedornbüschen aufleuchteten. An einem Abend schwirrten die Motten in besonders großen Scharen um die Außenlampe auf dem Laubengang. Ich wollte gerade wieder nach drinnen gehen, weil die pelzigen, fingernagelgroßen Tierchen ständig gegen mich prallten und mit ihren staubigen Schuppen schillernde Streifen auf meiner schweißbedeckten Haut hinterließen, als ich bemerkte, dass eine von ihnen plötzlich ihre Flugbahn verlassen hatte und wie eine verstimmte Biene summte.

Am Laubengang befand sich ein beige gestrichenes Holzgeländer. Ein Stück dieses Geländers hatte die Motte gepackt und kaute ihr den Kopf ab. Als ich genauer hinsah, griff das Fleisch fressende Geländer noch einmal nach, und ich identifizierte es als Gottesanbeterin oder *Mantis religiosa*, wie die Entomologen sie bezeichnen. Sie hielt die Motte mit den Flügeln nach unten vor ihrem Gesicht, drehte sich zu mir und starrte mich an. Dabei sah sie aus, als würde sie sich den Mund mit einer Serviette abwischen.

Die Gottesanbeterin war etwa sechs Zentimeter lang und hatte exakt dieselbe Farbe wie das Geländer. Ihr dreieckiger Kopf lief spitz zu und endete in Mundwerkzeugen, die einer winzigen Baumschere glichen und von vier fingerförmigen Palpen umgeben waren. Sie ging auf vier Beinen. Das vorderste Beinpaar, das sie nicht zum Gehen benutzte, war mit Stacheln versehen und endete in Enterhaken, die sie vor sich hochhielt. Die merkwürdige Position der Fangbeine der Gottesanbeterin wurde in vielen Teilen der Welt mit Andacht oder

Weisheit assoziiert. Der Begriff *Mantis* stammt ursprünglich aus dem Griechischen und bedeutet »Prophet«. Legenden aus Afrika und dem Mittleren Osten messen der Gottesanbeterin eine religiöse und prophetische Bedeutung bei. In den Vereinigten Staaten wird sie unter anderem »Wahrsagerin« genannt.

Ich fing die Gottesanbeterin in einem Vier-Liter-Gurkenglas ein und nahm sie mit nach drinnen, wo ich ihr einige Zweige und Blätter ins Glas legte, auf denen sie herumklettern konnte. Am nächsten Morgen hatte sie sich grün verfärbt und war kaum noch von den Blättern zu unterscheiden.

Ich fing ein paar Motten und warf sie ins Glas. Die Gottesanbeterin kletterte einen großen Zweig hinauf und verharrte auf halber Höhe. Sie hielt sich mit dem mittleren und dem hinteren Beinpaar fest, ihre mächtigen Vorderbeine hatte sie eng an die Brust gelegt. Als eine Motte herangeflogen kam, drehte die Gottesanbeterin den Kopf und beobachtete, wie sie unaufhörlich gegen das Glas prallte.

Dann schnappte sie sich die Motte aus der Luft. Ich sah nicht, wie es passierte; es ging so schnell, dass ich es nicht einmal verwischt erkennen konnte. Angeblich dauert der gesamte Vorgang nur eine Zwanzigstelsekunde. Ich ahnte, dass irgendetwas Schreckliches geschehen war, und im nächsten Moment war die Motte in den stacheligen Armen der Gottesanbeterin gefangen. Diese hatte bereits begonnen, die Motte in die pelzigen Schuppen unmittelbar hinter ihrem kahlen Kopf zu beißen. Gottesanbeterinnen beißen fast immer genau an dieser Stelle zu und durchtrennen dabei den Hauptnerv ihrer Beute, der mit dem Rückenmark des Menschen zu vergleichen ist. Dieser chirurgische Eingriff, den sie instinktiv bei vielen verschiedenen Beuteinsekten ausführen, unterbricht die Verbindung zwischen Gehirn und Gliedmaßen. Das führt zwar nicht zwangsläufig zum Tod, sorgt jedoch dafür, dass sich das Opfer nicht mehr wehren kann.

Die Motte schlug alle paar Sekunden surrend mit den Flügeln, während die Gottesanbeterin sie ohne Hast vom Kopf her auffraß. Sie arbeitete sich mit ihren scherenartigen Mundwerkzeugen voran, zerlegte die Motte Stück für Stück und schlürfte ihre Körpersäfte. Die Schuppen der Motte, die zu Staub zerbröselt waren, als sie meine Hand berührt hatten, sahen aus wie kleine braune Federn und schwebten wie Schneeflocken zu Boden.

Ich behielt die Gottesanbeterin ungefähr eine Woche lang bei mir und fütterte sie häufig mit Motten. Der Zweig, auf dem sie hockte, war wackelig und verrutschte hin und wieder, wenn sie nach einer Motte schnappte. Manchmal, wenn sie den Halt verlor und ins Leere griff, verharrte sie für einen Augenblick inmitten der Fangbewegung, und ich erhaschte einen seltenen Blick auf diesen Vorgang – mit ausgestreckten Fangbeinen erinnerte sie mich an ein Model, das Handschuhe vorführt.

Ich hatte gelesen, dass Gottesanbeterinnen fast alles fressen, von Hornissen (deren Stachel sie übrig lassen) über Kolibris bis hin zu Fröschen. Eine Gottesanbeterin soll sogar eine Maus gefangen und von der Nase beginnend bei lebendigem Leib verspeist haben. (Diese Gottesanbeterin war allerdings über zwölf Zentimeter lang.) Ich selbst habe Gottesanbeterinnen Schwarze Witwen fressen sehen; sobald eine Gottesanbeterin das gehirnähnliche Ganglion einer Witwe frisst, bewegt sich ein Bein der Spinne auf und ab, als würde sie im Takt zur Musik klopfen. Ich fütterte die Gottesanbeterin mit allem, was über den Laubengang krabbelte: mit einer gepunkteten weißen Raupe, die den Grashalm, von dem die Gottesanbeterin sie pflückte, auf ihrem Weg in den Tod mit ihrem Gewicht beinahe abknickte; mit Stubenfliegen, von denen sie nur die größeren fraß; mit Heuschrecken, die mutig auf sie zumarschierten wie dickbäuchige Männer im Frack; mit einer riesigen Radnetzspinne mit silber- und goldfarben gestreiften Beinen. Sie fraß einfach alles, was sich bewegte; ich beobachtete, wie sie Bewegungen ausmachte und anschließend tötete.

Visuelle Wahrnehmung ist für Gottesanbeterinnen enorm wichtig, viel wichtiger als für fast alle anderen Gliederfüßer. Ihre zwei riesigen Augen verleihen ihrem Gesicht menschliche Züge: Wenn man sie ansieht, hat man den Eindruck, dass sie den Blick erwidert, wie es

Katzen oder Affen tun. Wenn man dasselbe bei anderen Insekten versucht – sofern man ihre Augen überhaupt erkennen kann –, wird der Unterschied deutlich.

Die zwei großen Augen der Gottesanbeterin sind so ausgerichtet, dass sie nach vorne blicken und stereoskopisch sehen kann. Das heißt, sie ist in der Lage, zwei Bilder ein und desselben Objekts wahrzunehmen und Entfernungen abzuschätzen, indem sie diese beiden Bilder kombiniert. Denselben Trick verwenden auch wir Menschen. Die Gottesanbeterin kann sogar bis zu einem gewissen Grad Farben unterscheiden, doch ihre Stärke liegt in der Wahrnehmung von Bewegung: Um Nahrung zu finden, muss sie die Bewegungen von Tieren zwischen Blättern ausmachen können, die sich im Wind bewegen. Sobald sie ein Beutetier entdeckt hat, erstarrt sie und wartet, bis es sich nähert; dann führt sie ihre unsichtbar schnelle Fangbewegung aus. Sie kann sowohl bei Tageslicht als auch im Halbdunkel sehen, doch wie viele primär visuelle Tiere jagt sie am liebsten tagsüber.

Die Gottesanbeterin besitzt eine Gabe, die bei Insekten einzigartig ist: Sie kann den Kopf drehen. Eine Gottesanbeterin kann sozusagen über ihre eigene »Schulter« schauen. Die Kombination dieser Fertigkeiten – das Drehen des Kopfes, das räumliche Sehen, das Abschätzen von Entfernungen und das Erkennen von Bewegung – führt dazu, dass das Verhalten von Gottesanbeterinnen eher an Katzen und Menschen erinnert als an Insekten, zumindest was die Nahrungsbeschaffung und die Selbstverteidigung betrifft. Was passiert, wenn man vorgibt, einem anderen Menschen ins Gesicht zu schlagen, die Bewegung aber im letzten Moment abbremst? Er weicht reflexartig zurück. Was passiert, wenn man dasselbe bei einer Küchenschabe, einer engen Verwandten der Gottesanbeterin, versucht? Sie flüchtet im Zickzacklauf, um einen zu verwirren. Und was passiert, wenn man dasselbe bei einer Gottesanbeterin versucht? Sie weicht zurück. Gottesanbeterinnen reagieren wie Menschen, weil sie ihre Umgebung ähnlich wahrnehmen.

Ausgeprägtes Sehvermögen geht in der Regel mit einem räuberischen Lebenswandel einher. Wir sind zwar keine reinen Räuber wie die

Gottesanbeterin, wären aber grundsätzlich dafür gerüstet. Auch wir besitzen Gliedmaßen mit Greifwerkzeugen – ebenfalls ein häufiges Merkmal von Räubern –, so wie Katzen Krallen haben, mit denen sie zupacken können, und Gottesanbeterinnen über das verfügen, was Wissenschaftler »Fangbeine« nennen. Nur wenige Insekten können ihre Beute so gut festhalten wie die Gottesanbeterin.

Alle unsere Ähnlichkeiten mit der Gottesanbeterin resultieren aus einer konvergenten Evolution. Darunter ist zu verstehen, dass nicht miteinander verwandte Lebewesen ähnliche Merkmale entwickeln, weil sie sich ähnlichen Anforderungen ihres Lebensraums angepasst haben. Der Schwertwal, ein Warmblüter, der über ein Knochengerüst verfügt, hat eine ähnliche Form wie der Weißhai, ein Kaltblüter mit Knorpelskelett. Der Grund dafür ist, dass beide im Meer leben und Robben fressen: ein Fall von konvergenter Evolution. Unsere Ähnlichkeiten mit der Gottesanbeterin sind allerdings weniger offenkundig.

Zunächst haben wir beide mit Ausnahme unseres Sehsinns schlecht ausgebildete Sinne. Wer sich ein Bild davon machen möchte, wie schlecht unsere Ohren und unsere Nase sind, braucht nur einem Hund ins Freie zu folgen und zu versuchen herauszufinden, was seine Aufmerksamkeit in Anspruch nimmt, wenn er immer wieder den Kopf schräg hält oder stehen bleibt und in irgendeine Richtung starrt. Nach kürzester Zeit hat man den Eindruck, man sei taub und hätte überhaupt keinen Geruchssinn.

Der Gehörsinn der Gottesanbeterin ist fast völlig nutzlos. Ein großer Teil der etwa zweitausend Fangschreckenarten, die es auf der Welt gibt, besitzt überhaupt keine Gehörorgane. Nur bei wenigen Arten sind beide Geschlechter mit Ohren ausgerüstet. Die übrigen Arten – mehr als die Hälfte von allen – sind durch Geschlechtsdimorphismus gekennzeichnet: Die Männchen verfügen über Gehörorgane, die Weibchen nicht. Das Gehörorgan der Gottesanbeterin ist einzigartig; Männchen besitzen nur eines, das in der Mitte der Brust sitzt. Während die meisten Tiere Geräusche anhand feiner Wahrnehmungsunterschiede zwischen ihren beiden Ohren lokalisieren können, fehlt der

Gottesanbeterin diese Fähigkeit. Das Männchen kann sein Gehörorgan nicht dazu benutzen, Nahrung oder Partnerinnen ausfindig zu machen. Für die Beutejagd reicht sein Sehvermögen allerdings völlig aus, und paarungswillige Weibchen spürt es anhand ihres Geruchs auf, denn sie verströmen Pheromone.

Um diesem Geruch zu folgen, fliegt das Männchen bei Nacht. Das erklärt, weshalb es längere Flügel besitzt. Die Weibchen der meisten Fangschreckenarten fliegen überhaupt nicht. Bei dieser Gelegenheit zeigt sich die Funktion des Gehörorgans der Männchen. Da es nur hohe Frequenzen wahrnehmen kann, ist es für Verteidigungszwecke im Großen und Ganzen ungeeignet, doch es vernimmt die Schreie von Fledermäusen, die diese zur Echoorientierung ausstoßen. Sobald eine Gottesanbeterin den Schrei einer Fledermaus hört, geht sie in den Sturzflug, um sich aus der Gefahrenzone zu bringen. Da sie dazu nicht wissen muss, wo sich die Fledermaus befindet, reicht ein einzelnes Ohr aus. Wissenschaftler gehen davon aus, dass sich dieses Gehörorgan, dem bislang keine andere Funktion nachgewiesen werden konnte, infolge der Gefährdung durch räuberische Fledermäuse entwickelt hat.

Die Gottesanbeterin als Mahlzeit: Das bringt uns zu einem anderen gemeinsamen Merkmal. Wir sind beide räuberische Lebewesen in der Mitte der Nahrungskette. Die Gottesanbeterin ist dafür geschaffen zu töten, aber auch sie kann getötet werden, und das geschieht auch oft.

Eines Abends saßen wir auf der Veranda und unterhielten uns. Auf der Wiese, am Rand des Lichtkegels, kauerte unser schwarzer Kater und sprang immer wieder irgendwelche Insekten an, die an ihm vorbeiflogen. Wir sahen, wie er einige Motten verfehlte, und wir sahen, wie er Insekten ansprang, die wir nicht erkennen konnten. Nach einer Weile trottete er mit irgendetwas im Maul auf die Veranda. Dieses Etwas strampelte mit den Beinen gegen das Fell an seinen Wangen.

Der Kater kauerte sich hin, um mit seiner Beute zu spielen. Er ließ sie auf den Steinboden fallen und hielt sie mit einer Pfote fest. Es handelte sich um eine große grüne Gottesanbeterin. Als der Kater erwartungsvoll die Pfote hob, richtete sich die Gottesanbeterin auf ihren Hinterbeinen auf, streckte ihre Furcht erregenden vorderen Gliedmaßen in die Luft, wobei deren rot-gelbe Unterseiten sichtbar wurden, und torkelte auf den Kater zu, als wolle sie ihn mit ihrer Größe einschüchtern. Wissenschaftler nennen das eine »Drohgebärde«.

Der Kater packte die Gottesanbeterin mit beiden Vorderpfoten, doch schon im nächsten Moment entwischte sie und flog surrend in einem flinken, aber unbeholfenen Bogen vor seiner Nase vorbei. Der Kater sprang hoch und fing die Gottesanbeterin im Flug. Nachdem seine Beute erneut zu Boden gegangen war, hatte er genug vom Spielen. Er biss zu, bewegte den Kopf mit einem Ruck nach hinten und riss die Gottesanbeterin dabei in zwei Teile. Der Kampf ging noch ungefähr fünf Minuten weiter – der schwarze Kater fraß, die grüne Gottesanbeterin zappelte aus Protest mit den Beinen. Das Einzige, was von ihr übrig blieb, waren ihre stacheligen Fangbeine und ein Stück Thorax mit Flügeln.

Der Mensch befindet sich ebenfalls in der Mitte der Nahrungskette. Diese Tatsache missfällt vielen Leuten, weil sie der Meinung sind – in der Regel aufgrund religiöser oder kultureller Vorurteile –, es stünde uns zu, das Tierreich zu regieren. (Allein der Begriff »Reich« zeigt, dass wir Menschen dazu neigen, in Hierarchien zu denken.)

Der skeptische Leser mag einwenden, dass er kaum Gefahr läuft, von irgendjemandem gefressen zu werden, während er in seinen vier Wänden irgendwo mitten in der Stadt sitzt und dieses Buch liest. Herzlichen Glückwunsch: Er steht auf einer Stufe mit der Termite. In unseren Schlupflöchern und unseren Städten sind wir Menschen ebenso sicher wie Termiten in ihren Hügeln.

Ein anderer Leser merkt an, dass ihm seine Pistole den Status eines Superräubers verleiht. Er hat Recht: Unser Talent, mit Schusswaffen umzugehen, verleiht uns Macht und stellt uns auf eine Stufe mit Steine werfenden Pavianen. Wenn wir jedoch einem der Raubtiere begegnen würden, die uns wirklich als Futter betrachten – nicht irgendeinem schwächlichen Kojoten oder Puma (obwohl auch diese beiden hin und wieder einen Menschen getötet haben), sondern beispielsweise einem Leistenkrokodil oder einem Weißhai –, hätten wir auch mit einer Pistole bewaffnet nur geringe Chancen, unsere Haut zu retten.

Ein dritter Leser murmelt verdrossen, dass wir alles töten können, wenn wir uns zusammentun. Stimmt, wir benutzen diesen Trick oft, um lästige Tiger unschädlich zu machen, die ein paar Menschen gefressen haben – in machen Fällen sogar ein paar Hundert Menschen. Auch Paviane gehen in der Meute auf Leopardenjagd, was allerdings nichts an der Tatsache ändert, dass Leoparden berüchtigte Pavianfresser sind.

Leoparden sind Meister darin, unser anthropozentrisches Weltbild zu erschüttern. Sie bringen uns dazu, unsere vorgefasste Meinung über Hierarchien in der Natur zu revidieren und unsere Ansicht, wir säßen auf der Spitze der Pyramide, zu überdenken. Manche versteinerte Schädel von Urmenschen weisen punktuelle Verletzungen auf, die charakteristisch für einen tödlichen Leopardenbiss sind. Leoparden sind wesentlich kleiner als Löwen oder Tiger, töten jedoch wesentlich mehr Menschen. In Afrika und Asien sind diese Raubkatzen seit Menschengedenken unter uns; sie waren bereits da, bevor wir aus dem Dschungel kamen, um durch die Savannen zu ziehen, und haben nie unsere anmaßende Meinung geteilt, dass wir uns grundlegend von Affen unterscheiden. Heute fressen Leoparden unsere nahen Verwandten – Schimpansen und Paviane – genauso wie sie unsere Vorfahren gefressen haben. Auch uns fressen sie noch immer – Hunderte von uns, jedes Jahr. Der legendäre Panar-Leopard aus dem Norden Indiens hat beispielsweise mehr als 400 Menschen auf dem Gewissen. Das ist die offizielle Zahl der indischen Regierung, Zweifelsfälle nicht mitgerechnet. Leoparden teilen unsere Vorliebe für das Töten aus purem Vergnügen. In Tansania tötete ein Leopard 26 Menschen, ohne auch nur einen einzigen von ihnen aufzufressen.

Einer Theorie zufolge fressen Löwen und Tiger nur dann Menschen, wenn sie zuvor Schlachtfelder und seuchengeplagte Dörfer durchstöbert und so den Geschmack von Menschenfleisch zu schätzen gelernt haben. Egal, ob das auf Löwen und Tiger zutrifft oder nicht, es gilt mit Sicherheit nicht für Leoparden. Sie benötigen keinen Anreiz dafür, ihren Speiseplan um einen proteinreichen Primaten zu ergänzen. Außerdem wird behauptet, große Raubkatzen würden sich auf das Fressen von Menschen verlegen, wenn sie zu alt und zu schwach sind, um ihre »natürliche« Beute zu fangen. Unter Menschen fressenden Leoparden sind gesunde, überdurchschnittlich große Männchen allerdings keine Ausnahme.

Löwen und Tiger töten, indem sie ihrem Opfer ohne Hast in die Kehle oder in die Nase beißen und ihm die Luft abschnüren. Diese Methode eignet sich gut bei Huftieren, die wenig Gegenwehr zeigen, nachdem sie zu Fall gebracht wurden. Der Leopard erstickt seine Beute nur selten. Er ist es gewohnt, Tiere zu jagen, die ihm die Augen auskratzen können – Paviane, Schimpansen, Menschen. Und er hat keine Geduld mit seinen Opfern. Er durchbeißt ihnen die Schädeldecke, um sie rasch zu töten.

Wie die Gottesanbeterin zielt er darauf ab, das Nervensystem außer Kraft zu setzen. Er ist wie geschaffen dafür, uns zu töten.

In unserer Vorstellung hat der Prototyp der Kreatur von einem fremden Stern runde, leuchtende Augen und ein hohlwangiges Gesicht. Genauso sieht das Gesicht einer Gottesanbeterin aus.

Wirklich fremdartige Geschöpfe sehen meistens gar nicht fremdartig aus. Wenn man sich zum Beispiel Kieselalgen unter dem Mikroskop ansieht, hat man nicht den Eindruck, als würde man ehemals lebendige Wesen betrachten; sie erinnern eher an eine Tapete. Können Sie sich in eine Forelle, einen Spatz oder einen Hummer hineinversetzen? Lebensformen, die sich relativ stark von uns unterscheiden, rufen keine oder nur geringe Empfindungen in uns wach. Tiere, die uns stärker ähneln – wie etwa Hunde oder Katzen –, lassen uns Mitgefühl, Zuneigung oder sogar Liebe empfinden. Wir verstehen manche Beweggründe solcher Tiere, weil wir sie teilen, wie etwa die Freude am Essen oder an Spielen, die auf Jagd- und Kampfinstinkten beruhen.

Was uns erschreckt oder abstößt, sind Dinge, die gewisse menschliche Züge erkennen lassen, uns aber auf der anderen Seite ausgesprochen fremdartig erscheinen. In Horrorfantasien treten beispielsweise überdurchschnittlich häufig Affen auf, von Edgar Allan Poes »Der Doppelmord in der Rue Morgue« bis zu *King Kong*. Affen beunruhigen uns aufgrund ihrer unvollkommenen Menschlichkeit. Dasselbe gilt für Puppen. Viele Menschen, die mit mir über ihre Kindheitsängste sprachen, erwähnten Spielzeug- und Schaufensterpuppen, und ihre Furcht schien durch deren Augen hervorgerufen zu werden. Der Rest wirkt halbwegs menschlich, aber die toten Augen verleihen ihnen etwas Schreckliches, zumindest im Dunkeln. Selbstverständlich wird auch der menschliche Körper zu einem Objekt des Schreckens, sobald er stirbt, weil er noch immer menschlich ist, aber eben nicht so, wie wir es gerne hätten.

Von dem Urbild des Außerirdischen – der bilateralsymmetrisch gebaut, zweibeinig und mit einem Sehsinn ausgestattet ist – sollte man sich schleunigst verabschieden, wenn man sich vorstellen will, was tatsächlich auf anderen Planeten leben könnte. Denn wie groß ist die Wahrscheinlichkeit, dass ein Wesen von einem fremden Stern überhaupt irgendeinem irdischen Geschöpf ähnlich sieht, und dann auch noch ausgerechnet uns? Aus psychologischer Sicht lässt sich dieses Bild jedoch durchaus erklären, da es nur einige fremdartige Züge besitzt.

Die Gottesanbeterin legt die meiste Zeit über ein durchaus vernünftiges, wenn auch leicht beunruhigendes Verhalten an den Tag. Sie ist stets angriffsbereit; sie reagiert sichtbar auf Beute; sie versucht zu vermeiden, dass jemand auf sie tritt. Wenn man ihr unmissverständlich droht, streckt sie ihre Fangbeine in die Luft und bewegt sie hin und her, als wollte sie sagen: »Siehst du, wie groß ich bin? Du solltest es dir besser zweimal überlegen, ob du dich mit mir anlegst, Freundchen!« Wie verständlich die meisten Handlungen der Gottesanbeterin auch sein mögen, manchmal zeigt sie uns, dass sie auch eine Seite hat, die uns fremd ist.

Das Weibchen ist jadegrün, ihr Hinterleib dick und fleischig. Sie krallt sich mit den Füßen in der Rinde einer Ulme fest und verharrt regungslos. Zunächst hielt ich ihr Abdomen und ihre Flügel für die Puppe eines Monarchfalters, doch als meine Augen ihre Umrisse vor dem Hintergrund aus Rinde und von Käfern angefressenen Blättern ausgemacht hatten, erkannte ich ihren langen Thorax, an dessen Ende sich ein Kopf von der Form einer Pflugschar befindet. An den oberen Ecken dieses Kopfs sitzen bernsteinfarbene, hervorquellende Augen mit je einem schwarzen Punkt, der aussieht wie eine Pupille, aber keine ist.

Ein Männchen nähert sich, hält sich jedoch aus ihrem Gesichtsfeld fern, um kein allzu leichtes Ziel abzugeben. Es ist schlanker als sie und bedeckt seine leicht zerknitterten Hinterflügel mit seinen Vorderflügeln; aufgrund seiner gestreckten Erscheinung könnte man es fast für einen Zweig halten. Seine Augen sehen trüber und asketischer aus als ihre. Der männliche Bewerber ist weniger korpulent als sie, aber fast genauso lang, etwa fünf Zentimeter. Er marschiert am Stamm von oben auf sie zu. Sein Rumpf wird von den beiden hinteren Beinpaaren getragen, die seitlich aus seinem Thorax herausragen und dann im rechten Winkel nach unten auf die Rinde führen. Er dreht den Kopf, während er auf sie zumarschiert, und lässt sie nicht aus den Augen. Sie beobachtet ihn, und ihre Mundwerkzeuge arbeiten gemächlich.

In zwei bis drei Zentimetern Entfernung bleibt er stehen und schwankt auf seinen abgewinkelten Beinen hin und her wie ein Sumoringer beim Aufwärmen. Sie öffnet ihre Fangbeine ein wenig und verharrt mitten in der Bewegung, ein Bein ein Stück vor dem anderen. Dann beginnt auch sie zu schwanken. Er stolziert vor ihr hin und her, hält sich aber zwischendurch immer wieder still. Sie sieht ihm dabei zu. Ihre Bewegungen hören auf oder sind zumindest nur noch so unscheinbar, dass ich sie nicht mehr wahrnehmen kann. Er drängt sich an ihre Seite.

Plötzlich nimmt er gut 15 Zentimeter Anlauf und springt ab. Seine stumpfen Vorderflügel schnellen nach vorne, die transparenten Hinterflügel beginnen zu schwirren, und er fliegt surrend davon. Sie dreht den

Kopf und folgt ihm mit ihren kreisrunden gelben Augen. Er landet im Gras und kehrt dann wieder mit einer Mischung aus Sprung und Flug zurück. Jetzt beginnt er, das Weibchen mit seinen Fühlern zu bearbeiten. Er bewegt den Kopf hin und her wie ein übermütiger Hund, der mit seinem Herrchen um ein Spielzeug kämpft. Mit seinen schlanken, biegsamen Fühlern schafft er es nicht einmal, ihre Fühler erzittern zu lassen.

Sie packt zu.

Jetzt hält sie sich wieder völlig still. Ihre schemenhafte Bewegung ist so schnell beendet, dass man sich fragen könnte, ob sie überhaupt stattgefunden hat, würde sie nicht gerade die rechte Hälfte seines Kopfs verspeisen.

Er steht schwankend da. Die Amputation einer Kopfhälfte hat ihn nicht aus dem Konzept gebracht.

Während sie kaut, klettert er auf ihren Rücken. In diesem Zustand halber Kopflosigkeit wirkt er energischer und zielstrebiger denn je. Mit Showeinlagen ist jetzt Schluss. Am hinteren Ende seines Körpers taucht zwischen den Platten seines Exoskeletts sein blasser Penis auf. Sein Abdomen krümmt sich wie unter starken Schmerzen und schmiegt sich an das ihre. Sie beginnen zu kopulieren.

Sie dreht den Kopf um fast 180 Grad und blickt ihn einen Moment lang an, als würde es sich bei seinen Aufmerksamkeiten um eine unangenehme Überraschung handeln. Dann dreht sie sich mit einiger Mühe um, bringt ihre Fangbeine in Position und packt abermals zu. Dieses Mal erbeutet sie den Rest seines Kopfs und ein Stück seines Thorax, an dem ein Vorderbein baumelt.

Ihn scheint das nicht zu stören. Er bleibt auf ihrem Rücken sitzen wie eine zu klein geratene Version des Kopflosen Reiters aus dem Film *Sleepy Hollow*. Ich erinnere mich, dass mir mein Großvater einmal eine große weibliche Gottesanbeterin zeigte und sie als »Teufelspferd« bezeichnete.

Die Paarung geht weiter. Sie hat nichts von der Akrobatik einer Begegnung zwischen Säugetieren. Nachdem er in sie eingedrungen ist, gibt es – abgesehen vom kannibalischen Beiwerk – nichts weiter zu beobachten, als dass er sich an ihr festhält und sein weiches Abdomen leicht pulsiert. Eine Paarung von Fangschrecken kann sehr lange dauern; manchmal hatte ich nicht die Geduld, bis zum Schluss zuzusehen. Die Genitalien passen so perfekt ineinander, dass es unmöglich ist, ein kopulierendes Paar zu trennen, ohne die Akteure dabei in Stücke zu reißen.

Das Weibchen hat seine Mahlzeit noch nicht beendet. Sie packt erneut zu und entfernt alles, was sich vor seinem mittleren Beinpaar befindet. Sie frisst rasend schnell. Seine Fangbeine liegen wie vergessene Werkzeuge auf der Rinde. Sie kriecht unter den Resten seines Körpers hervor und bleibt in ein paar Zentimetern Entfernung stehen, um ihre vorderen Gliedmaßen mit dem Mund zu reinigen. Die Überreste des Männchens krabbeln ein Stück nach vorne, wobei das Abdomen schwach pulsiert. Gemessenen Schrittes entfernt sich das Weibchen über die raue Rinde. Er bleibt zurück, torkelt seitwärts und wackelt dabei obszön mit dem Hinterleib. Das wird er so lange machen, bis irgendjemand kommt und frisst, was von ihm übrig ist.

Männchen sterben wenige Tage nach der Paarung, auch wenn das Weibchen sie nicht verstümmelt hat. Das Weibchen legt ein bis zwei Tage später Eier. Sie presst eine klebrige Flüssigkeit aus dem Hinterleib, den sie dabei unentwegt spiralenförmig bewegt wie ein Konditor seinen Zuckerguss-Spritzbeutel. Mit speziellen Fortsätzen an ihrem hinteren Ende schlägt sie die Substanz zu Schaum. Für eine Eikapsel braucht sie den ganzen Vormittag, und bis zum Nachmittag wird die klebrige Flüssigkeit hart wie Zement. Bevor sie stirbt, vollendet sie in der Regel mindestens drei Eikapseln, die jeweils bis zu zweihundert Eier enthalten und aussehen wie winzige Militärbaracken. Abgesehen von Nagetierzähnen und den Mandibeln parasitärer Wespen kann fast nichts den Kapseln etwas anhaben.

Der Ablauf des gesamten Paarungsrituals von Gottesanbeterinnen ist in einem Nervenknoten im unteren Bereich ihres Thorax gespeichert. Die Rolle des Gehirns besteht lediglich darin, sie davon abzuhalten, den Paarungsprozess endlos zu wiederholen. Das ist der Grund dafür, weshalb das Männchen die Befruchtung ohne Kopf nicht nur zu Ende führen kann, sondern sogar mit noch größerer Begeisterung zu Werke geht, nachdem es geköpft wurde. Weibchen können sich ebenfalls kopflos paaren, obwohl das nur selten nötig ist. Sie können sogar Eier legen, nachdem sie den Kopf verloren haben.

Gottesanbeterinnen, die sich auf ihr Sehvermögen verlassen und darauf spezialisiert sind, bei ihren Beutetieren die Verbindung zwischen dem Gehirn und dem übrigen Nervensystem zu durchtrennen, können die Zerstörung ihres eigenen Nervensystems und den Verlust ihrer Augen überleben.

Aus menschlicher Sicht erscheint das in der Tat befremdlich. Doch auch beim Menschen werden einige der Kontrollmechanismen für das Sexualverhalten nicht vom Gehirn, sondern vom unteren Bereich des Rückgrats gesteuert.

In der französischen Mythologie weist eine Gottesanbeterin Kindern, die sich verlaufen haben, den Weg nach Hause. Legenden der Zulu stellen sie dagegen als Kindesentführerin dar. Diese beiden gegensätzlichen Charakterisierungen zeigen, wie bereitwillig wir dieser Kreatur, deren Verhaltensweisen unseren in vieler Hinsicht ähneln, Dinge unterstellen.

Natürlich zeigen diese beiden Legenden auch, wie lächerlich anthropomorphische Erklärungen manchmal sind. Früher bezeichneten Entomologen die Gottesanbeterin oft als Heuchlerin, weil sie vorgibt zu beten, während sie in Wirklichkeit die Ermordung irgendeines unglückseligen Käfers plant. Das ist genau die Art von Unsinn, der heutige Wissenschaftler vorbeugen möchten, wenn sie uns raten, überhaupt nicht zu anthropomorphisieren. Tiere verfügen Biologen zufolge möglicherweise über mentale Fähigkeiten – möglicherweise sind sie in der Lage zu denken und zu fühlen –, möglicherweise aber auch nicht. Durch Beobachtung lassen sich solche Phänomene aber nicht ohne weiteres nachweisen, und Vermutungen sollten nach Möglichkeit unterlassen werden. Diese Position wird jedoch häufig zu sehr vereinfacht, was dazu führt, dass sich viele Menschen auf die »Tatsache« berufen, Tiere seien zu menschlichen Empfindungen nicht in der Lage. Wie verbreitet diese Auffassung unter gebildeten Menschen auch sein mag, sie ist eine Fehlinterpretation des Versuchs wissenschaftlicher Objektivität, der nicht mehr von uns verlangt, als dass wir mit unserem Urteil abwarten, bis wir Beweise haben.

Wir haben zwar vielleicht keine Beweise, aber wir verfügen über zahlreiche Indizien für ein Seelenleben von Säugetieren. Menschenaffen, die gelernt haben, eine Zeichensprache zu benutzen, haben hin und wieder Gefühlsausbrüche und sagen Dinge, die in die Kategorie »Du bist ein verdammter Mistkerl« fallen. Natürlich ist für jeden Hunde- oder Katzenliebhaber eine emotionale Bindung zu diesen Säugetieren selbstverständlich. Einige Wissenschaftler gehen heute davon aus, dass sich Emotionen der Zusammengehörigkeit – wie Liebe und Ähnliches – zusammen mit dem Gehirn von Säugetieren entwickelt haben, während das primitivere Gehirn von Reptilien auf Aggression und andere einfache Emotionen beschränkt ist.

Doch was ist mit den Tieren, die uns noch fremder sind, die, wenn es nach unserem Ego ginge, noch »primitiver« sind als Reptilien? Haben sie Gefühle? Die Wissenschaft neigt dazu, diese Kreaturen als elektrochemische Maschinen zu betrachten. Seit ich mich mit Gliederfüßern beschäftige, bin ich bereits das eine oder andere Mal eines Besseren belehrt worden. Vor allem ein Ereignis brachte mich darüber ins Grübeln, wo die Grenzen gezogen werden müssen, und rief mir ein überbeanspruchtes Zitat aus dem *Hamlet* ins Gedächtnis: »Es gibt mehr Ding' im Himmel und auf Erden, als eure Schulweisheit sich träumt.«

Der Regen brachte sie ans Tageslicht.

In der semiariden Gegend, in der ich wohne, muss es diese Kreaturen unter der Erde in Scharen geben, aber ich bekomme sie nur selten zu Gesicht, obwohl ich auch unter Steinen und Brettern nach interessanten Lebewesen suche. Ihr Körperbau weist sie als Verwandte der Grille aus, doch ihr Rücken ist bucklig und ihre Vorderbeine sind dicker. Es gibt viele ähnliche Kreaturen – Grillenschrecken, Maulwurfsgrillen und so genannte *Stenopelmatidae* oder »Jerusalemgrillen«–, allesamt grabende, selten zu sehende Bewohner des Erdreichs. Die Jerusalemgrille hat einen knolligen, erschreckend menschenähnlichen Kopf, der dafür verantwortlich ist, dass sie im Volksmund als »Kind der Erde« bezeichnet wird. Doch das Tier, von dem ich spreche, stimmt in Bezug auf Aussehen und Verhalten mit keinem dieser umfassend erforschten Insekten gänzlich überein. Ohne Zweifel hat es irgendein Entomologe katalogisiert, aber ich habe es bislang in keinem Buch gefunden.

Das besagte grillenähnliche Tier ist glänzend rotbraun, und man könnte meinen, es bestünde aus demselben schildpattartigen Kunststoff, aus dem auch Kämme und Haarbürsten hergestellt werden. Ich hatte bereits mehrere Exemplare dieser Art in Wasserzählerschächten einen Meter unter der Erde gesehen und ich hatte bei feuchter Witterung hin und wieder kleinere Exemplare auf der Erde gesehen, doch so etwas hatte ich noch nie gesehen.

Es war im Spätsommer des verregnetsten Jahres, an das ich mich erinnern kann. Große Teile der Landschaft standen unter Wasser. Die Halbwüste, in der wir wohnten, war zwar nicht überflutet, aber die schwarze Erde war mit einem leprösen Aussatz von weißen Pilzen überzogen und die Nässe schien jedes Objekt im Freien mit einem Regenbogen bedacht zu haben. Die Welt roch nach Fäulnis und Wiedergeburt – ein betäubender und Ekel erregender Gestank.

Als ich eines Nachmittags mit dem Auto in die nasse Auffahrt einbog, sah ich das Grillenungetüm den Asphalt überqueren. Obwohl ich noch im Wagen saß und mehr als fünf Meter entfernt war, erkannte ich, dass es sich um einen Vertreter der Art handelte, von der ich schon einige Exemplare zu Gesicht bekommen hatte. Ich traute meinen Augen kaum: Das Tier war größer als so manche ausgewachsene Maus, die ich gesehen hatte. Es war schon das dritte Exemplar, das mir während dieser Nässeperiode über den Weg lief, doch die anderen beiden waren viel kleiner gewesen. Es bewegte sich langsam und krabbelte wie ein besonnener Käfer dahin, anstatt zu hüpfen, wie es eine echte Grille getan hätte. Die Nähe meines Autos schien es nicht im Geringsten zu stören. Ich war auf Klapperschlangenjagd gewesen und hatte etliche Gläser im Wagen, in denen ich die Köpfe und Rasseln der Schlangen aufbewahrte. Ich benutzte eines der Gläser, um das Grillenungetüm einzufangen. Es marschierte bereitwillig hinein, ohne sich lange bitten zu lassen.

Ich hatte keine besonderen Pläne für das Grillenungetüm. Schließlich wusste ich nicht einmal, mit wem ich es zu tun hatte. Nachdem ich ein Nachschlagewerk zurate gezogen hatte, kam ich zu dem Schluss, dass es sich um ein Exemplar irgendeiner Grillenschrecken-Art handeln musste, die sich von verrottenden Pflanzen ernährt.

Ich quartierte das Monstrum, das so schwer war wie eine Gewehrpatrone aus Messing, in ein bis zur Hälfte mit Erde gefülltes Vier-Liter-Glas um und warf ihm einige nasse Blätter als Futter vor. Das Grillenungetüm kroch schwerfällig zwischen den Blättern umher. Meine Familie war sich einig, dass es zu den Ekel erregendsten Tieren zählte, die ich je mit nach Hause gebracht hatte. Da ich nicht wusste, was ich mit ihm anfangen sollte, beschloss ich, es ein bis zwei Tage lang zu beobachten und anschließend an eine der Taranteln zu verfüttern, die in Terrarien auf einem Tisch in unserer Waschküche wohnten.

Am Abend regnete es wieder in Strömen, und eine Gottesanbeterin schlüpfte zur Hintertür herein. Sie war grau und ungefähr fünf Zentimeter lang. Ich beschloss auszuprobieren, ob diese schlanke, meisterhafte Räuberin mit etwas so Großem wie dem Grillenungetüm fertig wurde, und setzte sie zu ihm ins Glas.

Was die Gottesanbeterin dann tat, hatte ich noch nie gesehen. Nachdem sie das Grillenungetüm entdeckt hatte, lief sie seitwärts davon, ohne den Blick von ihm abzuwenden. Ich hatte das Gefühl, dass sie sich fürchtete, warf mir jedoch noch im selben Atemzug vor, dass ich anthropomorphisierte. Schließlich war ich noch immer davon überzeugt, das Grillenungetüm würde sich von verrotteten Pflanzen ernähren. Ich rief mir Situationen ins Gedächtnis, in denen ich Gottesanbeterinnen in Gefahr beobachtet hatte – wenn sie sich im Netz einer Schwarzen Witwe verheddert hatten, von Katzen misshandelt, von Ameisen befallen oder von mir in ein Glas gesteckt wurden. Doch in keiner dieser Situationen hatte die Körpersprache einer Gottesanbeterin derart unverhohlene Furcht verraten.

Ich machte Geräusche, um die Gottesanbeterin abzulenken.

Das Grillenungetüm bewegte seine langen Antennen und drehte sich zur Gottesanbeterin um. Die Gottesanbeterin erstarrte. Das Ungetüm blieb in der Mitte des runden Glases sitzen. Alle Räuber bevorzugen diese Position – wenn man eine Tarantel in einer ähnlichen Umgebung absetzt, erkundet sie kurz das Terrain und bezieht dann Stellung in der Mitte des Behälters. Das erzählte ich auch meiner Frau, ihrer Schwester und meinem Schwager und erklärte, wie dumm das Grillenungetüm sein musste, dass es die Gefahr nicht erkannte.

Die Gottesanbeterin wich noch einen Schritt zurück. Das Grillenungetüm, das sich bislang kaum bewegt hatte, machte plötzlich einen Satz und rempelte die Gottesanbeterin an, die sich daraufhin überschlug und in ein paar Zentimetern Entfernung landete. Während sie versuchte, wieder auf die Beine zu kommen, stürzte sich das Grillenungetüm abermals auf sie. Diesmal landete es genau auf der Gottesanbeterin und umarmte sie ungestüm. Dann begann das Grillenungetüm, die Gottesanbeterin langsam, aber systematisch aufzufressen, wobei sich seine zahlreichen Mundwerkzeuge wie Finger bewegten. Als Erstes knabberte es der Gottesanbeterin das Gesicht weg, dann arbeitete es sich nach unten vor, ohne eine Pause einzulegen, als es bei ihrem stabilen Chitinpanzer anlangte. Wir sahen ihm zu viert zu und waren fasziniert und angewidert zugleich. Die anderen waren keine leidenschaftlichen Insektenbeobachter, wie ich es bin, doch das Spektakel war so fesselnd in seiner mikrokosmischen Art, dass niemand den Blick abwenden konnte.

Nach zehn Minuten war die Gottesanbeterin verschwunden. Außer ihren transparenten Flügeln war nichts mehr von ihr übrig. Das Grillenungetüm kroch schwerfällig in die Mitte des Glases zurück.

KLAPPERSCHLANGEN

Sie liegt halb zusammengerollt zwischen staubig-grünem Unkraut. Mit dem Unterkiefer berührt sie den Boden, damit ihr keine Erschütterung entgeht. Ihr Körper, der die Farbe von verwelktem Gras und trockener Erde hat, berührt einen Stapel Eisenrohre. Aus ihrem geschlossenen Maul schnellt ihre gespaltene schwarze Zunge hervor, schießt in verschiedene Richtungen und verschwindet wieder. (Man stelle sich einen Menschen vor, der eine Bandnudel einsaugt.) Sie nimmt damit Gerüche aus der Luft auf und streift sie an den Geruchsnerven am Gaumen ab. Ihre Pupillen, die sich in der Sonne zu schmalen Schlitzen verengen, haben sich in der Dämmerung geweitet.

Die Klapperschlange ist an den Rohren entlang einem Geruch gefolgt und wartet an der Stelle, wo die Geruchsspur die Richtung ändert. Die Beute, worum es sich auch handeln mag, hat offenbar die Gewohnheit, an den ausrangierten Rohren entlangzulaufen. Vermutlich befindet sich ihr Nest zwischen den Rohren. Abgesehen vom Zucken der Zunge, die alle paar Sekunden herausschnellt und im Halbdunkel nur an ihrem Schimmern zu erkennen ist, hält sich die Klapperschlange völlig still.

Ich sehe die Feldmaus nicht kommen. Plötzlich ist sie da. Sie bewegt sich zögerlich, läuft ein paar Zentimeter und verharrt. Ihr Fell ist am Rücken blassbraun, am Bauch weiß; ihre Augen sehen aus wie glänzende braune Apfelkerne. Sie bleibt stehen, läuft in eine Richtung, bleibt stehen, läuft in die andere Richtung, bleibt wieder stehen und richtet sich auf den Hinterbeinen auf. Sie scheint zu merken, dass irgendetwas nicht stimmt, aber vermutlich bilde ich mir das nur ein. Ich werfe einen Blick auf die Schlange, kann sie aber nicht sehen – ich sehe nur Dreck und Unkraut und Metall. Dann blinzele ich einige

Male, und da ist sie wieder, genau an derselben Stelle – meine Augen und mein Gehirn haben schließlich ihr Muster entschlüsselt.

Die Maus flitzt nur wenige Zentimeter von den schützenden Rohren entfernt hin und her. Riecht sie die Schlange? Ich bin mir nicht sicher, ob ich sie riechen kann. Die Maus klettert auf einen Erdhaufen, blickt sich um und schnuppert. Doch es ist kein Erdhaufen. Sie steht auf dem Rücken der Schlange. Die Schlange liegt regungslos da.

Die Maus klettert wieder herunter und entfernt sich ein Stück von den Rohren. Dann eine verwischte Bewegung, das Rascheln von Unkraut – irgendetwas geschieht so schnell, dass ich es nicht sehen kann. Die Maus springt in die Luft, ohne ein Geräusch von sich zu geben. Sie landet wieder auf den Füßen, macht einen oder zwei Schritte, entleert ihren Darm und bleibt zitternd stehen. Die Schlange gleitet ein Stück zurück und verharrt regungslos. Sie kundschaftet die Lage mit ihren Grubenorganen aus, die unterhalb ihrer Augen liegen und der Thermorezeption dienen. Mit ihrer Attacke, die von diesen Grubenorganen gesteuert wurde, hat sie ins Schwarze getroffen. Die Grubenorgane verarbeiten Wärme so wie das menschliche Auge Licht und ermöglichen der Klapperschlange eine stereoskopische »Sicht«. Sie ist in der Lage, Richtung und Entfernung exakt einzuschätzen.

Die Maus rollt auf die Seite und atmet schwer. Kopf und Vorderbeine werden von Krämpfen geschüttelt. Die Schlange wartet. Nachdem einige Zeit vergangen ist, nähert sie sich. Ihre Zunge wandert über die Maus, die noch immer zuckt. Mit ihrem Körper bildet sie einen Halbkreis um die Maus und bringt den Kopf vor ihr in Position. Ich habe den Eindruck, dass die Maus noch immer lebt, doch die Schlange besitzt Thermorezeptoren und weiß vermutlich mehr als ich. Tot oder lebendig, die Maus wird bereits vertilgt. Das Gift zerstört die Gefäßwände; Blut überflutet das Gewebe; das Fleisch weicht auf.

Die Klapperschlange schluckt die Maus mit dem Kopf zuerst hinunter. Ihre Luftröhre schiebt sich dabei nach vorne, damit sie beim Fressen atmen kann. Ihre zarten Rippen bewegen sich hin und her, während ihre Muskeln arbeiten und pulsieren. Das Verschlucken ist ein langwieriger Prozess; ein Teil der Maus ist noch etwa fünf Minuten lang zu sehen. Ehe sie vollständig verschwindet, sehe ich ein Hinterbein zucken. Lange Zeit hängt nur noch ihr dunkler Schwanz heraus, dann ist auch er verschwunden.

Zwei Männer gingen mitten im Winter in einem Wald auf die Jagd. Sie kamen an eine Lichtung, auf der sich eine gut zwei Meter lange Diamantklapperschlange sonnte. Die Kälte hatte sie träge gemacht. Die beiden Jäger kannten einen Mann in der Stadt, der Geld damit verdiente, dass er Klapperschlangen Gift abzapfte. Das Gift verkaufte er an ein Pharmaunternehmen, das daraus ein Gegengift herstellte. Sie beschlossen, die Schlange einzufangen und dem Giftsammler zu verkaufen.

Die Schlange zu fangen war einfach. Sie war kalt und langsam. Einer der Männer packte sie mit einer Hand hinterm Kopf, mit der anderen in der Mitte. Er wusste, dass sie ihn so nicht beißen konnte. Die beiden stiegen in ihr Auto und fuhren zurück in die Stadt.

Während der Fahrt lief die Heizung.

In der Stadt angekommen hielten sie an und stiegen aus. Der Mann, der die Schlange hielt, war auf dem Rückweg nachlässig geworden; die Schlange war warm geworden. Er muss seinen Griff für eine Sekunde gelockert haben. Die Schlange machte eine ruckartige Bewegung, und ihre beiden Giftzähne vergruben sich in seinem Arm, bevor er reagieren konnte.

Wenige Minuten später, als die beiden Männer bereits auf dem Weg zum Krankenhaus waren, begann die Bissstelle anzuschwellen. Der Arm verfärbte sich dunkelrot und glänzte, weil Plasma ausgetreten war, und erreichte bald Popeye-Dimensionen; das Hemd musste aufgeschnitten werden, damit der Mann es ausziehen konnte. Die Haut brach auf. Der Mann blutete aus dem Mund, aus der Nase und aus den Poren seiner Haut. Sein Arm war mit winzigen Bläschen übersät. Er verbrachte vier grauenvolle Tage auf der Intensivstation. Die Ärzte sprachen in ruhigem, besänftigendem Tonfall von seiner »hypotensiven Krise« und der Amputation des Arms. Letzten Endes, in einer Art faustischem Pakt, durfte er seinen Arm behalten, musste dafür jedoch seine Hand opfern. Heute kann er mit dem Stumpf seines Daumens recht gut mit der Gabel umgehen.

»Eine Klapperschlage dieser Größe würde ich niemals anfassen«, meinte der Giftsammler, dem sie die Schlange ursprünglich verkaufen wollten.

Wissenschaftler verwenden für das Gift der Klapperschlange oft die Metapher »Cocktail«, da es ein Mix aus verschiedenen Giften ist. Von Kanada bis Argentinien gibt es mehr als 30 Klapperschlangenarten, und viele von ihnen haben Unterarten, was ihre Gesamtzahl auf über 90 steigen lässt. Jede Unterart wartet mit einer eigenen Mixtur auf, und jede Schlange variiert das Rezept individuell. Eine in der Mojavewüste lebende Art mischt ein Neurotoxin hinzu, das einen zunächst erblinden lässt, dann dafür sorgt, dass man vergisst zu atmen, und schließlich den Herzmuskel lähmt.

Die meisten Klapperschlangengifte haben eine Fleisch zersetzende Wirkung und leiten die Verdauung der Beute bereits ein, bevor die Schlange sie verschluckt. Genau genommen hat sich das Gift der Klapperschlange aus Verdauungssäften entwickelt; bei ihrer Giftdrüse handelt es sich um eine modifizierte Speicheldrüse. Eine Dosis des Gifts verursacht brennende Schmerzen, wenn das entsprechende Körperteil zersetzt wird. Bei manchen Menschen, die gebissen wurden, sterben Teile der Haut und des Gewebes ab und fallen letzten Endes in Stücken ab. Keine Klapperschlange ist groß genug, um einen Menschen zu fressen, doch ihr Gift ist stark genug, um ihn weitgehend vorzuverdauen.

Kleine Tiere sterben in der Regel lange bevor das Gift sie zersetzt an einem Schock, und dasselbe kann auch Menschen passieren. Darüber hinaus können wir beispielsweise an Leber- oder Nierenversagen oder an Gewebsnekrosen sterben.

Je größer eine Schlange, desto größer ist ihr Giftvorrat und damit auch die Wahrscheinlichkeit, an ihrem Biss zu sterben. Diese Tatsache macht Diamantklapperschlangen, die größten ihrer Art, besonders gefährlich. Jede Klapperschlange hat ihre Eigenheiten und Launen; eine Klapperschlange kriecht vielleicht davon, während eine andere bleibt und zum Angriff übergeht. Diamantklapperschlangen haben in der Regel weniger Geduld mit Menschen als andere Arten. Manche sollen Menschen sogar regelrecht gejagt haben.

Schlangen entscheiden selbst, ob sie ihr Gift für einen Menschen verschwenden oder nicht – sie können auch trocken beißen, wenn ihnen danach ist, oder nur eine kleine Menge Gift injizieren. Sie brauchen ihr Gift zur Nahrungsbeschaffung, und es dauert eine Weile, es zu produzieren. Der Schlangensammler Steve Barnum wurde Dutzende Male gebissen. Als ich mich mit ihm unterhielt, erzählte er mir, dass sich drei Viertel der Bisse als trocken erwiesen hatten. Zu den Symptomen der gifthaltigen Bisse gehörten Barnum zufolge »Schwellungen, Blut- und Wasserblasen und höllische Schmerzen«. Die meisten gifthaltigen Bisse, so Barnum, stellen aus medizinischer Sicht ein geringes Problem dar. Diese Behauptung wird von Statistiken bestätigt: In den Vereinigten Staaten stirbt jedes Jahr im Durchschnitt weniger als ein Dutzend der Zigtausend Menschen, die von Klapperschlangen gebissen werden. Ein befreundeter Arzt sagte mir, dass es nur selten im Interesse der Bissopfer ist, ihnen ein Gegengift zu verabreichen. Gleichwohl veranlasst die Möglichkeit, wegen unterlassener Hilfeleistung verklagt zu werden, die meisten Ärzte dazu, es trotzdem zu tun. Das Gegengift kann bei Patienten einen tödlichen anaphylaktischen Schock verursachen.

Manche Überlebende behaupten, der Biss der Klapperschlange habe ihr Leben verändert.

Auf einer Baustelle in einer ländlichen Gegend dirigierte ein Arbeiter schwere Baufahrzeuge per Handzeichen. Der Maschinenlärm übertönte die Stimmen der Bauarbeiter. Und er übertönte die Warnungen einer Prärieklapperschlage, die sich in dem unkrautbewachsenen Graben befand, in dem auch der Arbeiter stand. Er spürte einen Stich am Bein, ignorierte ihn jedoch – dorniges Unkraut, dachte er. Er ignorierte ihn auch ein zweites Mal, doch der dritte Stich erregte seine Aufmerksamkeit. Er sah die Schlange im Unkraut liegen. Sie war knapp einen Meter lang und so dick wie der Stiel einer Axt. Er enthauptete sie mit einer Brechstange und bat seine Kollegen, ihn zur Behandlung in die 15 Kilometer entfernte Stadt zu fahren.

Im Krankenhaus erläuterte ihm ein Arzt das Dilemma: »Sie können hier bleiben, bis etwas passiert, und dann können wir etwas dagegen unternehmen.« Das »Etwas«, versicherte ihm der Arzt, würde innerhalb von 24 Stunden auftreten, und zwar entweder in Form eines Schlaganfalls oder in Form eines Herzinfarkts. Der Blutdruck des Patienten schnellte bereits in die Höhe.

»Oder wir können Ihnen sofort ein Gegengift verabreichen, was allerdings sehr teuer ist.« Das Gegengift kostete mehrere tausend Dollar pro Dosis, und es war nicht abzusehen, wie viele Dosen der Mann benötigen würde, bis die Krise überwunden war.

Er entschied sich trotzdem für das Gegengift. Die bei Präriеklapperschlangenbissen üblichen Symptome stellten sich ein: steigender Blutdruck als Reaktion auf das Neurotoxin, Anschwellen des Beins, brennende Schmerzen. Der Patient ließ die Behandlung über sich ergehen: eine intravenöse Infusion von Glukose und Schmerzmitteln, stündliche Bluttests, stündliches Blutdruckmessen. Nach einigen Tagen schien seine Genesung abgeschlossen; sein einziges Problem war die Krankenhausrechnung, die sich auf etliche tausend Dollar belief.

Ein paar Wochen, nachdem er das Krankenhaus verlassen hatte, wurde er ohnmächtig.

Diese Ohnmacht war erst der Anfang. Es folgten Schwindelanfälle und Gemütsschwankungen. Seine Ärzte vermuteten, dass er Diabetes hatte, mussten ihre Diagnose aber nach ausgiebigen Tests revidieren. Der Mann litt unter einem stark schwankenden Blutzuckergehalt, ein Zustand, der durch die Fehlfunktion spezieller Zellen in der Bauchspeicheldrüse verursacht wird. Doch bei seinen Beschwerden handelte es sich nicht um herkömmlichen Diabetes, der mit Insulininjektionen hätte behandelt werden können; sie waren völlig unberechenbar.

Heute hält der Mann eine Diabetikerdiät ein und versucht, genau auf seinen Körper zu hören. Wahrscheinlich wird er sich nie ganz erholen, aber er wird vielleicht lernen, mit seinem Gesundheitszustand umzugehen, den die Ärzte als Nachwirkung seiner Begegnung mit der Klapperschlange bezeichnen.

Klapperschlangen halten sich gerne in Löchern im Boden auf, wenn sie nicht gerade jagen oder sich in der Sonne aufwärmen, doch sie sind nicht dafür ausgerüstet zu graben. Bei ihren vorübergehenden Unterkünften während der Jagdsaison handelt es sich um Behausungen, die sie sich aneignen – sie ziehen einfach ein und töten jeden Bewohner, der dagegen protestiert. Klapperschlangen sind oft in den ehemaligen Bauten von Präriehunden, Hasen oder Dachsen zu finden. Präriehunde sind große Nagetiere, die zu Hunderten in »Städten« wohnen. Nachbarschaftshilfe wird bei ihnen schon immer groß geschrieben. Wachposten stehen auf ihren Hinterbeinen, um Ausschau zu halten und die anderen zu warnen.

Wenn ein Präriehund eine Klapperschlange kommen sieht, stößt er einen jaulenden Warnschrei aus. Erwachsene Präriehunde verteidigen ihre Bauten. Sie richten den Schwanz auf, um bedrohlicher zu wirken, und attackieren die Schlange mit Überraschungsangriffen. Dabei arbeiten sie in Teams: Einer lenkt die Schlange ab, während sich ein anderer auf sie stürzt und sie beißt. Präriehunde haben beachtliche Zähne und können eine Klapperschlange töten, was ihnen allerdings nur selten gelingt. Manche Leute behaupten, dass Präriehunde hin und wieder eine Klapperschlange einsperren, nachdem sie in ihren Bau gekrochen ist, und sie in Edgar-Allan-Poe-Manier lebendig begraben.

Manchmal gelingt es den Präriehunden, die Schlange von ihrem Bau zu verscheuchen, manchmal aber auch nicht. Die Schlange vollführt ein Wechselspiel aus Attacken und zischenden Rückzügen, bis ein Angriff von Erfolg gekrönt ist. Der gebissene Präriehund lebt nur noch wenige Minuten. Er wird von Krämpfen geschüttelt und stirbt. Seine Kameraden geben den Kampf auf. Während der Präriehund mit dem Tod ringt, zieht sich die Schlange kurzzeitig zurück, um neue Kräfte zu sammeln. Den toten Präriehund rührt sie nicht an. Sie riecht etwas Besseres.

Im Inneren des Baus findet die Klapperschlange einen Wurf junger Präriehunde und entschließt sich, zum Abendessen zu bleiben. Die Mutter kommt in die Kammer, in der sich ihre Jungen befinden, und droht der Schlange, doch sie hat ihre Mahlzeit bereits begonnen. Die Schlange zischt. Die Mutter sucht das Weite.

In der Präriehundestadt findet die Klapperschlange alles, was sie zum Leben braucht. Sie rottet eine ganze Familie aus und nistet sich in ihrem Bau ein. Wenn sie wieder Hunger verspürt, kriecht sie ins Freie, und die Warnschreie ertönen aufs Neue, bis sie den nächsten Bau erobert hat. So viel zu den Vorzügen des Stadtlebens.

Klapperschlangen sind nicht wählerisch. Sie mögen warmes Blut ebenso gern wie kaltes, sofern es warm genug ist, dass sie es ausfindig machen können. Sie fressen alle möglichen Arten von Nagetieren, zahlreiche Eidechsenarten, Wildkaninchen und Vögel.

Erdhörnchen stellen oft die Krönung einer Mahlzeit dar. Eine Klapperschlange merkt es sich, wenn sie in einem bestimmtem Loch im Boden besonders gute Nahrung findet. Dann kehrt sie immer und immer wieder zu diesem Loch zurück, in dem die dort lebenden Erdhörnchen einen todgeweihten Wurf nach dem anderen produzieren.

Der Paarung von Klapperschlangen geht manchmal eine Art Tanzwettkampf der Männchen voran. Sie bäumen sich auf, pressen die Körper gegeneinander und werfen sich so lange gegenseitig um, bis eines der beiden genug hat. Manchmal verschlingen sich die Männchen ineinander, und eines zieht sich plötzlich straff und schleudert das andere weg wie ein ausrangiertes Kleidungsstück. Diese Kämpfe, wenn man sie so nennen kann, finden auch dann statt, wenn kein Weibchen anwesend ist. Unter Umständen werden so Revierstreitigkeiten ausgetragen.

Das Männchen trägt seinen Doppelpenis wie eine umgekrempelte Socke im Inneren des Körpers, bis es bereit ist, sich zu paaren. Nachdem es sich auf ein Weibchen gelegt und sich an ihm gerieben hat – eine Art Vorspiel –, taucht einer seiner Hemipenes aus seiner Öffnung auf. (Welchen es benutzt, hängt einzig davon ab, in welcher Stellung sich das glückliche Paar befindet). Dann führt das Männchen seinen stacheligen Hemipenis in die Genitalöffnung des Weibchens ein.

Weibchen können Spermien jahrelang speichern. Manchmal paaren sie sich auch in den folgenden Jahren und gebären dann einen von mehreren Vätern gezeugten Wurf. In kälteren Klimazonen tun sie einige kurze Sommer lang nichts anderes als zu fressen und so die nötigen Fettvorräte anzusetzen, um ihre Jungen austragen zu können. Es kann bis zu fünf Jahre dauern, bis sie einen Wurf austragen. Ehe die Mutter ihre Jungen lebend gebärt – ein einziges oder aber auch über zwei Dutzend –, befinden sich diese in einer Art rudimentären Plazenta, bei der es sich eigentlich um ein Ei-ähnliches Gebilde handelt. Mit Kinderfürsorge hat eine Klapperschlangenmutter nichts am Hut, abgesehen davon, dass sie alles beißt, was sich ihrem Nachwuchs nähert.

Klapperschlangen sind von Geburt an giftig und können sich von Anfang an selbst von der Jagd ernähren. Eine junge Klapperschlange schnappte einmal nach der Hand meines Vaters und erwischte einen Fingernagel. Der Nagel verfärbte sich schwarz und fiel irgendwann ab. Andere Symptome traten nicht auf. Manche Leute behaupten, junge Klapperschlangen seien giftiger als ausgewachsene. Eine mögliche Erklärung dafür ist, dass Jungtiere bei Verteidigungsbissen weniger sparsam mit ihren Giftreserven umgehen. Ich weiß von einem Medizinstudenten, der davon ausging, dass junge Klapperschlangen harmlos seien, und eine in die Hand nahm. Er wollte vor seinen Freunden angeben und machte sich darüber lustig, dass man dieses Sinnbild des Schreckens einfach so in die Hand nehmen konnte. Der Drang, mit dem Feuer zu spielen, ist der häufigste Grund dafür, weshalb Menschen gebissen werden. Heute hat der junge Arzt nur noch neun Finger.

Klapperschlangen sind sowohl Räuber als auch Aasfresser. Ihre raffinierten wärmeempfindlichen Grubenorgane, die sie zu exzellenten Jägern von warmen, lebendigen Kreaturen machen, ermöglichen ihnen auch, Tiere aufzuspüren, die vor kurzem gestorben sind. So fressen sie zum Beispiel überfahrene Eichhörnchen und Hasen, die am Straßenrand liegen und Wärme ausstrahlen. Sie können minimale Temperaturunterschiede wahrnehmen.

Wie die meisten Schlangen können sich auch Klapperschlangen auf viele verschiedene Arten vorwärts bewegen. Ihr einfacher Körperbau macht sie vielseitig. Sie können sich in S-förmigen Kurven bewegen, wobei sie sich auf der Kurvenaußenseite mit dem Körper abstoßen. Sie können in einer geraden Linie kriechen, indem sie mit ihren Abdominalmuskeln die Haut vor- und zurückschieben. Sie können sich wellenförmig seitwärts bewegen, indem sie die Windungen ihres Körpers wie Füße benutzen, um über losen Sand zu »laufen«. Die in Wüstenregionen ansässige Gehörnte Klapperschlange ist eine Meisterin dieser als »Seitenwinden« bezeichneten Fortbewegungsmethode, die Spuren wie die eines Panzers hinterlässt. Die Gehörnte Klapperschlange ist nicht besonders groß, doch wenn sie sich mit den schuppigen Hörnern über ihren Augen zuckend über den Sand wirft, würde ihr Anblick die meisten Menschen um göttlichen Beistand flehen lassen.

Klapperschlangen können auch auf Bäume klettern, um Jagd auf Vögel und Vogeleier zu machen. Ein Freund von mir, der an einem See im Norden von Texas angeln war, sah dort Dutzende von Wasser-Mokassinottern und Diamantklapperschlangen wie Girlanden an Ästen hängen. Klapperschlangen können sich in die engsten Ritzen zwängen und über sämtliche Oberflächen kriechen. Sie sind hervorragende Schwimmer und halten dabei das Schwanzende graziös aus dem Wasser, damit ihre Rasseln nicht nass werden. Nur mit einer trockenen Rassel lässt sich ein klarer Ton erzeugen.

Wissenschaftler haben eine weibliche Prärieklapperschlange beobachtet, die eng zusammengerollt im Regen lag. Als es aufhörte zu regnen, hatte sich in der Vertiefung zwischen zwei Windungen ihres Körpers das Wasser etwa fünf Zentimeter hoch gesammelt. Die Schlange trank eine halbe Stunde lang aus dieser selbst geformten Tasse.

Ich habe mein ganzes Leben lang Klapperschlangengeschichten gehört. Als ich meinen Nachbarn erzählte, dass ich vorhatte, über Klapperschlangen zu schreiben, wurde ich regelrecht mit Geschichten überschüttet. Viele davon waren zweifellos Märchen – der Baum, der am Biss einer Klapperschlange eingegangen war, oder die riesige Klapperschlange, die das Gold spanischer Eroberer bewachte. Andere klangen zunächst plausibel, erwiesen sich jedoch als erfunden, als ich versuchte, sie um sieben Ecken bis zu den Augenzeugen zurückzuverfolgen.

Wenn man wissen möchte, wie groß Klapperschlangen werden können, findet man in den Geschichten jede beliebige Länge bis zu 15 Meter. Ich hörte unter anderem eine »wahre« Geschichte über eine Frau aus Wyoming, die ein zehn Meter langes Exemplar erschossen haben soll. Doch wie mir ein Wissenschaftler sagte: »Mit Schlangen ist es wie mit Fischen« – er meinte diejenigen, die wieder entwischen. Die Tatsache, dass sich Schlangenkadaver aufblähen und so einen beachtlichen Umfang erreichen können und dass sich ihre Haut beim Abziehen stark dehnt, unterstützt übertriebene Behauptungen. Es ist schwierig, die Länge einer Schlange zu schätzen, und in Anbetracht der Gefährlichkeit von Klapperschlangen ist es eher unwahrscheinlich, dass sich irgendjemand die Mühe macht, sie genau zu vermessen.

Wissenschaftler ziehen die Grenze bei einer Länge von etwa zweieinhalb Metern und einem Gewicht von knapp 20 Kilo, wenngleich einige von ihnen einräumen, dass manche Diamantklapperschlangen-Ungetüme bis zu 2,70 Meter lang werden können. Die Mitarbeiter eines Forschungszentrums haben jedem 20 000 Dollar Belohnung versprochen, der mit einer lebenden Diamantklapperschlange von zweieinhalb Metern Länge auftaucht; bislang mussten sie noch nichts bezahlen. Die Wissenschaft besteht auf Beweisen, was zwar ein sinnvoller Schutz vor Übertreibungen ist, aber keine überzeugende Methode, um die Maximalgröße einer Schlangenart zu bestimmen. Wie hoch ist die Wahrscheinlichkeit, dass die weltweit größten Exemplare jemals einem mit Kamera und Maßband bewaffneten Biologen über den Weg laufen? Immerhin erreichte eine prähistorische Klapperschlangenart eine Länge von gut 3,60 Meter.

Im Gegensatz zu Säugetieren haben Schlangen keine genetisch bedingte Maximalgröße. Sie wachsen bis zu ihrem Tod weiter. In jungen Jahren wachsen sie rasant, später verlangsamt sich ihr Wachstum allerdings, so dass sie sich ab einem Alter von 20 Jahren nur noch in Millimeterschritten vergrößern. Faktoren wie Ernährung und Klima beeinflussen das Wachstum, doch in der Regel ist eine große Schlange auch eine alte Schlange. Die Lebenserwartung von Klapperschlangen liegt vermutlich bei etwa 25 Jahren, wobei die meisten von ihnen dieses »natürliche« Sterbealter nicht erreichen. Sie verenden lange bevor sie überdurchschnittlich groß werden, weil sie Krankheiten oder Feinden zum Opfer fallen.

Die größten Klapperschlangen sind diejenigen, die niemand zu Gesicht bekommt. Jedes Mal, wenn eine Klapperschlange einem Menschen begegnet, begibt sie sich in Todesgefahr. Einige große Klapperschlangen tragen alte Wunden, die von menschlichen Werkzeugen stammen. Vielleicht haben Schlangen, die schon einmal verwundet wurden, gelernt, Menschen aus dem Weg zu gehen.

Der ungerechtfertigte Hass, den Menschen gegenüber Schlangen empfinden, ist ein Lieblingsthema vieler Forscher und Autoren. Oft wird behauptet, dass Erwachsene Kindern schon früh beibringen, Schlangen zu fürchten und zu hassen, und dass diese Belehrungen auf ihrem eigenen Unwissen beruhen. Wenn ich versuche, mich an meine früheste Begegnung mit einer Schlange zurückzuerinnern, fällt mir eine Autofahrt auf einer Landstraße ein, bei der sich meine Mutter und meine ältere Schwester aufgeregt über eine Klapperschlange unterhielten, an der wir gerade vorbeigefahren waren. Ich war noch zu klein, um vom Wagen aus auf die Straße sehen zu können und wusste nicht, was »Schlange« bedeutet. Ich erinnere mich, dass ich Fragen stellte und Antworten bekam, die auf Abscheu schließen ließen, aber nicht erklärten, was ich wirklich wissen wollte – nämlich, wie eine Schlange aussieht.

Dieses Erlebnis ist ein typisches Beispiel für erlernte Furcht, doch ich bin mir nicht sicher, ob es – abgesehen davon, dass ich nur unvollständige Informationen erhielt – unbedingt von Nachteil war. Als ich ein wenig älter war, begegnete mir eine Klapperschlange in unserem Garten, und meine Angst schützte mich vor der Gefahr. Meine Mutter war damals nicht in der Lage gewesen, mir die feinen Unterschiede zwischen verschiedenen Schlangenarten zu erklären.

Im Alter von etwa sechs Jahren erhielt ich eine weitere Lektion in puncto Schlangenerziehung, die mir im Gedächtnis geblieben ist. Meine Schwester und ich schoben uns abwechselnd in einem Handwagen hin und her. Plötzlich schrie sie, ich solle aufhören zu schieben. Dann sprang sie aus dem Wagen, rannte davon und rief: »Eine Schlange! Eine Schlange!« Es dauerte eine Weile, bis ich die Schlange sah; sie hatte sich mehrmals um einen Pfosten gewickelt. Ihre Windungen sahen aus wie die Schlinge eines Henkers. Sie hatte den Kopf auf den Boden gelegt, und ihre Augen schienen mich geradewegs anzustarren. Das plötzliche Gefühl, beobachtet zu werden – bereits beobachtet worden zu sein, lange bevor ich es bemerkt hatte –, ließ mir einen Schauer über den Rücken laufen. Mein Vater kam, um nach dem Rechten zu sehen. Er warf einen Blick auf die Schlange, identifizierte sie als Bullennatter und ging wieder.

»Willst du sie denn nicht töten?«, erkundigte ich mich.

»Sie tut keinem was zuleide«, sagte mein Vater. Diese Äußerung änderte nichts an meiner Vorsicht im Umgang mit Schlangen. Einer meiner Klassenkameraden war von einer Bullennatter in den großen Zeh gebissen worden, also wusste ich, dass »ungiftig« noch lange nicht »liebenswürdig« bedeutete. Doch die Bemerkung meines Vaters machte mir deutlich, dass es verschiedene Möglichkeiten gibt, Schlangen zu sehen.

Die Klapperschlange dient uns als eine Art Blitzableiter für unseren Hass auf Schlangen. Während andere Schlangen grundlos getötet werden, ist das Töten von Klapperschlangen institutionalisiert worden; ihr Gift liefert einen guten Grund dafür, sie zu töten, der jedoch auch als

Vorwand dienen kann, wenn in Wirklichkeit andere, weniger einleuchtende Motive im Vordergrund stehen.

Ich habe den Verdacht, dass unsere erlernte Furcht nur ein Teil der Wahrheit ist und dass es tatsächlich so etwas wie eine angeborene Angst vor Schlangen gibt – nicht nur bei Menschen, sondern bei vielen Säugetieren.

Schlangen sind Meister darin, ihre Feinde zu erschrecken. Kobras bäumen sich auf und breiten ihr Halsschild aus, Schwarznattern schießen drohend auf Störenfriede zu und Korallenschlangen tragen leuchtende Warnfarben, die von manchen harmlosen Königsnattern imitiert werden. Die Bullennatter rollt sich zusammen und zischt bedrohlich. Einige Leute behaupten, sie würde die Prärieklapperschlange nachahmen; beide tragen ähnliche Farben. Verschiedene Schlangenarten, darunter Kupferkopf und Buschmeister, schütteln ihr Schwanzende zwischen Blättern oder im Gras, um ein Warnsurren zu produzieren, und die Klapperschlange verfügt speziell für diesen Zweck über eine Rassel, die sich vermutlich aus diesem Verhaltensmuster entwickelt hat.

Mit einem Klappern hat das Geräusch einer Klapperschlange allerdings wenig zu tun. Es erinnert eher an das Plätschern von Wasser oder an das Rascheln von trockenem Laub auf Beton. Ich nehme es immer zuerst unterbewusst wahr, dann spüre ich ein Kribbeln zwischen den Schulterblättern und identifiziere, was ich höre. Die Erkenntnis kommt schnell, aber das Gefühl, dass das Geräusch bereits da war, bevor ich es gehört habe, beunruhigt mich jedes Mal aufs Neue. Dieser Prozess ist bei allen Menschen gleich. Der Grund dafür ist nicht bekannt, vermutlich hat es jedoch etwas damit zu tun, dass ein Teil der Frequenzen des Geräuschs oberhalb der menschlichen Hörgrenze liegt.

Experimente mit Ratten legen eine andere Erklärung nahe. Diese Versuche haben gezeigt, dass Geräusche, die bei Ratten Furcht hervorrufen, einen ungewöhnlichen Weg durch deren Nervensystem nehmen. Die neurale Botschaft des Furcht auslösenden Geräuschs wandert nicht in den Teil des Gehirns, der normalerweise Geräusche verarbeitet, sondern direkt in das limbische System. Deshalb reagiert die Ratte umgehend mit Furcht, und zwar vermutlich bereits bevor sie weiß, worauf sie reagiert. Die Furcht-Reaktion in diesen Versuchen war erlernt – die Forscher hatten den Ratten beigebracht, einen bestimmten Ton mit einem Elektroschock zu assoziieren. Menschen müssen die Reaktion auf das Rasseln einer Klapperschlange nicht erlernen. Das Kribbeln im Nacken stellt sich auch bei denjenigen ein, die noch nie eine Klapperschlange gesehen haben und das Geräusch zum ersten Mal hören. Die Reaktion erfolgt sogar dann, wenn das Rasseln mit Musik vermischt ist und nicht bewusst wahrgenommen wird. Das lässt darauf schließen, dass unsere Furcht vor Klapperschlangen instinktiv ist und schon seit Anbeginn der Menschheit in uns verwurzelt ist. Allerdings kamen erst vor ungefähr zehntausend Jahren die ersten Menschen nach Nord- und Südamerika und damit in Kontakt mit Klapperschlangen. Unsere Angstreaktion ist also unter Umständen wesentlich universeller, als es auf den ersten Blick erscheint, und ein generelles Merkmal des Nervensystems von Säugetieren.

Schlangen sind Meister darin, Angst und Schrecken zu verbreiten; hinzu kommt unsere Furcht vor allem, was uns fremd ist – Schlangen essen und paaren sich und suchen Schutz vor Kälte, wie auch wir es tun, doch sie bewegen sich ohne Beine fort und scheinen auf Hunger und Sexualität reduziert zu sein. Als ich eines Nachmittags mit meinem Steuerberater Klapperschlangengeschichten austauschte, erwähnte ich meine Theorie, dass wir Schlangen instinktiv fürchten und hassen.

»Seit der Vertreibung aus dem Paradies«, meinte er.

Gift wird nur von Spezialisten verwendet. Während primitivere Schlangen ihre Beute einfach verschlucken oder durch Würgen ersticken, haben Giftschlangen die Möglichkeit, zuerst einen tödlichen Biss zu setzen und dann zu warten, bis die Beute verendet, ehe sie mit dem Verzehr beginnen. Diese Strategie erspart ihnen einen Teil der Gefahr, die das Überwältigen von Beute mit sich bringt, denn lebende Beutetiere können beißen und kratzen.

Der giftige Biss hat sich bei vielen verschiedenen Tieren, von Kraken bis hin zu Spitzmäusen, unabhängig voneinander entwickelt. Niemand weiß genau, wie Klapperschlangen zu ihrem tödlichen Gift gekommen sind, einige Anhaltspunkte gibt jedoch das Verhalten von Waranen.

Von allen Echsenarten sind Warane am engsten mit den Schlangen verwandt. Diese Verwandtschaft ist kaum zu übersehen, wenn man einen großen Waran laufen sieht: Er geht zwar auf Beinen, bewegt den Körper dabei jedoch in Schlangenlinien. Bei den Komodowaranen, der größten Waranart, kämpfen die Männchen beim Werben um ein Weibchen ähnlich wie Klapperschlangen miteinander, indem sie sich aufbäumen und wie Sumo-Ringer versuchen, einander umzustoßen. Das schlangenähnlichste Merkmal des Komodowarans ist jedoch, dass auch er Gerüche aufnimmt, indem er unentwegt seine gespaltene schwarze Zunge hervorschnellen lässt.

Der bis zu drei Meter lange und 135 Kilo schwere Komodowaran kann Aas aus mehr als eineinhalb Kilometern Entfernung riechen. Sein Geruchssinn übertrifft sogar den eines Bluthunds. Doch der Komodowaran beschränkt sich nicht aufs Aasfressen, sondern jagt auch selbst, wobei seine Jagdtechnik stark an die der Klapperschlange erinnert. Er fällt seine Beute an – die so groß sein kann wie ein Schwein, ein Reh oder ein Kind – und beißt mit seinen spitzen Zähnen zu. Dann lässt er die Beute entkommen und folgt ihrem Geruch. Komodowarane besitzen kein Gift; ihre Taktik ist erfolgreich, weil sich zwischen ihren Zähnen verfaulendes Fleisch festsetzt, das ihren Biss septisch macht. In feuchtwarmen tropischen Regionen kann ein septischer Biss auch große Tiere innerhalb von wenigen Stunden töten.

Beim giftigen Biss der Klapperschlange könnte es sich um eine Verfeinerung der septischen Bissmethode handeln, die Vorfahren der Warane und der Klapperschlange als Ergänzung zu ihren herausragenden olfaktorischen Fähigkeiten entwickelt haben – ein Beispiel für konvergente Evolution. Auch Raubkatzen töten durch septische Bisse. Luchse erlegen auf diese Weise junge Karibus. Viele Menschen, die von

Löwen angefallen wurden, sind an Verletzungen gestorben, die nicht unbedingt lebensbedrohlich waren: Fleischreste an den Krallen und Zähnen der Raubkatzen infizierten die Opfer, die anschließend an Faulbrand starben.

Die Evolutionstheorie legt nahe, dass das Gift der Klapperschlange ihre Überlebenschancen eigentlich verbessern müsste. Die Praxis ist allerdings komplizierter als die Theorie. Das Gift verbessert zwar die Jagdausbeute der Klapperschlange, bereitet ihr aber auch besondere Überlebensschwierigkeiten.

Im Südwesten der Vereinigten Staaten hat das Töten von Klapperschlangen Tradition und geht mindestens bis zur Mitte des 19. Jahrhunderts zurück. Die ursprüngliche Idee war, jede Klapperschlange zu töten, die einem über den Weg kroch, auch wenn sie einen nicht bedrohte, damit sie am nächsten Tag keinen anderen beißen konnte. Farmer und Cowboys enthaupteten Klapperschlangen aus sicherer Entfernung durch Schläge mit der Peitsche oder dem Lasso. Heutzutage werden die meisten Klapperschlangen getötet, indem sie überfahren werden.

Moderne Klapperschlangenjagden sind ritualisierte und kommerzialisierte Versionen des alten Brauchs. Ursprünglich geht das Zusammentreiben von Klapperschlangen auf das Bestreben von Farmern zurück, die Arbeit auf ihren Feldern sicherer zu machen. Diese Tradition entstand zu Kolonialzeiten, als sich ganze Gemeinden einen Tag Zeit nahmen, um gemeinsam so viele Klapperschlangen wie möglich einzufangen und zu töten. Die gesammelten Schlangen wurden gekocht, um Schlangenöl zu gewinnen, eines der berüchtigten »Heilmittel« umherziehender Quacksalber. Die Handelskammer von Okeene in Oklahoma kann sich mit der ersten »modernen« Klapperschlangenjagd rühmen. Dabei handelt es sich in erster Linie um eine Touristenattraktion. In Okeene und in anderen Städten wie Sharon Springs in Kansas und Sweetwater in Texas finden alljährlich Festivals statt, zu deren Programm neben Flohmärkten, Tanzvorführungen, Schützenfesten und dem Kochen am Lagerfeuer solche Attraktionen gehören wie Wettbewerbe im Abmessen und Einsacken von Klapperschlangen sowie Mutproben, bei denen sich Menschen in Schlangengehege legen. Diese Veranstaltungen haben etwas Archaisches an sich und ähneln heidnischen Frühlingsfesten. In einer Stadt findet die Treibjagd immer genau eine Woche nach Ostern statt.

Es finden keine Festivals mit ungiftigen Schlangen statt, und es gibt auch keine moralische Rechtfertigung, sie zu töten. Das Gift der Klapperschlange macht sie zur Zielscheibe von Räubern – in diesem Fall von Menschen.

Stellen Sie sich den Geruch eines Restaurants vor, das frischen Hummer serviert, es aber mit dem Reinigen des Hummerbassins nicht allzu genau nimmt. Lassen Sie diesen Geruch nun in Gedanken eintrocknen und würzen Sie ihn mit getrocknetem Rost von alten Wasserrohren. Was die Geräuschkulisse betrifft, stellen Sie sich vor, Sie stehen unter der Dusche, und der Wasserdruck steigt und fällt sprunghaft.

Das ist die »Klapperschlangengrube«.

Die so genannte Grube ist gar keine Grube. Es handelt sich um einen Zaun aus verschweißtem Metall und Holz auf dem Betonboden eines öffentlichen Gebäudes in Waynoka in Oklahoma. Hier werden gerade Klapperschlangen gefangen. Der Zaun ist eineinhalb Meter hoch und umgibt eine Fläche von etwa sechs mal drei Metern. Innerhalb des Zauns befinden sich 203 Klapperschlangen. Zwei Männer sind in der »Grube« zugange. Mit Eisenstangen schieben sie die Schlangen aus den Ecken, wo sie sich bereits übereinander stapeln. Sie sind zwar nicht in der Lage, an einer glatten, eineinhalb Meter hohen Wand hinaufzuklettern, können sich jedoch gegenseitig als Stufen benutzen, um die Entfernung zu verringern.

In der Schlangengrube befinden sich Prärie- und Diamantklapperschlangen. Die längsten Prärieklapperschlangen, die hier Jahr für Jahr gefangen werden, sind etwa 1,40 Meter lang. Sie sind schlank, doch ihr Umfang nimmt zur Mitte hin leicht zu. Die größten Diamantklapperschlangen, die in den Statistiken des Festivals verzeichnet sind, hatten eine Länge von mehr als 2,10 Meter. Von den Diamantklapperschlangen in der Grube ist kaum eine auch nur annähernd 1,80 Meter lang. Die Jäger behalten ihre besten Fänge, bis mit dem Abmessen begonnen wird; die Grube ist voll mit ihrem Ausschuss.

Einer der beiden Männer in der Grube, ein muskulöser, gebeugter Dreizentnermann, benutzt eine spezielle Metallstange, einen so genannten »Schlangenhaken«, um eine große Diamantklapperschlange mit dem Kopf auf den Boden zu drücken. Er packt die Schlange mit der Hand – den Zeigefinger auf ihrem Kopf, den Daumen und die anderen Finger seitlich an ihrem Hals – und hebt sie hoch. Dann geht er herum, um sie allen zu zeigen, von Angesicht zu Angesicht. Die Leute stehen in Zweier- und Dreierreihen um die Grube. Kinder heben sich gegenseitig hoch, um besser sehen zu können, Männer zwicken ihre Frauen von hinten, damit sie erschrecken und denken, sie seien gebissen worden. Die Menschenmenge riecht nach Whiskey und Zuckerwatte und Schweiß und Marlboros, doch der Geruch der Schlangen ist stärker.

Der Wärter hält das offene Maul der Schlange fünf Zentimeter vor das Objektiv meiner Kamera. Aus ihren gekrümmten Fangzähnen tropft Gift, das aussieht wie trüber Weißwein. Die kleineren Zähne, die in doppelten Reihen im Ober- und Unterkiefer sitzen, sind nicht zu erkennen; das Einzige, was ich sehe, sind die Löcher, in die sie sich zurückgezogen haben. Diese Löcher sind angeschwollen und rot, was vermutlich daran liegt, dass der Mann den Kopf der Schlange auf den Boden gepresst hat, um sie zu packen.

»Wie oft wurden Sie schon gebissen?«, fragt ein Zuschauer.

»Ein paar Mal«, sagt der kräftige Wärter.

Er beantwortet die meisten Fragen so einsilbig, bis sich irgendjemand erkundigt: »Haben Sie eigentlich keine Angst, dass sich eine aufbäumen und Sie in die Eier beißen könnte?« Jetzt kommt Leben in ihn.

»Das wissen nur ich und das Mädchen, das meine Unterhosen wäscht.«

Ein wenig später kommt der andere Wärter dazu und schiebt einen Haufen Schlangen aus der Ecke. Sie fauchen ihn an, heben ihre pikförmigen Köpfe und rollen sich zum Angriff ein. Ihre Geräusche schwellen an wie das Zischen eines Feuers, in das man Benzin schüttet. Der Mann trägt schwere Stiefel, an denen die meisten Bisse abprallen. Eine große Diamantklapperschlange bleibt mit einem Fangzahn in den Jeans des Mannes hängen, und beide ringen einen Moment lang miteinander, um voneinander loszukommen. Später attackiert eine andere Schlange einen Stiefel des Mannes und hinterlässt einen Teelöffel Gift auf dem abgewetzten Leder. »Die war ganz schön voll gepumpt, was?«, meint der Mann.

Ein dritter Wärter betritt die Grube. Er schnappt sich eine gut 1,80 Meter lange Diamantklapperschlange und hält sie am Schwanz hoch; sie hebt den Kopf und krümmt ihren Körper zu einer Parabel. Ihre schwarze gespaltene Zunge schnellt schimmernd hervor. Der Wärter drückt sie einem etwa zehnjährigen Mädchen in die Hand, das außerhalb der Grube steht. Sie hält die Schlange kurze Zeit am Schwanz und gibt sie ihm dann wieder zurück. Jetzt strecken plötzlich alle die Hände nach ihr aus. Der Wärter demonstriert, wie man sie hält – Daumen nach oben, Rassel nach oben, mit ausgestrecktem Arm, damit die Schlange keinen Biss landen kann. »Sie ist schwer«, stellt eine Frau fest. Der Wärter nimmt die Schlange zurück und überlegt.

»Etwa acht Kilo«, sagt er.

Auf der anderen Seite der Grube taucht ein Mann mit einem Jutesack auf. Einer der Wärter wirft mithilfe eines Schlangenhakens mehrere Diamantklapperschlangen in den Sack. Der Mann mit dem Sack verschwindet in einem Hinterzimmer. Dort werden die Schlangen getötet.

Freiwillige verkaufen das Fleisch später in Plastiktüten, das Pfund zu zehn Dollar. Der Rest geht an einen Kunsthandwerker in Colorado, der die Köpfe gefriertrocknet und als Geschenkartikel verkauft. Die Rasseln verarbeitet er zu Schlüsselketten und Ähnlichem, die Häute gerbt er und stellt Hutbänder, Gürtel und Geldbörsen aus ihnen her. Das genarbte Klapperschlangenleder ist empfindlich und wesentlich unzweckmäßiger als Leder aus Rinderhäuten. Allein die Tatsache, dass die Klapperschlange den Ruf eines Killers hat, sorgt für die Nachfrage nach ihren Körperteilen.

Klapperschlangenfleisch wird ebenfalls nur deshalb gegessen, weil von den Tieren eine solche Faszination ausgeht und sie einen derart tödlichen Ruf genießen. Das Fleisch ist teuer und nicht leicht zu bekommen, und trotzdem spricht es Menschen an, die mit anderen kostspieligen Lebensmitteln – wie zum Beispiel mit Schnecken oder Straußenfleisch – nichts anfangen können.

Auch ich habe schon Klapperschlangenfleisch gegessen. Ich kaufte ein paar Pfund in Waynoka. Ein Klapperschlangenjäger aus Texas erklärte mir, dass das Fleisch am besten schmeckt, wenn man es mit Zitrone einreibt, mit Butter übergießt und anschließend grillt. In der Regel wird es allerdings paniert und in der Pfanne gebraten. Der begeisterte Schlangenesser beschrieb den Geschmack als »eigenwillig und vollmundig«. Ein Bekannter von mir, der in Waynoka aufgewachsen ist, erzählte mir, dass er einmal von einem Barbecue in der Nachbarschaft wieder ausgeladen wurde, nachdem er angekündigt hatte, dass er Klapperschlangenfleisch mitbringen wollte. Er verglich den Geschmack mit dem einer Hühnerbrust, doch ich gab nicht viel auf seine Behauptung, da ich diesen Vergleich bereits im Zusammenhang mit allen möglichen Fleischsorten von Frosch- bis Alligatorenfleisch gehört hatte. Ich habe Froschfleisch, Alligatorenfleisch und eine Reihe anderer angeblicher Alternativen zu Hühnerfleisch gegessen und empfand keine davon als besonders hühnchenähnlich.

Ich hielt mich an das Rezept des Texaners, übergoss das Klapperschlangenfleisch mit Fett und legte es auf den Grill. Eine halbe Minute später waren alle Fleischstücke auf die Größe von Dollarmünzen zusammengeschrumpft und hatten die Struktur eines Autoreifenprofils.

»Die sehen aus wie kleine Vampirfledermäuse«, meinte meine Frau Tracy. Sie hatte Recht. Ich band ein Stück gegrilltes Klapperschlangenfleisch an ein Seil, ließ es im Garten im Kreis fliegen und machte dazu quietschende Geräusche. Mein Sohn, der damals gerade ein Jahr alt geworden war, fand das lustig, aber Tracy warf mir einen ihrer unnachahmlichen Seht-nur-was-ich-über-mich-ergehen-lassen-muss-Blicke zu und legte Hühnchenfleisch auf den Grill.

»Willst du der Schlange nicht noch eine Chance geben?«, fragte ich.

»Deine Fledermäuse haben kein Fleisch auf den Rippen«, entgegnete sie. Und wieder hatte sie Recht. Jede kleine Fledermaus bestand aus zahllosen winzigen Rippen. Für das Fleisch zwischen den Rippen hätte selbst eine Maus einen Zahnstocher gebraucht.

Nichtsdestotrotz begann ich, das Fleisch zu essen. Der Geschmack war nicht übel – er erinnerte mich ein bisschen an Wild, ein bisschen an Truthahn und zugegebenermaßen auch ein bisschen an Huhn –, aber ich wäre beinahe verhungert, als ich versuchte, das Fleisch von den Knochen zu lösen. Nach dem Essen rief ich den Texaner an.

»Wollten Sie sich einen Spaß mit mir erlauben?«, fragte ich ihn höflich.

»Für mich war es immer wunderbar«, sagte er und war sich offenbar keiner Schuld bewusst.

Von meiner Enttäuschung über meine Kochkünste einmal abgesehen, erfüllte es mich mit tiefer Befriedigung, Klapperschlangenfleisch gegessen zu haben. Um den Geschmack ging es hier nicht, genauso wenig, wie es einem Kannibalen um das Geschmackserlebnis geht, wenn er das Herz eines Feindes verspeist. Was zählt, ist das Verschlingen des Todes. Das gleicht einer Kommunion.

Klapperschlangen leben in einer Welt aus Erschütterungen, Gerüchen und minimalen Temperaturunterschieden. Hunde leben in einer Welt, die hauptsächlich aus Gerüchen und hochfrequenten Geräuschen besteht. Irgendwo in diesem System aus Sinneswahrnehmungen jenseits unseres Vorstellungsvermögens findet ein Dialog des Hasses statt.

Als ich ein Kind war, hatten meine Großeltern eine Deutsche Schäferhündin. Eines Tages trottete sie mit hängendem Kopf auf die Veranda. Ihr Hals war angeschwollen, als hätte sie einen Kropf. Meine

Großmutter vermutete, dass sie mit einer Klapperschlange gekämpft hatte. Damals erfuhr ich das erste Mal von dieser uralten Feindschaft.

Eines Morgens lag unser eigener Hund, ein kleingewachsener Bluthund, in seinem Lager unter der Klimaanlage, das er sich aus Stroh und einem altem Laken zurechtgemacht hatte. Sobald sich ihm jemand näherte, knurrte er. Er hatte uns niemals zuvor so angeknurrt, nicht mit diesem Ernst in der Stimme. Er blieb zwei Tage lang dort liegen und rührte keine der Schalen mit Milch und Wasser an, die wir ihm in sicherer Entfernung hinstellten. Das Wetter war damals kalt und verregnet, und auf seiner Seite des Hauses roch es nach durchweichtem Toast und Krankheit. Meine Mutter tröstete uns und machte Andeutungen, die ich nicht hören wollte.

Am dritten Tag war er wieder auf den Beinen, schnappte missmutig nach den anderen Hunden und leckte erschöpft kalte Milch aus einer Schale. Die Haut an seinem Hals hing schlaff herab, das einzige Überbleibsel der einschnürenden Schwellung, die ich nie richtig zu Gesicht bekommen hatte. Ich hatte nur gehört, wie mein Vater meiner Mutter davon erzählte.

Ich nahm an, die beiden Hunde seien aus heiterem Himmel gebissen worden, aber das war nicht der Fall. Hunde machen gerne Jagd auf Klapperschlangen, die sie leicht anhand ihres Geruchs aufspüren. Dann kommt es zur Konfrontation, und selbst feige Hunde scheinen vor lauter Hass auf Klapperschlangen alle Hemmungen zu verlieren. Je heftiger die Drohgebärden einer Schlange, desto aggressiver wird auch der Hund. Ich vermute, dass das Geräusch der Rassel auf Hunde eine ebenso starke Wirkung hat wie auf Menschen. Vielleicht liegt es aber auch am Geruch von Klapperschlangen. Manche behaupten, dass ihr Gestank bei Menschen Schwindelzustände hervorrufen kann.

Wenn ein Hund eine Klapperschlange zwischen die Zähne bekommt, ist ihr Schicksal besiegelt: Dann wirft er den Kopf hin und her, beißt der Schlange in die Wirbel und lässt nicht eher von ihr ab, bis er sie in Stücke gerissen hat. (Alligatoren töten Klapperschlangen mit derselben Methode, die sie nur bei Giftschlangen anwenden; andere Schlangen verschlucken sie einfach.)

Da Hunde beim Verfolgen einer Fährte die Nase in Bodennähe halten, werden sie meistens in die Schnauze gebissen. Manche sterben an dem Biss, doch im Großen und Ganzen sind Hunde ziemlich widerstandsfähig. Wenn sie eine Klapperschlange gewittert haben, machen sie Jagd auf sie und vergessen dabei alles, was um sie herum geschieht. Ein Farmer erzählte mir, dass er bereits von weitem an den Geräuschen seines Hundes erkennen kann, wenn er mit einer Klapperschlange kämpft.

Je mehr Erfahrung Hunde mit dem Jagen von Klapperschlangen haben, desto effizienter werden sie. Zu dieser Erfahrung gehört es auch, gebissen zu werden. Mit der Zeit werden sie immun gegen das Klapperschlangengift, und manche älteren Hunde merken es kaum noch, wenn sie gebissen werden. Hunde haben eine angeborene Abneigung gegen Klapperschlangen, doch erst ein Biss weckt ihren Jagdinstinkt. Vielleicht verstärkt dieses unangenehme, beinahe tödliche Erlebnis ihren Hass, vielleicht wissen sie aber auch einfach, dass sie von jetzt an immun sind und ihrer Leidenschaft ungehemmt frönen können.

Was die Länge der Klapperschlange anbetraf, reichten die Schätzungen von 45 Zentimetern bis 1,20 Meter. Ich persönlich siedelte sie eher im unteren Bereich an. Diese Frage war nicht unerheblich. Meine Stiefel sind 33 Zentimeter hoch – ich habe sie anschließend gemessen –, und wenn ich gewusst hätte, wie lang die Schlange war, hätte ich mir theoretisch ausrechnen können, wie nah ich mich an sie heranwagen durfte, denn die Reichweite von Klapperschlangen beträgt angeblich maximal die Hälfte ihrer Körperlänge. Ich entschied mich jedoch dafür, ausreichend Abstand zu halten, und meine Frau meinte später, ich hätte beim Hantieren mit der Schaufel ausgesehen wie ein Stabhochspringer im Sprung.

Wir waren gerade im Wohnwagen, als der Hund Alarm schlug. Mein Schwager Jody öffnete die Tür, um nachzusehen. Ich saß mit einem Glas Eistee am Küchentisch vor dem Kühlgebläse und konnte nicht nach draußen sehen, doch das war auch nicht nötig. Ich hörte das Rasseln.

»Schon wieder eine«, sagte Jody. »Verdammter Mist.«

»Er hasst Klapperschlangen«, meinte Corey.

Ich fragte sie, ob ihr Mann ihrer Meinung nach etwas dagegen hätte, wenn ich ihm meine Hilfe anbot. Sie glaubte, er wäre mir dankbar.

Ich bat Jody, eine Schaufel zu holen. Er brachte auch eine für sich selbst mit. Alle anderen blieben im Wohnwagen.

Die Präriekiapperschlange war sechs oder sieben Meter von der Tür entfernt, doch ihr Rasseln war trotz des Hundegebells zu hören. Der Hund, ein junger Chow-Chow, umkreiste die Schlange knapp außerhalb ihrer Reichweite. Sie hatte sich eng zusammengerollt und hielt den Kopf in Angriffsstellung. Die Bewegungen ihres Schwanzendes waren so schnell, dass sie mit bloßem Auge nicht zu erkennen waren.

Jody und ich näherten uns ihr von zwei Seiten. Der Hund bezog hinter mir Position und hörte nicht auf zu bellen.

Ich hielt das Schaufelblatt vor die Schlange. Manchmal halten sich Klapperschlangen still, wenn man ihnen eine Schaufel vor die Nase hält, weil sie das kalte Metall verwirrt – sie identifizieren das Schaufelblatt als etwas, das sich bewegt, aber zu kalt ist, um lebendig zu sein. Ich kenne einen Mann, der Klapperschlangen mit dieser Methode einfängt. Er setzt ihnen eine Schaufel vor die Nase, und während sie sich mit ihren Wärmesensoren ein »Bild« machen, pirscht er sich von der anderen Seite an und packt sie von hinten am Kopf.

Doch an diesem Tag war es fast 40 Grad heiß, und ich nehme an, dass nichts das Prädikat »kalt« verdiente. Die Klapperschlange attackierte das Schaufelblatt und versuchte, daran hochzuklettern, während ich es unentwegt in Bewegung hielt. Sie bewegte sich im Zickzack, geschmeidig wie fließendes Wasser, und wäre ohne Schwierigkeiten an der Schaufel hochgeklettert, wenn ich sie stillgehalten hätte. Stattdessen stieß ich die Schlange zurück und ließ das Schaufelblatt auf sie hinabsausen. Der Schlag war nicht besonders sauber, aber sie war so sehr in Fahrt, dass ich nicht besser zielen konnte. Die Wunde erstreckte sich über zwei Windungen. Als sich die Schlange zwei Mal um die eigene Achse rollte, sah ich ihren weißen Bauch aufblitzen, dann ihren staubig-goldfarben und schokoladenbraun gemusterten Rücken, dann noch einmal beides in rascher Abfolge. Das Rasseln hörte nicht auf.

All das spielte sich innerhalb einer Sekunde ab. Ich landete einen zweiten Treffer. Da die Schlange inzwischen verwundet war, konnte ich diesmal besser zielen, und mein Hieb trennte ihren Kopf sauber ab. Das Rasseln verstummte, dann ertönte es erneut, klang aber gedämpft, als hätte man den Schwanz ins Wasser getaucht. Der Körper zuckte noch ein Mal, dann streckte er sich; die Muskeln bewegten sich noch immer, allerdings nur in Form wellenförmiger Kontraktionen. Ich drückte das Schaufelblatt mit dem Fuß in den Boden, um sicherzustellen, dass die Schlange wirklich enthauptet war. Das Rasseln ertönte und verstummte noch einige Male, dann erstarrte das Schwanzende. Der Hund sprang nach vorn, packte den Körper der Schlange in der Mitte, schleuderte ihn hin und her und schleifte ihn fort.

Ich behielt die Rassel. Jody vergrub den Kopf, um zu verhindern, dass irgendjemand versehentlich auf einen Fangzahn trat.

Das war die dritte Klapperschlange, die in der Nähe des Wohnwagens aufgetaucht war. Ein paar Tage nachdem Jody und ich die Schlange getötet hatten, spazierten wir durch das zerzauste Gras hinter dem Wohnwagen und diskutierten das Problem.

Wo sich jetzt der Garten befand, hatte früher ein Holzhaus gestanden. Das Haus war 20 Jahre nicht mehr benutzt worden, als Jody es abreißen und den Keller mit dem Abbruchmaterial auffüllen ließ. Nachdem Jody und ich im Garten Gras gesät hatten, war nichts mehr davon zu erkennen. Beim Umpflügen hatten wir allerdings hin und wieder eine Dachschindel oder eine Fensterglasscherbe gefunden. Das einzige Gebäude, dessen Überreste noch zu sehen waren, war eine Scheune. Da sie keinen Keller hatte, in dem man sie hätte verschwinden lassen können, hatten die Arbeiter sie einfach umgerissen. Sie lag in unordentlichen Haufen im hinteren Teil des Grundstücks. Zwischen den verwitterten Brettern wucherte gelbliches Gras. Rings um den Haufen standen drei vertrocknete Ulmen, die sich im Lauf von 50 Jahren dem Wind gebeugt hatten. Es waren die einzigen Bäume weit und breit.

Die umgestürzte Scheune war ohne Zweifel die Ursache des Schlangenproblems. Sie bot Schutz vor Bussarden und Hunden. Ich stöberte herum. An manchen Stellen gab der Boden unter meinen Stiefeln nach; er war mit einer Planierraupe geebnet worden, unter der Oberfläche waren jedoch einige Hohlräume geblieben. Einmal brach ich etwa 30 Zentimeter tief ein. Das Loch, das ich entdeckt hatte, war eine Art Höhle, die mindestens eineinhalb Meter breit war. Ich kletterte sofort wieder heraus, weil ich befürchtete, es könnte sich um das Versteck einer Klapperschlange handeln. In dem Loch befand sich ein Gewirr von Rohren, dessen Herkunft sich keiner von uns erklären konnte, und ein Betonbrocken, der zum Fundament des alten Hauses gehört haben musste. Keine Spur von einer Klapperschlange.

Ich drang weiter in die Trümmer vor. Jodys zweijähriger Sohn folgte mir. Als ich bemerkte, dass er hinter mir war, sagte ich: »Geh wieder nach drinnen, hier könnten Schlangen sein.« Ich hatte meinen Satz noch nicht beendet, da hörte ich ein Geräusch, das dem Rascheln gefrorener Blätter glich.

»Geh zurück«, fuhr ich den Jungen in einem Ton an, der – so glaubte ich – keine Fragen aufkommen lassen würde.

»Warum?«, fragte er.

Jody kam angelaufen. Er hatte das Rasseln gehört. Er hob den Jungen hoch und lief mit ihm zum Wohnwagen zurück.

»Bring eine Schaufel mit, wenn du zurückkommst!«, rief ich ihm hinterher.

Noch hatte ich die Klapperschlange nicht gesehen – ich hatte sie nur gehört. Das Rasseln verstummte, und ich erhaschte eine Bewegung. Etwa eineinhalb Meter rechts von mir lag eine umgestürzte Außenwand der Scheune, über die eine dünne Schlange glitt wie ein geöltes

Seil durch eine Öse. Ihre Haut hatte die verblichene Färbung einer Prärieklapperschlange: das Gelb vergilbten Papiers, gemustert mit dem Braun alten Sattelleders. Ihr Kopf verschwand in einem Loch im Holz, und ihr Körper glitt hinterher, ohne den Rhythmus zu unterbrechen.

Ich hatte Zeit verloren, als ich mich um den Jungen gekümmert hatte. Meine Chancen, die Klapperschlange zu töten, standen schlecht. Ich sah nur eine Möglichkeit: Das Brett, unter dem die Schlange verschwunden war, schien locker zu sein. Also trat ich dagegen. Die verbogenen Nägel knarrten, und das Brett flog davon.

Die Schlange hatte ihren Kurs unter der Wand nicht geändert und kroch in derselben Richtung weiter. Ein Bekannter, der beruflich eine Grabenfräse bedient, erzählte mir einmal, wie er einer Klapperschlange in einem frisch ausgehobenen Graben gefolgt war. Beim Ziehen der ersten Furche bemerkte er, dass die Schlange hinter ihm in den Graben gekrochen war. Als er umdrehte, um den Graben im zweiten Durchgang zu vertiefen, floh die Schlange etliche Meter geradeaus, ehe die Grabenfräse sie zerstückelte. Sie hätte sich retten können, wenn sie aus dem Graben gekrochen wäre. Schlangen sind wie Wasser: sie folgen dem Weg des geringsten Widerstands. Ihnen fehlt der Weitblick, den wir aufrecht gehende Primaten haben.

Meine Schlange war bereits halb unter einem anderen Brett verschwunden. Ihre hintere Hälfte war noch sichtbar. Hätte ich eine Schaufel zur Hand gehabt, hätte ich ihr den Todesstoß versetzen können, ohne dabei ein großes Risiko einzugehen. In Anbetracht der Umstände konnte ich sie allerdings nur töten, indem ich sie packte, bevor sie in Deckung ging. Die einzige sichere Methode, eine Klapperschlange zu halten, ist die, sie von hinten am Kopf zu greifen. Wenn es mir jedoch gelang, die Schlange am Schwanz zu packen und auf die Wiese zu werfen, hätte ich sie vielleicht an der Flucht hindern können, bis eine Waffe zur Verfügung stand.

Als ich die Hand nach ihr ausstreckte, entdeckte ich etwas Beunruhigendes. Ich zögerte, und die Schlange entkam.

Ich hatte das Gewirr eines Spinnennetzes erblickt, das im Schatten eines Bretts schimmerte, als die Schlange vorbeiglitt. Ich hatte nur dieses Schimmern gesehen, doch das genügte, um auf die Form zu schließen. Es handelte sich um das Netz einer Schwarzen Witwe.

Jody kam mit zwei Schaufeln zurück. »Hast du ein Glas für mich?«, fragte ich ihn.

»Du wirst die Schlange doch wohl nicht in ein Glas stecken wollen?«, entgegnete er.

Nachdem ich Jody über die neue Entwicklung informiert hatte, besorgte er ein leeres Salatdressingglas. Ich sah mich genau um, weil ich vermeiden wollte, von einer Schlange gebissen zu werden, wenn ich mich vor das Netz der Witwe kniete. Unter dem Netz, das schlampig an einem Brett befestigt war, lagen der funkelnd schwarze Panzer und die Zangen eines Laufkäfers; es musste sich um ein riesiges, mindestens fünf Zentimeter langes Exemplar gehandelt haben. Die anderen Insektenhüllen, die mit Schimmel und alter Spinnseide bedeckt waren, ließen sich nicht mehr identifizieren.

Das Netz lief in eine Art Trichter aus, der unter das Brett führte. Aufgrund des Aufruhrs, für den die Schlange und ich gesorgt hatten, versteckte sich die Spinne höchstwahrscheinlich in diesem trichterförmigen Schlupfwinkel. Ich drehte das Brett um und stülpte das Glas über den Trichter. Mithilfe eines Zweigs beförderte ich die Spinne ins Glas.

Es handelte sich um ein ausgewachsenes Weibchen, das trotz seiner schmutzigen Behausung in sauberem Schwarz erstrahlte. Ich schraubte den Deckel zu. Die Witwe schabte verzweifelt am Glas, schaffte es aber nicht, daran hochzuklettern.

Im Netz der Witwe hing eine Kugel aus Spinnseide von der Größe einer Murmel und der Beschaffenheit von Leinen. Es war ein Eierkokon, in dem sich ein winziges Loch befand, durch das die Spinnenkinder bereits entschlüpft waren. Der Eierkokon legte die Vermutung nahe, dass die jungen Witwen überall in dem Holzhaufen verteilt waren. Ich dachte über die Lage nach, während Jody den Hund holen ging. Ich wollte die Schlange auf keinen Fall entkommen lassen; ihre Nähe zum Wohnwagen stellte eine zu große Gefahr dar. Ebenso wenig wollte ich in den Holzresten herumwühlen und riskieren, von einer Schwarzen Witwe oder einer Klapperschlange gebissen zu werden. Das Gift der Schwarzen Witwe ist viel gefährlicher als das jeder Klapperschlange, Letztere verfügt allerdings über größere Giftmengen. Beide Gifte sind für Hunde weniger gefährlich als für Menschen.

Jody hatte die rötlich beige Chow-Chow-Hündin aus ihrer Hütte geholt. Die Ränder ihrer schwarzen Ohren waren von Insektenbissen ausgefranst. Sie witterte den Geruch der Schlange und bellte wie wild den Holzhaufen an. Ich nahm den Geruch, der klamm und Ekel erregend in der Luft hing, ebenfalls wahr. Die Hündin sprang auf die umgestürzte Wand und scharrte in der Mitte mit den Pfoten am Holz, als wollte sie ein Loch graben. Es gelang ihr nicht, eine Öffnung im Holz zu schaffen, doch sie gab nicht auf. Als ich zu ihr ging, machte sie mir Platz, um es mich versuchen zu lassen. Ich trat auf die Bretter. Nach fünf oder sechs Versuchen brach ich mit dem Stiefel ein und machte schnell einen Schritt zurück. Die Hündin sprang in das Loch hinein und wühlte im Boden. An ihren rötlichen Flanken flog in hohem Bogen die Erde vorbei. Dann wurde ihr Bellen zu einem Knurren – sie war fündig geworden.

Als sie wieder aus dem Loch kletterte, warf sie den Kopf hin und her. Doch was in ihrem Maul zappelte, war nicht die Schlange, sondern nur deren alte Haut.

Am nächsten Nachmittag herrschten 43 Grad. Das Wetter war denkbar ungeeignet für eine Schlangenjagd. Bei dieser Hitze würde sich die Schlange bestimmt nicht blicken lassen. Sie würde sich bis zur Dämmerung tief unter dem alten Holz verkriechen und ihre überschüssige Körperwärme an den kühlen Boden abgeben. Doch ich hatte nur an diesem Tag Zeit und rückte deshalb dem Holzhaufen mit einer Axt zu Leibe, die mir Corey besorgt hatte. Mein Plan war, mich durch die Scheunenreste zu hacken und dabei irgendetwas aufzustöbern.

Ich hatte die Hündin mitgebracht. Sie bellte, scharrte an der Stelle, wo sie die abgestreifte Haut gefunden hatte, und zerrte an den losen Brettern, auf denen ich die Schlange am Abend zuvor gesehen hatte. Ich machte mich mit der Axt an die Arbeit, was sich als äußerst eintönig erwies, und die Hitze gab mir bald den Rest. Rötliche Wespen schwirrten vor meinem Gesicht umher, und das trockene Gras raschelte im heißen Wind – das Geräusch klang ein wenig wie das Rasseln einer Klapperschlange, und ich gebe zu, dass ich meine Arbeit mehrmals unterbrach, um zu lauschen.

Recht viel mehr konnte ich nicht tun. Es war Zeit für drastischere Maßnahmen.

Die Planierraupe wurde erneut herbestellt, um das Durcheinander aus Holz und Gras vom Wohnwagen wegzuschieben. In der Nähe der Stelle, an der das alte Haus begraben lag, wurde das Erdreich Schicht um Schicht abgetragen. So entstand eine Mulde, die tief genug war, um die Überreste der Scheune zu verschlucken. Die Planierraupe hinterließ ein geebnetes Stück Land. Wo 70 Jahre lang das alte Farmhaus mit den Nebengebäuden gestanden hatte, befanden sich jetzt nur noch ein Wohnwagen und ein Fleck mit frisch gesprossenem Gras.

Ein paar Wochen nach den Erdbewegungsarbeiten kam ein Vertreter der Gemeindeverwaltung zu Jody und Corey und legte ihnen nahe, vor Schlangen auf der Hut zu sein, weil Arbeiter gerade die Gräben entlang der unbefestigten Straße in der Nähe ihres Grundstücks mähten. Was auch immer in den Gräben hauste, hätte durchaus vor ihrer Tür auftauchen können. Den beiden fiel jedoch nichts Ungewöhnliches auf.

Als ich eines Abends von ihrem Grundstück wegfuhr, entdeckte ich eine Klapperschlange auf der Straße. Sie war erst vor kurzem an einer Verletzung verendet, die von der Schneide eines Mähgeräts stammen konnte. Noch hatten sie Sonne und Verwesung nicht aufquellen lassen. Ich nahm Kopf und Rassel mit.

Ich bin sicher, Sie kennen solche Alpträume. Alles ist normal, bis auf eine Kleinigkeit, die grotesk verkehrt scheint. Niemand außer Ihnen bemerkt dieses Missverhältnis, diese gefährliche, aber unausgesprochene Ungereimtheit.

Der junge Mann blickte über eine weite freie Fläche auf drei Pferde, die Wasser aus einem Trog tranken. Zwei von ihnen machten einen normalen Eindruck, das dritte Pferd hatte einen riesigen Kopf. Der junge Mann traute seinen Augen nicht und versuchte die Dinge in einem Licht zu sehen, in dem sie einen Sinn ergaben.

Er ging auf die Pferde zu. Da sie ihn kannten, wurden sie nicht unruhig, als er sich näherte. Die beiden Falben tranken weiter, und das Wasser tropfte ihnen dabei von den Zungen. Die große Palomino-Stute blickte ihn mit ihren tiefbraunen Augen an. Doch sie sahen nicht mehr aus wie die Augen eines Pferdes, sondern traten hervor und weinten Blut. Der Kopf der Stute war doppelt so groß wie zuvor, und wo ihr Halfter hätte sein sollen, waren nur tiefe Furchen im Fell zu sehen. Sie atmete stockend.

Der Mann berührte die Stute im Gesicht. Eigentlich hätte er unter dem Fell den Schädelknochen spüren müssen, doch ihr Kopf fühlte sich weich an, wie ein Sack voll Wasser. Er griff mit der Hand in die Furchen, wo er die Riemen des Halfters vergraben fand, und versuchte sie zu öffnen, doch jeder Zug daran ließ dem Pferd den Atem stocken. Schließlich nahm er sein Messer und trennte die Riemen des Halfters durch. Die Stute atmete jetzt leichter und beugte sich schwerfällig über den Trog.

Unmittelbar über ihren Nüstern bemerkte er zwei Einstiche. Sie sagten ihm alles: Gras oder Unkraut, ein warnendes Rasseln und ein junges grasendes Pferd, das zu neugierig war, um die Drohung zu beachten.

Wissenschaftler gehen davon aus, dass sich die Rassel entwickelt hat, damit Klapperschlangen Huftiere warnen können, die sie versehentlich zertrampeln würden. Pferde scheinen die Botschaft zu verstehen, zumindest wenn sie älter sind und Erfahrung in freiem Gelände besitzen. Normalerweise scheuen sie vor dem Geräusch.

Aber das ist nur die halbe Wahrheit. Es wurden auch schon Pferde beobachtet, die absichtlich Klapperschlangen zertrampelt haben. Andere Pflanzen fressende Huftiere – Gabelantilopen, Rotwild, Rinder, Schafe, Ziegen – greifen Klapperschlangen ebenfalls von sich aus an. Ein Hirsch wurde dabei beobachtet, wie er eine halbe Stunde lang auf einer Klapperschlange herumtrampelte. Kein anderes kleines Tier wird von der Huffraktion derart behandelt. Warum greifen große Pflanzenfresser ausgerechnet diese Schlange an? Vielleicht haben sie das Bedürfnis – wie auch manche Menschen – jede Klapperschlange zu töten, weil sie wissen, dass sie ihnen an einem anderen Tag unter ungünstigeren Bedingungen begegnen könnte. Das Gift der Klapperschlange, ihre wichtigste Jagdwaffe, wird ihr oft zum Verhängnis.

Ein Mann ritt über eine Weide auf einige Eichen zu, in deren Schatten er sein Mittagessen verzehren wollte. Aus etwa eineinhalb Kilometern Entfernung bemerkte er einen Vogel, der über den Bäumen im Zickzack flog.

Der Vogel schraubte sich immer wieder aus Bodennähe in die Höhe, stieß dabei heisere Beschimpfungen aus, wie sie der Mann noch nie aus dem Hals eines gefiederten Tiers vernommen hatte, und stürzte sich anschließend in einem spiralenförmigen Sturzflug in die Tiefe. Er war zu beschäftigt, um auf die Ankunft des Reiters zu reagieren.

Als der Mann den Schatten der Eichen erreichte, bemerkte er den Klapperschlangengeruch. Sein Pferd scheute. Als die Schlange sporadisch rasselnd zwischen den Bäumen hervorgekrochen kam, griff sie der dunkelgraue, mit weißen Flecken gezeichnete Vogel im Sturzflug an. Die Schlange hatte eine Verletzung am Hals, und in ihrem blutüberströmten Kopf fehlten die Augen. Der Vogel flog zu seinem Nest in einem der Bäume, anschließend stürzte er sich wieder in die Tiefe. Bedrohliche Schreie ertönten, die nur von einer Spottdrossel stammen konnten, das Rasseln wurde lauter, dann flog der Vogel wieder nach oben. Der ganze Vorgang war so schnell vorüber, dass der Mann nicht erkennen konnte, was genau der Vogel getan hatte. Die Schlange hatte offenbar längst den Versuch aufgegeben, den schnellen Vogel zu beißen, und schleppte ihren lädierten, sterbenden Körper ins hohe Gras.

Spottdrosseln verteidigen ihr Revier und greifen sogar Menschen und Hunde an, die sich ihren Nestern nähern. Man hat bereits Spottdrosseln beobachtet, die Klapperschlangen stundenlang immer wieder angriffen. Sie kennen selbst dann kein Erbarmen, wenn die Schlange ihr Revier verlässt, und folgen ihr, um sie hinzurichten.

Dazu kommt es allerdings nur, wenn der Vogel die Schlange rechtzeitig entdeckt. Wenn die Klapperschlange zuerst zum Zug kommt, sieht die Sache anders aus. Hin und wieder gelingt es Klapperschlangen, zu den Nestern von Spottdrosseln vorzudringen und sämtliche Eier aufzufressen.

Die außerordentliche Brutalität, die zwischen Reptil und Vogel herrscht, ist dennoch leichter nachvollziehbar als das präventive Töten von Klapperschlangen, das bei Huftieren zu beobachten ist. Klapperschlangen und Spottdrosseln sind natürliche Feinde, deren Umgang miteinander auf dem räuberischen Verhalten der Schlange basiert: Die Schlange versucht, die Jungen des Vogels zu fressen, der Vogel geht sofort auf jede Schlange los, die er erblickt.

Während Spottdrosseln Klapperschlangen mit einer Gewalt begegnen, die sich auf Furcht gründet, begegnen ihr verschiedene andere Vögel mit furchtlosem Hunger.

Ein Steinadler pflückt eine Klapperschlange aus dem windgepeitschten Gras: Seine Silhouette erhebt sich in den Himmel, und seine Flügel schlagen wie Bettlaken an einer Wäscheleine. Die Schlange windet und krümmt sich in seinen kräftigen Krallen, die sie bereits tödlich verwundet haben. Hin und wieder gelingt es einer Schlange, dem Adler einen tödlichen Biss zuzufügen, während sie hoch oben in der Luft miteinander ringen.

Eine Klapperschlange ist an einem Ende tödlich, am anderen bedrohlich, doch dazwischen befindet sich ein proteinhaltiger Schlauch, den viele Räuber unwiderstehlich finden. Klapperschlangen werden von Bussarden und Eulen gefressen, aber auch von weniger offensichtlichen gefiederten Räubern wie zum Beispiel von wild lebenden Truthähnen und von Haushühnern. Mit ihren unempfindlichen, schuppigen Beinen sind Vögel gut gegen Schlangen gerüstet. Rennkuckucke sind auf Klapperschlangen spezialisiert und werden offenbar nie gebissen.

Weitere Feinde der Klapperschlange sind Hauskatzen und Hausschweine, Stinktiere, Dachse, Rotluchse, Kojoten, Füchse sowie andere Schlangen. Verschiedene Königsnattern ernähren sich vorwiegend von Klapperschlangen, indem sie sie erwürgen und anschließend in einem Stück verschlucken. Die Kutscherpeitschennatter, eine rosafarben schillernde Schlange mit einer Haut wie geflochtenes Rohleder, jagt mithilfe ihres Sehsinns. Sie bäumt sich auf und sieht sich nach Beute um – nicht selten handelt es sich dabei um eine Klapperschlange.

Welche Vorteile der Klapperschlange ihr Gift auch bieten mag, einen Schutz davor, gejagt zu werden, bietet es ihr nicht. Für manche Tiere stellen Klapperschlangen nichts weiter als eine potenzielle Mahlzeit dar, für eine erstaunliche Anzahl anderer Tiere ist sie etwas Furcht Erregendes, das entweder gemieden oder sofort getötet werden muss. Kein anderes Tier löst bei anderen Arten vergleichbare instinktive Reaktionen aus.

Wenn eine Klapperschlange ein anderes Tier frisst, vertilgt sie es vollständig – nicht nur das Muskelgewebe und die Organe, sondern auch die Knochen und das Fell oder die Federn. Im Verhältnis zu ihrem eigenen Gewicht sind ihre Opfer meist riesig: Eine zwei Kilo schwere Schlange verspeist einen zwei Pfund schweren Hasen ebenso leicht wie ein Mensch einen Hamburger. Nachdem die Schlange ihre Mahlzeit in Energie umgewandelt hat, verwendet sie diese allerdings nicht dazu, ihre Körpertemperatur konstant zu halten, wie es Säugetiere tun. Das bedeutet, dass Schlangen lange an ihrer Mahlzeit zehren können. In einem Laborversuch überlebte eine Klapperschlange ein ganzes Jahr ohne Nahrung.

Diese Fähigkeit ermöglicht Klapperschlangen, sich unterschiedlichsten klimatischen Gegebenheiten anzupassen. In heißen Regionen produzieren sie Gift im Überfluss und jagen das ganze Jahr über, doch sie können auch Winter überstehen, indem sie sich in Höhlen verkriechen und in eine Winterstarre verfallen. Der Unterschied zu einem vorübergehenden Unterschlupf, wie sie ihn im Frühling und Sommer benutzen, besteht darin, dass in Höhlen ganze Ansammlungen von Schlangen Zuflucht suchen. Das Sich-Zurückziehen in Höhlen ist das merkwürdigste Verhaltensmuster von Klapperschlangen. Die Notwendigkeit zu überwintern liefert keine hinreichende Erklärung für dieses Gebaren, ist aber zumindest ein Anhaltspunkt.

Zum Überwintern kann einer Schlange fast jeder Hohlraum dienen – Erosionstrichter, Höhlen, von Menschenhand geschaffene Vertiefungen. Warme Plätze eignen sich besonders. Klapperschlangen suchen sich oft einen Unterschlupf in der Nähe von flachen Felsen, Felsvorsprüngen oder auf freiem Feld, da sie sich nach dem Überwintern in der Sonne aufwärmen müssen. In nördlichen Regionen ziehen sie sich oft in die Felsspalten von Südhängen zurück, die viel Sonne abbekommen. Im Süden, wo die Winter mild sind, genügt bereits eine Bodensenke. Ein Freund von mir wurde eines Tages beim Jagen daran erinnert. Als er über einen umgestürzten Baum kletterte, trat er auf ein Gewirr aus Zweigen und Blättern, das eine hüfttiefe Mulde bedeckte. Er stürzte hinein, wurde von zahlreichen Klapperschlangen zischend begrüßt und suchte schnellstmöglich das Weite.

In meiner Heimat Texas County in Oklahoma ist das Land überwiegend flach und frei von Löchern und Spalten. Zum Überwintern ziehen sich die Präriеklapperschlangen hier in dieselben Löcher zurück, die sie auch während der Jagdsaison nutzen: in die Bauten von Präriehunden. Eine Präriehundestadt in dieser Gegend erstreckt sich über annähernd sechs Quadratkilometer, und in manchen ihrer Höhlen nisten sich jeden Winter Dutzende von Klapperschlangen ein.

Der Mangel an Behausungen hat einen seltsamen Nebeneffekt: das gemeinsame Überwintern natürlicher Feinde. Klapperschlangen schlafen neben Bullennattern und Schwarznattern, die in ihren aktiven Phasen Klapperschlangen erbeuten, indem sie sie erwürgen oder einfach am Kopf packen und verschlucken. Präriehunde und Buschschwanzratten, die Jahr für Jahr Schlangen zum Opfer fallen, machen es sich für den Winter mit Massen von Schlangen gemütlich. Zudem ruhen die Klapperschlangen Seite an Seite mit Dachsen und Füchsen – ihren eigenen Todfeinden.

Ein paar Stunden östlich von hier befinden sich ausgedehnte Ebenen mit rötlicher Erde. Der Regen hat im Lauf der Jahrhunderte an den Rändern dieser Ebenen Erosionsrinnen ausgewaschen. In diesen rötlichen Schluchten leben Diamantklapperschlangen: In Gegenden mit größeren Höhlen gibt es auch größere Schlangen.

Klapperschlangen müssen eine gewisse Körpertemperatur beibehalten. Das gemeinsame Überwintern hilft ihnen dabei, auch wenn der Boden fest gefroren ist. Schlangenquartiere findet man ebenfalls häufig an Flüssen, wo sich Laub in den Höhlen entlang der Böschung verfängt und die Schlangen die beim Verrotten entstehende Wärme aufnehmen können. Mein Vater arbeitete früher in einem Mastbetrieb, in dem Tausende von eingepferchten Rindern aus Trögen fraßen. Der Boden in den Boxen war von ihren Exkrementen bedeckt. Oft türmte sich der Mist höher als die Zäune auf. Die Aufgabe meines Vaters bestand darin, diese Haufen mit einem Frontlader abzutragen. Unter dem Mist kamen immer wieder ganze Knäuel von Schlangen zum Vorschein: Bullennattern, Schwarznattern und Präriеklapperschlangen, die sich in der Verrottungswärme aalten. Einmal grub er ein kugelförmiges Schlangenknäuel mit einem halben Meter Durchmesser aus.

Im Norden von Texas stand jahrelang ein Haus auf dem Land leer. Als eines Tages Elektriker auftauchten, um das Haus wieder auf den Einzug von Menschen vorzubereiten, mussten sie feststellen, dass sich inzwischen Schlangen darin einquartiert hatten. Die Männer töteten insgesamt 80 Schlangen.

Nach dem Überwintern geht jede Schlange ihren eigenen Weg, um zu jagen und sich unter Umständen zu paaren. Mit Beginn der kalten Jahreszeit kehren Klapperschlangen in ihre ursprünglichen Quartiere zurück. Die jungen Schlangen überwintern in der Höhle ihrer Mutter. Den Weg dorthin finden sie, obwohl sie nie zuvor dort gewesen sind. Wie das möglich ist, bleibt ein Rätsel. Vielleicht orientieren sich Klapperschlangen an der Sonne, vielleicht prägen sie sich aber auch ein, wie sie bestimmte Geländepunkte mit ihrem Temperatursinn wahrnehmen. Doch das erklärt nicht, wie die Jungen einen Ort finden, an dem sie noch nie zuvor waren. Als ich einen Forscher fragte, der sehr viel Zeit damit verbracht hat, Klapperschlangen nachzuspüren, und manchen sogar die Bäuche aufgeschnitten hat, um ihnen Funksender einzupflanzen, ehe er sie wieder zunähte und freiließ, zuckte er mit den Schultern und meinte: »Instinkt.«

Es gibt die Theorie, dass die Jungen die Erwachsenen in ihren Höhlen anhand ihres Geruchs aufspüren. In Laborversuchen folgten junge Klapperschlangen erwachsenen Tieren durch einfache Labyrinthe. Ob Geruch in der freien Natur tatsächlich eine Rolle spielt, weiß niemand. Junge Klapperschlangen halten sich manchmal kilometerweit von der mütterlichen Höhle entfernt auf. Wenn sie ihre Mutter, die sie monatelang nicht mehr gesehen haben, unter diesen Umständen allein anhand ihres Geruchs aufspüren, ist das eine beeindruckende Leistung.

Die olfaktorischen Fähigkeiten der Klapperschlange sind so überragend, dass unser Geruchssinn daneben verblasst. Im Vergleich zu ihr sind wir wie jemand, der von Geburt an blind ist, nur ein schemenhaftes Wechselspiel aus Licht und Schatten wahrnimmt und deshalb die Empfindungen Sehender beim Anblick von Blut, Diamanten, Herbstlandschaften oder einem Renoir-Gemälde nicht nachvollziehen kann. Eine Klapperschlange kann alle ihre Familienangehörigen anhand ihres Geruchs identifizieren. Wenn im Sommer Dutzende, Hunderte, Tausende von Schlangen heimischen Gerüchen folgen, nimmt die junge Klapperschlange eine Fülle von Wegweisern wahr, die sie ebenso leicht lesen kann wie die Spinne Erschütterungen in ihrem Netz oder der Mensch eine Straßenkarte.

Wenn sich Klapperschlangen zum Überwintern zusammenfinden, formen sie zunächst ein Knäuel – ein kugelförmiges Geflecht, das einem Gewirr aus Gummibändern gleicht. Alle Beteiligten sind in Bewegung, während das Knäuel mit der Ankunft weiterer Schlangen wächst. In einer Höhle wurde ein Knäuel mit über 1,20 Meter Durchmesser entdeckt. Wenn man verschiedenen Behauptungen Glauben schenken möchte, soll es sogar noch größere Versammlungen geben.

Der Autor J. Frank Dobie berichtet von einem Hilfsarbeiter, der beauftragt wurde, zwei grasende Maultiere von einer Weide zu holen. Sein Chef hörte einen lauten Schrei und anschließend einen leiseren. Er fand den Mann in einem Schacht zwischen Hunderten von Klapperschlangen. Die Schlangen bildeten ein Knäuel. Der Arbeiter musste den Schacht übersehen haben und war bereits tot.

Die Knäuel lösen sich bald auf, und die Schlangen kriechen in die Höhle. Unter Umständen ist das Bilden des Knäuels ein Wiedererkennungsritual. Oder es steht in obskurer Beziehung zur Paarung. Vielleicht dient es aber auch dazu, sich gegenseitig mit Gerüchen zu markieren, um im nächsten Jahr die Höhle leichter zu finden. Niemand kennt die Antwort.

Die Anzahl der Schlangen in einer Höhle ist unter anderem von der jeweiligen Art und vom Klima abhängig. In manchen Höhlen befinden sich nur drei oder vier Klapperschlangen. Und dann gibt es noch die wirklich großen Höhlen.

Mein Freund Michael Gabriel war zusammen mit einem Bekannten auf einer Ranch im Norden von Texas auf Taubenjagd. Er hatte eine Taube im Visier, die zwischen dem Ast einer Pappel und einer Pfütze hin und her flatterte, und war nahe genug, um sehen zu können, wie sich die schwerfälligen Muskeln an ihrer graubraunen Brust bewegten. Vorsichtig näherte er sich ihr noch ein Stück. Er konnte das Gurren der

Taube hören, doch dann wurde dieses sanfte Geräusch vom Rasseln einer Klapperschlange übertönt.

Als er sich umsah, entdeckte er in etwa drei Metern Entfernung eine Diamantklapperschlange – der Abstand war groß genug, um sie ohne Gefahr beobachten zu können. Sein Begleiter hatte das Rasseln ebenfalls gehört und kam vorsichtig zu ihm. Die Schlange hatte inzwischen aufgehört zu rasseln. Sie kroch gemächlich davon, allerdings nicht von den Jägern weg, sondern in Richtung eines nahe gelegenen Staubeckens. Dabei rasselte sie noch einmal, als hätte sie noch etwas hinzuzufügen.

Hinter den Jägern rasselte es ebenfalls. Sie sahen sich um, diesmal etwas beunruhigter, und erblickten eine weitere Klapperschlange. Als sie sich genauer umschauten, entdeckten sie immer mehr Klapperschlangen, die bei flüchtigem Hinsehen unsichtbar gewesen waren, jetzt jedoch überall auftauchten. Etwa ein Dutzend von ihnen war zu sehen, alle in Bewegung, alle unterwegs zu dem großen Staubecken. Mit einem Mal hing ihr Geruch schwer in der Luft. Zwei Tauben erhoben sich flatternd von einer Pappel und kreuzten im Tiefflug die Abendsonne.

Die Jäger beobachteten, wie die Schlangen auf einen Damm krochen, der eine Seitenwand des Staubeckens bildete, und eine nach der anderen in Löchern verschwanden. Michael Gabriel erblickte eine riesige Diamantklapperschlange, die größte, die er je zu Gesicht bekommen hatte. Das will etwas heißen, denn Michael Gabriel ist Klapperschlangenexperte. Früher fing er in seiner Freizeit Klapperschlangen und verkaufte sie an ein Restaurant, in dem normalerweise Hamburger und überbackene Steaks serviert wurden. Im Sommer wurde dort jedoch an einem Abend in der Woche ein üppiges Klapperschlangen-Buffet aufgefahren.

Für Michael Gabriel stellte das Beliefern des Restaurants eine Möglichkeit dar, mit seinem Hobby ein paar Dollar zu verdienen. Er hatte bereits seit Jahren Klapperschlangen gefangen. Er isst sie, gerbt ihr Leder und besitzt eine beachtliche Sammlung von Rasseln. Eigenen Schätzungen zufolge hat er etwa tausend Klapperschlangen gefangen.

Eine Zeit lang arbeitete er auf einem Ölfeld. Die Vibrationen der Bohrtürme lockten Klapperschlangen an. Sie waren zu Dutzenden eingerollt im Schatten der Türme zu finden. Als ich Michael Gabriel einmal zu Hause besuchte, öffnete er seine Gefriertruhe und zeigte mir einige seiner Lieblingsexemplare. Darunter war auch eine eineinhalb Meter lange Diamantklapperschlange mit blassgrüner Zeichnung.

Was als Nächstes geschah, versteht man nur, wenn man weiß, wie sehr Michael Gabriel von Klapperschlangen fasziniert ist. Als die riesige Diamantklapperschlange auf ein Loch zuschoss, packte er sie am Schwanzende. Die Schlange steckte bereits mit dem Kopf und einem Teil ihres Körpers im Loch, doch Gabriel hatte den Schwanz fest umklammert. Die Schlange war dicker als sein Oberschenkel, und der Teil ihres Körpers, der noch zu sehen war, war deutlich länger als sein eigener. Er ist über 1,80 Meter groß.

Es folgte ein bizarres Tauziehen: Die Schlange versuchte, in das Loch zu schlüpfen, Michael Gabriel versuchte, sie daran zu hindern. Er bat seinen Begleiter um Hilfe, doch der machte nur eine unverblümte Bemerkung hinsichtlich seines Geisteszustands. Die Schlange hatte den längeren Atem und verschwand kurz darauf im Boden.

Nachdem das Ungeheuer, das die ganze Aufmerksamkeit der beiden Männer in Anspruch genommen hatte, verschwunden war, fiel ihnen etwas auf, das sie während der letzten Minuten nicht beachtet hatten: es war ein Geräusch, das klang wie ein Bienenstock, nur lauter und tiefer. Michael Gabriel hatte etwa ein Dutzend Klapperschlangen an derselben Stelle im Boden verschwinden sehen und wusste, dass sich irgendwo in dem Damm eine Höhle befinden musste, doch ein vergleichbares Geräusch hatte er noch nie gehört, nicht einmal aus einer Höhle. Die Männer blickten auf den Boden zu ihren Füßen und wussten, dass es höchste Zeit war, das Weite zu suchen.

Der Besitzer der Ranch, auf der Michael Gabriel und sein Freund gejagt hatten, wollte die Höhle zerstören. Er machte sich Sorgen um sein Vieh und schüttete deshalb Dieselöl in die Löcher im Damm –

eine gängige Methode, um Höhlen auszuräuchern, obwohl dabei das Grundwasser verseucht wird. Normalerweise reichen einige Liter des übel riechenden Kraftstoffs, um die Schlangen ins Freie zu treiben. Der Rancher hatte mehrere Männer mit Gewehren und Hacken um die Höhle postiert, die sie erledigen sollten, wenn es so weit war.

Nichts geschah. Der Rancher schüttete mehr und mehr Diesel in verschiedene Löcher. Er machte so lange weiter, bis er fast 600 Liter aufgebraucht hatte. Niemand konnte sich erklären, weshalb der Diesel die Schlangen nicht zutage förderte. Der Rancher hatte in diesem Sommer bereits 27 Klapperschlangen auf seinem Land getötet und vermutete, dass einige seiner Rinder Klapperschlangen zum Opfer gefallen waren. Er wollte sich nicht geschlagen geben.

Also beschloss er, die Höhle mit einem Bagger zu öffnen. Die Maschine grub fast zwei Meter tief, ehe sie auf einen Hohlraum von der Größe eines geräumigen Wohnzimmers stieß, dessen Wände aus dunklem, klebrigem Schlamm bestanden, wie er auf Ölfeldern zu finden ist. Der Boden war mit einem sich windenden Teppich aus Klapperschlangen bedeckt. Es waren so viele, dass man sie weder zählen noch ihre Zahl schätzen konnte. Diamant- und Präriekklapperschlangen krochen in mehreren Lagen übereinander. Von dem Hohlraum führten zahllose kleine Tunnel weg, durch die Schlangen herein- und hinauskrochen. Durch die Erschütterungen und das plötzliche Sonnenlicht in Panik geraten, stimmten die Klapperschlangen ein Rasselkonzert an, das den Lärm des Baggerladers übertönte. Der Ekel erregende Gestank aufgebrachter Klapperschlangen durchflutete die heiße Luft. Einer der Männer behauptete, das Ungeheuer, das Michael Gabriel zuvor einzufangen versucht hatte, sei im Vergleich zu einigen der Diamantklapperschlangen in der Grube ein Zwerg gewesen.

Der Rancher rückte mit einem Tanklastwagen an, sprühte eine Lastwagenladung Kraftstoff auf das Schlangengewirr und tötete somit Tausende von ihnen. Hilfsarbeiter verbrannten die Kadaver.

Dieses Massaker reduzierte zwar im Jahr darauf die Zahl der Klapperschlangen auf der Ranch, einige tauchten aber trotzdem auf. Das

Staubecken, dessen Ablauf in der Höhle endete, war völlig verseucht. Abends hing noch lange Zeit ein seltsamer Geruch über der gefluteten Höhle, und auf dem Wasser trieben regenbogenfarbene Öllachen. Die Hilfsarbeiter, die die Kadaver verbrannten, sind längst weg. Der Rancher und seine Söhne sind gestorben, und eine alte Witwe ist die Einzige aus der Familie, die noch dort lebt und sich an die Klapperschlangenplage erinnert.

Auf der Schnellstraße vor mir sehe ich die wellenförmigen Bewegungen einer Klapperschlange. Sie kriecht in S-förmigen Kurven über den heißen Asphalt. Ihr Schicksal scheint besiegelt zu sein.

Autos und Lastwagen rasen vorbei, manche von ihnen halten ihren Kurs und nehmen die Schlange zwischen die Räder, andere scheren aus, um ihr auszuweichen. (Vielleicht kennen diese Fahrer die Geschichte von dem Automechaniker, der von einem Giftzahn in einem platten Reifen getötet wurde.) Bald wird sie einer von ihnen überfahren, aus Versehen oder mit Absicht. Sie hält auf der Mittellinie inne und rasselt. Ich fahre rechts ran und warte auf eine Gelegenheit, sie von der Straße zu scheuchen, doch der Verkehr ist dicht. Schließlich schert ein Eintonner-Pritschenwagen aus, um sie zu überrollen.

Ich sehe zu, wie sich ihr Körper in zuckenden Bögen krümmt, wie abwechselnd ihr weißer Bauch und ihr gemusterter Rücken zu erkennen sind. Es ist der alte Tanz des Fleisches: das Sterben und der Wille, nicht zu sterben.

TARANTELN

Im Licht der Blitze, die von ersten zögerlichen Regentropfen begleitet wurden, sahen wir sie den Asphalt überqueren. Sie huschten über die Straße – mehr als wir auf Anhieb zählen konnten –, ihre braunbeigen Körper tief geduckt zwischen unzähligen krummen Beinen. Die Regentropfen prasselten auf die Windschutzscheibe und schlängelten sich durch den Staub und das verspritzte Blut von Glühwürmchen nach unten. Der Anblick, der sich uns bot, war unwirklich, als hätten Gewitter und Bewegung und das verschmutzte Glas ein Trugbild gemalt. Doch nachdem die Scheibenwischer in zwei Bogen für freie Sicht gesorgt hatten, tauchten sie im Licht der Scheinwerfer unmittelbar vor uns auf – nicht nur am Straßenrand, sondern auch mitten auf der Fahrbahn. Uns wurde bewusst, dass wir Zeuge eines Exodus von Taranteln wurden, und wir hielten an, um zuzusehen. Als ich aus dem Auto stieg, sah ich, wie sich zwei von unseren Reifen verwundete Spinnen auf dem Seitenstreifen krümmten.

Wenn in Afrika die Weißschwanzgnus auf ihren Wanderungen an einen Fluss kommen, watet die Herde geschlossen durch. Ihre große Zahl sorgt dafür, dass die Krokodile eine gute Chance auf Beute haben, garantiert aber andererseits, dass nicht alle Gnus gefressen werden. Das ist die grausame Logik von Massenwanderungen. In gewisser Weise war das Spektakel, das sich uns bot, damit zu vergleichen: Auf dem Weg ins Ungewisse überquerten die Taranteln den Asphaltfluss, und manche von ihnen starben dabei unter den Reifen vorbeifahrender Autos. Ein Fahrer scherte in einem lang gezogenen S aus, als versuchte er, einer bestimmten unter den Dutzenden von Taranteln auszuweichen. Wir beobachteten, wie sie sich neben der Fahrbahn durch das widerspenstige Gras kämpften, um auf die Straße zu gelangen.

»Männchen auf der Suche nach Weibchen?«, fragte ich. Noch nie zuvor hatte ich mehr als eine Tarantel auf einer Straße gesehen.

»Nein, sie laufen alle in dieselbe Richtung. Siehst du?« Mein Freund bückte sich, um eine Tarantel zu betrachten, die zu seinen Füßen eine Bresche durchs Gras schlug. Er ist ein kräftiger Bursche, trotzdem legte er der Spinne den Zeigefinger äußerst vorsichtig auf die chitingepanzerte vordere Hälfte ihres rehbraunen Körpers und drückte sie gegen den Asphalt. Daumen und Mittelfinger fanden inmitten des Gewirrs aus Beinen einen Platz und packten zu. Er hob die Spinne hoch, um sie mir zu zeigen. Sie zog die Beine ein und hielt sich still wie ein Wildkaninchen, das sich unentdeckt wähnt.

Ihre Klauen waren angelegt und erinnerten in Form, Farbe und Größe an zwei Daumennägel. Beine und Bauch wirkten aufgrund ihrer staubig braunen Behaarung weich.

»Ein Weibchen«, stellte mein Freund fest. »Sieh dir die an.« Aus dem grasbewachsenen Straßengraben war eine weitere Tarantel aufgetaucht. Sie ging hochbeiniger als diejenige, die er in der Hand hielt; ihre Gliedmaßen waren länger, aber ihr Körper war kleiner und wirkte zusammengeschrumpft. Als sie durch den Lichtkegel unserer Scheinwerfer krabbelte, sah ich außerdem, dass ihre braune Behaarung dunkler war, beinahe schwarz. Das, erklärte mein Freund, waren Merkmale eines Männchens.

Im Wagen fanden wir eine Plastiktüte und einige leere Becher, die von den Fast-Food-Restaurants entlang unserer Route zeugten und vorerst ihren Zweck erfüllen würden. Wir fingen acht Taranteln ein – mein Freund fing sie, um genau zu sein, da ich Angst hatte, sie anzufassen. Als wir sie im Licht betrachteten, stellte sich heraus, dass es sich nur bei zwei von ihnen um Männchen handelte und eine saisonale Wanderung auf der Suche nach Geschlechtspartnern somit auszuschließen war. Nur Männchen begeben sich aus diesem Grund auf Wanderschaft.

»Das muss am Hochwasser liegen«, meinte mein Freund. In diesem Sommer hatte es viel zu viel geregnet, und die Felder waren überflutet.

Der Präsident hatte die Gegend zum Katastrophengebiet erklärt, und die Gräben entlang der Schnellstraßen beherbergten Enten anstelle von Rennkuckucken und Rohrkolben anstelle von Präriegras. Wir standen da, dem abendlichen Platzregen schutzlos ausgeliefert, und sahen den Taranteln dabei zu, wie sie die Straße überquerten, um von einem überfluteten Feld auf ein anderes, ähnlich überflutetes Feld umzuziehen. Dann fuhren wir weiter.

Waschen Sie sich die Hände, ohne sie anschließend abzutrocknen. Legen Sie nun eine Hand auf einen Tisch, so dass nur die Fingerspitzen die Tischplatte berühren, und versuchen Sie, jegliche Luftbewegung im Zimmer wahrzunehmen. Spüren Sie die Kälte an Ihrer Handfläche? Das Zittern, das Ihr eigener Pulsschlag hervorruft? Die minimalen Erschütterungen, wenn sich irgendetwas auf dem Tisch bewegt? Lauschen Sie mit Ihren Fingerkuppen, und Sie werden feststellen, dass Vibrationen, die in einem Meter Entfernung ausgelöst werden, in Wellen auf Ihre Hand zukommen und die nächstgelegene Fingerkuppe merklich früher erreichen als die am weitesten entfernte. Wenn Sie diese Art der Wahrnehmung üben und verfeinern würden, könnten Sie sich blind und taub zurechtfinden; Sie könnten Ihre Umwelt ertasten.

Jetzt haben Sie eine Vorstellung davon, was es heißt, eine Tarantel zu sein. Der ganze Körper dieser großen Spinnen ist ein einziges Tastorgan. Ein Teil ihrer Haare ist speziell darauf ausgerichtet, Erschütterungen wahrzunehmen. Diese Haare sind in Sinneszellen verwurzelt, die diese Erschütterungen lokalisieren können. Außerdem ist eine Tarantel in der Lage, mit den Spitzen ihrer Pedipalpen, mit ihren Füßen und sogar mit Körperöffnungen an ihren Beinen alles zu »schmecken«, von Luft bis Beute.

Meine Großmutter war als fürchterliche Kreischerin bekannt. Ihre Schreie waren markerschütternd und verursachten ein merkwürdiges Kribbeln an der Vorderseite der Wirbelsäule. Sie schrie bei allem, was kroch oder in anderer Weise an Ungeziefer erinnerte. Da sie auf dem Land lebte, bekam sie häufig Lebewesen zu Gesicht, auf die diese

Beschreibung zutraf. Als sich einmal eine Maus im Haus blicken ließ, stieß Großmutter einen ihrer schrillen, durchdringenden Schreie aus. Die Maus sauste so schnell sie konnte los, prallte mit dem Kopf gegen die Wand und fiel auf der Stelle tot um – weil sie sich das Genick gebrochen hatte, wie mein Onkel mutmaßte.

Meine Verwandten behaupten, der Schrei meiner Großmutter sei für den Selbstmord des Nagetiers verantwortlich gewesen. Angeblich soll er derart schrill oder weiß Gott was gewesen sein, dass er die Gehirnfunktionen der Maus durcheinander brachte. Und um meine Zweifel zu zerstreuen, berufen sie sich auf den »Tarantel-Zwischenfall«.

Wie die Maus hatte auch besagte Tarantel nichts Böses im Sinn. Sie verirrte sich in die Küche, wo die ganze Familie versammelt war. Großmutter erspähte sie und begann zu kreischen. Die Spinne hielt inne und richtete sich auf ihren Beinen auf. Je schriller meine Großmutter schrie, desto weiter richtete sich die Tarantel auf. Großmutter war entsetzt, dass die Spinne nicht die Flucht ergriff, doch diese schien vor Entsetzen wie gelähmt. Die Zerreißprobe drohte zu eskalieren – je höher die Schreie waren, desto höher bäumte sich die Spinne auf.

Die anderen krümmten sich vor Lachen, und niemand war imstande einzugreifen. Nachdem sich mein Onkel lange genug am Boden gekugelt hatte, stülpte er ein Glas über die Tarantel. Unter normalen Umständen hätte eine Tarantel daraufhin wie wild mit den Beinen gestrampelt, doch diese stand weiterhin stramm. Mein Onkel stellte sie kurzerhand in ihrem gläsernen Gefängnis auf den Tisch. Sie bewegte sich nie wieder. Als sie nach ein oder zwei Tagen noch immer mit völlig ausgestreckten Beinen dastand, schaffte sie irgendjemand fort.

Selbstverständlich sind Schallwellen nichts anderes als Vibrationen.

»Die Augen finde ich besonders abstoßend«, sagte meine Frau, als sie versuchte, mir zu erklären, weshalb sie Taranteln wesentlich Ekel erregender fand als Schwarze Witwen. Die Frage kam auf, nachdem ich vier Taranteln mit nach Hause gebracht hatte – meinen Anteil an den Spinnen, die ich mit meinem Freund auf der Straße eingefangen hatte.

Tracy hat meine Angewohnheit, Ungeziefer aller Art in Gläsern nach Hause zu bringen, immer geduldet, doch die Taranteln stellten sie auf eine harte Probe.

»Ich dachte, du hättest etwas gegen Schwarze Witwen, weil sie giftig sind«, sagte ich. In tropischen Regenwäldern findet man die eine oder andere giftige Tarantelart, aber keine amerikanische Tarantel kann mit ihrem Biss einem Menschen gefährlich werden. Trotzdem ist es kein Vergnügen, von Klauen dieser Größenordnung gezwickt zu werden.

»Ich habe zwar nicht gerade ein Faible für Witwen, aber sie glänzen, als wären sie hart. Ich weiß, dass sie das nicht sind, aber sie sehen so aus, als würden sie sich nicht allzu ekelig anfühlen.« Die Witwe, die sie Sweetie Face getauft hatte, saß vor uns auf dem Tisch in ihrem Glas und verspeiste gerade einen Kakerlak. »Taranteln haben Haare wie Tiere, die man streichelt.«

Daraufhin hielt ich Tracy einen Vortrag über die Beschaffenheit des Haarkleids von Taranteln. Während ich redete, ging sie in die Küche und bereitete das Essen zu. Von Zeit zu Zeit nickte sie, als wollte sie ihrer Zustimmung zu meinen Ausführungen Ausdruck verleihen. Als ich eine Pause einlegte, sagte sie: »Aber Taranteln haben riesige Augen. Man hat das Gefühl, dass man ihnen in die Augen sehen kann.«

»Das entspricht nicht ganz den Tatsachen«, berichtigte ich sie oberlehrerhaft. »Sie haben acht kleine Augen, die in zwei behaarten Höckern sitzen.«

»Die sich direkt auf ihrem Kopf befinden und einen anglotzen.«

Genau in diesem Moment schien uns die größte der Taranteln mit ihren beiden Mehrfachaugen anzustarren, zwischen denen braune Haare hervorsprossen. Tatsächlich sind die Augen einer Tarantel derart schwach, dass sie bestenfalls Greifvögel schemenhaft wahrnehmen können. Ich hatte diese große Tarantel Prima getauft, nach dem riesenhaften Schwergewichts-Boxchampion Primo Carnera. Sie hockte regungslos in einem 4-Liter-Glas. Eine Stunde zuvor hatten wir ihr eine Grille ins Glas gesetzt, die sich zunächst in der Erde vergrub und dann wieder auftauchte und sich umsah. Sie krabbelte unter Prima hindurch, die sich streckte, um ihr den Weg frei zu machen. Die Grille drehte eine weitere Runde im Glas, kam von vorne auf Prima zu und streifte deren Beine mit ihren Antennen.

Die Tarantel zuckte, als hätte man ihr einen Elektroschock verabreicht, und dieses Zucken beförderte die Grille geradewegs in ihren Mund. Sie hielt die Grille wie ein Hund eine tote Ratte. Nach dem ersten Biss bewegten sich ihre Cheliceren unabhängig voneinander und stießen immer wieder zu. Ihr langsames, wollüstiges, fast schon obszönes Auf und Ab, bei dem die Klauen aufblitzten, ließ uns erschaudern.

Spinnen schöpfen alle technischen Möglichkeiten des Beutefangs aus. Radnetzspinnen hängen ihre Netze in den Wind. Manche Radnetzspinnen attackieren Beutetiere, die ihnen ins Netz gegangen sind, von unten mit einer Art Fliegenfänger. Die Bolaspinne angelt sich ihre Beute mit einem Faden, an dessen Ende sich ein klebriges Tröpfchen befindet. Vertreter einer anderen Spinnenart weben ein Stück Netz, halten es zwischen den Vorderbeinen und warten als Blattstängel getarnt auf Insekten, um sie damit zu bewerfen. Einige Radnetzspinnen gestalten ihr Netz dreidimensional, indem sie in der Mitte daran ziehen, bis es sich zu einem Kegel verformt. Sobald ein Fluginsekt es berührt, lassen sie los: Die Fäden schnellen zurück und wickeln das Insekt regelrecht ein.

Das Spektrum an Fallen ist beeindruckend, doch die Spinnenfamilie kennt noch andere raffinierte Tricks. Die Körper mancher Spinnen sind mit Höckern und Auswüchsen übersät, die sie sowohl für ihre Beute als auch für ihre Feinde unsichtbar machen. Andere liegen in Blüten auf der Lauer, mit denen sie farblich übereinstimmen, und töten nichts ahnende Nektarsammler. Einige fangen ihre Beute auch aus der Ferne, indem sie eine klebrige, giftige Flüssigkeit auf sie spucken.

All das verdeutlicht, wie einfach die Tarantel ist. Während andere Spinnen komplizierte Beutefangmethoden entwickelt haben, besorgt sich die Tarantel ihre Mahlzeiten noch immer auf althergebrachte Art und Weise: Sie versteckt sich in ihrem Loch, bis irgendeine glücklose Kreatur vorbeikommt. Dann fällt sie wie ein Straßenräuber über sie her und zerfleddert sie mit ihren fürchterlichen Mundwerkzeugen. Der Unterschied zwischen ihr und einer Radnetzspinne ist so groß wie der zwischen dem *Australopithecus* und dem modernen Menschen. Sie kennt keine Tricks, die mit Farbe zu tun haben. Sie baut keine Fallen. Sie hat es noch nicht einmal geschafft, durch einen raffinierten Giftbiss zu töten und ihr Opfer anschließend wie eine Lady zu schlürfen. Sie verfügt zwar durchaus über Gift, trotzdem zermalmt sie ihre Nahrung wie einen Batzen Kautabak und kleckert dabei mit Verdauungssäften.

An Spinnseide mangelt es der Tarantel nicht. Sie vernetzt damit ihre Wohnröhre, indem sie sternförmig Stolperfäden auslegt, die ihr melden, sobald sich irgendetwas nähert. Außerdem knüpfen Weibchen seidene Säcke für ihre Gelege. Wie Taranteln mit Seide umzugehen verstehen, wäre an und für sich beeindruckend, wären ihre jüngeren Cousinen nicht solche Meister darin.

Die ganze Welt ist zurzeit verrückt nach Dinosauriern, vor allem nach Carnosauriern wie dem *Tyrannosaurus rex*. Während sich Paläontologen darüber streiten, ob Carnosaurier tatsächlich räuberisch lebten – manche behaupten, beim Tyrannosaurus rex habe es sich um einen Aasfresser gehandelt –, preisen Hollywood und seine angegliederten Spielzeughersteller sie als die schrecklichsten Bestien an, die jemals diesen Planeten bewohnten – zweifellos eine wirksame Marketingstrategie.

Die Filmindustrie erwähnt allerdings mit keinem Wort die Tiere, die Carnosaurier gefressen haben.

In Georgia und Alabama fand ein Paläontologe einige Knochen eines großen, als *Albertosaurus* bezeichneten Carnosauriers, der seinerzeit auch in anderen Gegenden weit verbreitet war. Die Albertosaurier wurden aus diesem sumpfigen Gebiet offenbar von Krokodilen verdrängt. Knochenfunde junger Albertosaurier weisen Bissspuren von Krokodilzähnen auf. Diese Beweisstücke haben herumgelegen, seit die Dinosaurier die Welt »regierten«. Die Krokodilart, die Albertosaurier fraß, erreichte eine Länge von etwa zehn Metern, größere Arten in anderen Regionen wurden bis zu 15 Meter lang. Damit waren sie länger und vermutlich auch schwerer als der Tyrannosaurus.

Die größten heutigen Krokodile werden nicht länger als zehn Meter, sind damit aber immer noch größer als die meisten Dinosaurier. Ein Krokodil frisst, was sein Herz begehrt, von Fischen bis zu Stachelschweinen. Afrikanische Nilkrokodile, bei denen es sich nicht um die größte Krokodilart handelt, können ein Warzenschwein im Ganzen verschlucken. Ein Nilkrokodil wurde dabei beobachtet, wie es ein zwei Tonnen schweres Rhinozeros am Kopf ins Wasser zerrte, ertränkte und anschließend auffraß. Im Zweiten Weltkrieg kesselten Truppen der Alliierten auf einer indonesischen Insel tausend japanische Infanteristen in einem Mangrovensumpf ein. Von diesen tausend verließen nur 20 den Sumpf lebend, die meisten anderen waren nachts von Krokodilen gefressen worden. Noch heute reduzieren Krokodile die Weltbevölkerung jährlich um mehrere tausend Menschen. Sie schlagen vor allem in Afrika, Indien, Australien und Südostasien zu, und von Zeit zu Zeit verspeist auch der vermeintlich harmlose amerikanische Mississippi-Alligator einen Menschen.

Krokodile gibt es seit etwa 170 Millionen Jahren. Unter der heutigen »Herrschaft« der Menschen schwimmen sie wie auch schon zur Zeit der Dinosaurier unauffällig in Flüssen und Meeren, verspeisen Mitglieder des Herrschergeschlechts und vergießen mehr königliches Blut als Richard III. Die Reptilienfamilie hat sich auf unterschiedliche Weise spezialisiert und dabei unter anderem die erfolgreiche Gattung der Giftschlangen hervorgebracht – die von Krokodilen ebenso gefressen wird wie gepanzerte Schildkröten.

Der Erfolg der Krokodile entlarvt eine weitverbreitete Meinung in Bezug auf die Evolution als Trugschluss: dass weiter entwickelte Tiere rückständige ersetzen. Obwohl Reptilien (und Säugetiere und Vögel) beachtliche vorteilhafte Körpermerkmale entwickelt haben, seit das Krokodil auf der Bildfläche erschien, hat dessen »Primitivität« immer ihren Zweck erfüllt. Evolution wird zwar gerne mit Verbesserung gleichgesetzt, bedeutet aber in Wirklichkeit Veränderung, und das Aussterben verschiedener Arten ist weniger eng mit der Evolution verbunden, als man meinen möchte. Tatsächlich wissen wir mit Ausnahme weniger Einzelfälle nicht genau, weshalb bestimmte Arten ausgestorben sind. Diese Frage wird in der Biologie heiß diskutiert.

Primitive Räuber, die unverändert gedeihen, während sich ihre Verwandten im Lauf der Zeit stark verändern, sind in der Regel einfach gebaut. Dazu gehört meistens ein großes, gefährliches Maul. Solche Räuber sind nicht spezialisiert und können eine große Vielfalt von Beutetieren töten. Das Krokodil und der Weißhai existieren beispielsweise seit Millionen von Jahren, ohne sich grundlegend verändert zu haben. Sie töten nicht mithilfe von Fallen, gemeinschaftlichem Jagen in der Gruppe oder überdurchschnittlicher Intelligenz. Sie beißen einfach zu und verwunden ihre Beute tödlich.

Wissenschaftler bezeichnen die Tarantel nicht nur deshalb als primitive Spinne, weil ihr bestimmte Fähigkeiten fehlen, sondern auch aufgrund einiger anatomischer Unterschiede zu jüngeren Arten. (Die Tarantel ist zwar nicht die primitivste Spinne, die es gibt – diese Ehre gebührt einer großen, der Tarantel ähnlichen Spezies aus Asien mit segmentiertem Abdomen –, doch sie ist die primitivste der weit verbreiteten Spinnen.) Wie der Weißhai und das Krokodil ist die Tarantel ein einfacher Generalist mit großen Mundwerkzeugen und ein Überlebenskünstler. Heute gedeiht sie überall auf der Welt in Lebensräumen, die von Wüsten bis zu Regenwäldern reichen.

Die Abwarten-und-angreifen-Taktik der Tarantel hat sich als derart erfolgreich erwiesen, dass die Spinnenfamilie sie immer wieder neu für sich entdeckt hat. So gehören zum Beispiel sämtliche Wolfsspinnenarten zu den späteren, »fortschrittlicheren« Vertretern dieser Methode. Sie sind nicht unmittelbar mit der Tarantel verwandt; es sind Webspinnen, die sich auf das Wohnen in Erdlöchern und das Bespringen von Beutetieren zurückbesonnen haben.

Eines Nachts, als ich noch zu später Stunde las, kroch eine Spinne von der Größe meines Handtellers hinter dem Sofa hervor. Es handelte sich um eine Wolfsspinne. Nach einer Verfolgungsjagd und einigem Möbelverrücken wurde die Wolfsspinne Gast in meinem Wasserkrug, wo ich sie ein paar Tage lang verpflegte. Sie fing ihre Beute auf dieselbe Weise wie Taranteln, indem sie sich auf sie stürzte und sie packte. Schließlich machte ich sie mit Prima bekannt, ihrer noch größeren Nachbarin aus dem Behälter nebenan. Die Wolfsspinne überlebte nicht einmal eine Sekunde.

Ich dachte an das drei Meter lange Krokodil, in dessen Magen ein 1,20 Meter langes Krokodil gefunden wurde. Bei einfachen Räubern ist Größe alles.

Ich fing Junikäfer für das mittelgroße Weibchen, das wir Harriet nannten. Der erste Käfer, den ich in ihr Terrarium setzte, krabbelte geradewegs auf sie zu, als wollte er sich selbst opfern. Sie setzte ein Bein auf seinen Rücken, um vorab zu testen, ob es sich überhaupt lohnte, ihn zu töten. Als sie ihn packte, brach er mit einem Geräusch entzwei, das an eine berstende Walnuss erinnerte. Ich setzte ihr einen zweiten Käfer vor. Ohne den ersten fallen zu lassen, schnappte sie sich den zweiten, quetschte die beiden zu einer Kugel zusammen und bearbeitete sie mit ihren Klauen.

Ich warf ihr einen weiteren Käfer hin. Und noch einen. Sie schnappte sie sich, ohne einen Krümel fallen zu lassen. Ich hatte nur ein halbes Dutzend Junikäfer gefangen, und bald hingen alle sechs in Form einer glänzenden, mit Verdauungssäften überzogenen Kugel zwischen ihren Klauen. Ihre Klauen erinnerten eher an Macheten als an Injektionsnadeln, mit denen Spinnenklauen gewöhnlich verglichen werden.

Beutetiere, die eine derartige Behandlung über sich ergehen lassen müssen, beginnen bereits nach wenigen Sekunden zu zerfallen. Der Junikäferbrei war offenbar zu matschig für Harriets Geschmack. Sie ließ den Klumpen zu Boden fallen, stellte sich über ihn und krümmte den Rücken. Die beiden Spinndrüsen an ihrem Hinterleib arbeiteten mit der Geschicklichkeit von Fingern, als sie mit feiner Spinnseide um sich warf. Sie drehte sich dabei im Kreis, hielt ihre Spinndrüsen aber immer auf die breiige Käfermasse gerichtet. Nachdem sie den Klumpen zu einem ordentlichen Paket verschnürt hatte, machte sie es sich bequem und saugte es aus.

Die Tarantel gilt als die größte und kräftigste Spinne. Die größte und kräftigste Wespe ist die so genannte *Pepsis formosa* oder »Tarantelwespe«. Zwischen diesen beiden Giganten besteht eine faszinierende Fehde, die – neben der Feindschaft von Pumas und Kojoten, Löwen und Hyänen, Pottwalen und Kalmaren – zu den interessantesten natürlichen Rivalitäten im Tierreich zählt. Die Spinne ist ein einfacher Räuber, dessen Verwandte sich schon vor langer Zeit auf den Gebrauch von Hilfsmitteln verlegt und derart brutale Jagdmethoden aufgegeben haben. Die Wespe ist alles andere als primitiv; sie gehört zu den spezialisiertesten Tieren überhaupt, und ihre Spezialität ist die Jagd auf Taranteln. Begegnungen zwischen Vertretern dieser beiden Arten enden gewöhnlich in dem schrecklichsten Tod, den man sich vorstellen kann.

Während ich schreibe, liegt eine Tarantelwespe tot auf meinem Schreibtisch. Ich fing sie auf dem Kiesparkplatz einer LKW-Raststätte ein, einige Jahre nach dem verregneten Sommer, in dem ich meine ersten vier Taranteln hielt. Von den äußersten Windungen ihrer Antennen bis zur Spitze ihres Stachels, den sie weitgehend eingezogen hat, misst sie knapp sechseinhalb Zentimeter. Wenn eine Tarantelwespe vorhat zu stechen, fährt sie ihren Stachel um weitere sechs bis sieben Millimeter aus. Die geäderten Flügel dieses Exemplars haben eine Spannweite von neuneinhalb Zentimetern – mehr als der Durchmesser der Kaffeetasse, die neben ihr steht. Ihre Beine sind länger als ihre Flügel. In wärmeren, feuchteren Regionen erreichen manche Tarantelwespen die doppelten Ausmaße.

Auf dem Parkplatz wurden seit Jahren Lastwagen abgestellt, und der Regen der vergangenen Nacht hatte dem Boden den Geruch von Dieselöl entlockt. Die Tarantelwespe flog in Achten über der Landschaft aus Kies, Reifenspuren im Schlamm, Ölpfützen und kränklichem Unkraut. Als sie an mir vorüberflog, erhaschte ich einen Hauch des seltsamen Geruchs, wie ihn auch Ameisen beim Stechen absondern. Plötzlich setzte die Tarantelwespe zur Landung an, lief hektisch im Zickzack und wackelte dabei mit ihren spiralförmigen Antennen. Ihr schwarzer Körper war von einer orangefarbenen Wolke umgeben, als hätten sich um sie herum elektrische Spannungen in derart rascher Abfolge entladen, dass sie nur unterschwellig wahrnehmbar waren. Erst als sie regungslos verharrte, sah ich, dass diese Wolke von der schnellen Bewegung ihrer Flügel erzeugt wurde, deren trübes Orange der Farbe eines Feuers an der verschwommenen Grenze zwischen Flammen und Rauch entsprach.

Ihr Zickzacklauf erinnerte mich an einen Bluthund. Mit einem Mal erhob sie sich wieder in die Luft, kreiste und näherte sich in immer enger werdenden Spiralen der Stelle, von der sie losgeflogen war. Sie landete und krabbelte im Kreis, dann verschwand sie.

Ich näherte mich. Unter einer Tarnung aus Kieselsteinen und verwelktem Unkraut verbarg sich ein Loch im Boden, in dem mehrere, fast unsichtbare Seidenfäden zusammenliefen. Die Tarantelwespe kam rückwärts herausgekrochen, Kopf an Kopf mit einer Tarantel, die ihren massigen Körper mit angelegten Gliedmaßen durch die schlanke Öffnung zwängte.

Die Tarantelwespe führte den Tanz vom Loch weg, und die Tarantel folgte ihr traumwandlerisch und wie in Zeitlupe. Dann hielt die Wespe inne und begann, die Tarantel abzutasten wie ein Einkäufer, der die Qualität einer Ware prüft. Sie krabbelte auf die Tarantel und begutachtete sie sogar von unten wie ein Automechaniker auf der Suche nach undichten Stellen. Die Tarantel richtete sich bereitwillig auf, um ihr Platz zu machen.

Plötzlich schüttelte die Tarantel ihre apathische Starre ab, um mit einem todbringenden Zucken zuzupacken, doch die Tarantelwespe hatte sich bereits in eine vorteilhafte Position gebracht. Die beiden wälzten sich hin und her und stießen dabei Kieselsteine weg. Auf einmal zuckte die Tarantel zusammen und plumpste auf den Rücken. Sie war gestochen worden, und zwar vermutlich in ein Verbindungsgelenk zwischen Bein und Vorderkörper. Ihre Beine bewegten sich rhythmisch, als würden sie von unsichtbaren Wellen umspült.

Die Tarantelwespe flog zu einem von Unkraut gesäumten Maschendrahtzaun. Ich ging zu der Tarantel und stieß sie mit einem Zweig an. Sie strampelte weiter, ohne auf mein Stochern zu reagieren. Als sich die Tarantelwespe wieder aus dem Unkraut erhob, ging ich respektvoll auf Distanz. Ich hatte gehört, dass der Stich einer Tarantelwespe noch weitaus schmerzhafter ist als der einer Hornisse.

Die Tarantelwespe kehrte zur Tarantel zurück. Sie nahm eines der gewaltigen Beine zwischen ihre Kiefer und zerrte die Spinne in Richtung Zaun. Nachdem sie so einen halben Meter zurückgelegt hatte, flog sie abermals zum Unkraut. Ich folgte ihr, konnte aber nicht genau erkennen, wohin sie verschwand. Ich hatte bereits andere räuberische Wespen dabei beobachtet, wie sie sich über kleinere Spinnen hermachten, und bei den Vertretern einer Spezies war mir aufgefallen, dass sie die merkwürdige Angewohnheit haben, das vorbereitete Grab, einen tiefen Tunnel, wiederholt zu kontrollieren. Dazu stecken sie den Kopf in den Tunnel und schlagen mit den Flügeln. Vielleicht vergewissern sie sich, dass kein Herumtreiber auf sie wartet, um sie zu überfallen, wenn sie mit Lebensmitteln beladen nach Hause kommen, vielleicht ruhen sie sich aber auch nur aus.

Ich nahm an, dass die Tarantelwespe unter demselben Zwang handelte. Sie zerrte die Tarantel Stück für Stück weiter und legte dabei häufig Pausen ein, um ihrem versteckten Tunnel inmitten des Unkrauts einen Besuch abzustatten. Mir war klar, welches Schicksal die Tarantel dort erwartete. Die Tarantelwespe würde ein Ei auf ihrem Hinterleib ablegen. Aus diesem Ei würde eine wurmartige Larve schlüpfen und die Tarantel verspeisen. Sie würde ein paar Wochen für diese riesige Mahlzeit brauchen und sich die wichtigsten Organe bis zuletzt aufsparen.

Selbstverständlich würde eine tote Spinne verwesen, bevor die Larve schlüpfen kann. Deshalb setzt eine Tarantelwespen-Mutter ihren Stachel sehr vorsichtig, damit die Tarantel nicht getötet, sondern nur gelähmt wird. Man hat bereits Spinnen aus Wespenbauten entfernt, die in diesem Zustand mehr als neun Monate überlebten. In einem Erdloch in der freien Natur frisst die Larve jedoch nach kurzer Zeit irgendein wichtiges Organ und tötet ihren Wirt. Sobald der wurmartige Parasit fett und träge ist, fällt er in den Verpuppungsschlaf. Haare und Außenskelett der Spinne verwesen im Erdreich, während sich die Larve in ihrem Inneren in einen schimmernden Jäger verwandelt.

Das Schauspiel war zu entsetzlich, um es zuzulassen, also beschloss ich einzugreifen. Entweder war es das, oder ich wollte die beiden Kontrahenten für meine Sammlung haben – wer kennt schon seine eigenen Motive? Auf jeden Fall wühlte ich so lange in der nächstbesten Mülltonne, bis ich einen Plastik-Margarinebecher mit Deckel fand. Als ich zurückkam, zerrte die Tarantelwespe noch immer an der gelähmten Tarantel, die alles lautlos und widerstandslos über sich ergehen ließ. Ich stülpte die Schale über das seltsame Paar. Die Tarantelwespe flog surrend gegen das Plastik. Irgendwie schaffte ich es, den Deckel auf die Schale zu drücken und die Tarantelwespe zu fangen, ohne die Tarantel mit einzusperren.

Wie zu erwarten war, starb die Tarantelwespe nach ein oder zwei Tagen in Gefangenschaft. Ihr katzenäugiger, buckliger, langbeiniger Kadaver liegt jetzt auf meinem Schreibtisch. Von Zeit zu Zeit starre ich ihren Stachel an und denke über meinen Leichtsinn nach.

Das Schicksal der Tarantel war viel merkwürdiger.

Ich nahm sie mit nach Hause und legte sie auf einen Papierteller. Sie war nur gelähmt, also nahm ich an, dass es möglich sein müsste, sie wieder zu beleben. Ich befeuchtete die Borsten an ihrem Mund. Ich untersuchte sie mit der Lupe und versuchte, die Einstichstelle zu finden, was mir allerdings nicht gelang. Ich stupste sie mit einem Bleistift an. Ich pustete gegen ihren Bauch, um Sauerstoff in ihre simplen Lungen zu pressen. Mehr fiel mir nicht ein, also ließ ich sie allein.

Ich fand mich damit ab, dass ich die Tarantel ebenso gut als tot betrachten konnte, und nahm mir vor, sie zu präparieren, sobald ich Zeit dazu hatte. In hygienischer Hinsicht war die Angelegenheit nicht sonderlich dringend, da die Spinne – anders als ein totes Tier – erst nach Monaten verwesen würde. Als ich sie schließlich in einem Glas mit Essig einlegen wollte, stand sie auf ihrem Papierteller und säuberte gerade eines ihrer Vorderbeine mit dem Mund. Nachdem ich mir sicher war, dass ich keine Halluzination hatte, steckte ich sie in eine Zigarrenkiste. Sie lebte noch etwa einen Monat lang in einem Terrarium, in dem sie mit zögerlichem, unkoordiniertem Schritt umherspazierte und von Zeit zu Zeit krampfartige Anfälle hatte. Sie fraß hin und wieder eine Made, begann jedoch bald zusammenzuschrumpfen. Eines Morgens lag sie tot da und war weich wie ein Seidenhandschuh.

Wenn man eine räuberische Wespe – das gilt auch für Tarantelwespen – zu einer Tarantel ins Terrarium setzt, wird sie von der Spinne verspeist. In der freien Natur wäre eine Tarantel ebenfalls dazu in der Lage. Ihre gezackten, säbelförmigen Klauen können die Wespe innerhalb von Sekunden zu Brei verarbeiten.

Die Tarantelwespe ist schnell und gehört zu den kräftigsten Insekten überhaupt. Ihre langen Beine, ihr beweglicher Kopf, ihre großen Augen und ihre scherenartigen Mundwerkzeuge verleihen ihr Fähigkeiten, die an eine andere schreckliche Räuberin erinnern: die Gottesanbeterin. Trotz allem sollte sie eigentlich kein ernst zu nehmender Gegner für eine Tarantel sein, die bis zu zehn Mal schwerer ist. Die Tarantelwespe verfügt über einen Stachel, der Biss der Tarantel ist giftig: Beide können die andere bereits beim ersten Versuch lähmen.

Irgendwie gelingt es der Tarantelwespe, die Tarantel zu hypnotisieren. Dieser Bann ist so stark, dass manche Tarantelwespen-Arten ihre Löcher erst dann graben, wenn sie eine Tarantel gefunden und untersucht haben. Das bedeutet, dass die Spinne unter Umständen eine Stunde lang an Ort und Stelle verharrt und darauf wartet, gestochen zu werden. Doch Tarantelwespen nutzen ihre magische Wirkung nur, wenn sie ausdrücklich auf Taranteljagd sind; deshalb werden sie gefressen, wenn man sie einfängt und einer Spinne vorwirft. Außerdem scheint jede Tarantelwespen-Art nur auf eine ganz bestimmte Tarantel-Art spezialisiert zu sein; eine Tarantelwespe kann also keine »falschen« Taranteln hypnotisieren, und wenn sie es doch versucht, bezahlt sie es mit dem Leben – das Tierreich kennt keinen stärker spezialisierten Räuber.

Es gibt zahlreiche Theorien, die den Trancezustand der Spinne zu erklären versuchen. Vielleicht verströmt die Tarantelwespe hypnotische Duftstoffe. Vielleicht hypnotisiert sie die Spinne durch bestimmte Berührungen – eine Methode, die auch Franz Mesmer anwendete, der Pionier der Hypnose. Vielleicht ist die Tarantel ein Einfaltspinsel, der auf Stimulationen mit wenigen stereotypen Verhaltensmustern reagiert, und die Tarantelwespe weiß es zu vermeiden, ihren Kampfreflex auszulösen. Vielleicht imitiert die Tarantelwespe die sexuellen Annäherungsversuche einer anderen Tarantel.

Niemand weiß genau, wie Tarantelwespen ihre Opfer in ihren Bann schlagen. Aber wir wissen ja auch nicht genau, wie die Hypnose bei Menschen funktioniert.

Ich hatte für Harriet ein neues Terrarium eingerichtet. Am Tag ihres Einzugs versuchte einer meiner Freunde, sie in die Hand zu nehmen. Harriet war damit ganz und gar nicht einverstanden. Sie verdrehte sich und zeigte ihre von hellen Haaren umgebenen Klauen. Als mein Freund nicht locker ließ, rannte sie im Terrarium umher und trat mit den Hinterbeinen Haare von ihrem Abdomen los, um ihren Peiniger einzuschüchtern. Kurz nachdem er aufgegeben hatte – ohne die Tarantel in die Finger bekommen zu haben –, bekam er am Unterarm einen juckenden Ausschlag. Ich hatte das Haare-Werfen zwar nicht beobachtet, doch ich kenne Fotos von vergrößerten Tarantelhaaren: Sie sehen aus wie eine Mischung zwischen einer Harpune und einem Weihnachtsbaum. Wenn sie in die Haut eindringen, rufen sie bei manchen Menschen schreckliche Beschwerden hervor, bei anderen zeigen sie überhaupt keine Wirkung. Als Tracy später die kahle, pinkfarbene

Stelle auf Harriets Hinterleib betrachtete, meinte sie: »Ich nehme zurück, dass ihre Augen das Ekel Erregendste an ihr sind.«

Als Harriet bereits seit ein paar Tagen in ihrem neuen Terrarium wohnte, beobachtete ich, wie sie es sich in einer Mulde gemütlich machte. »Ich frage mich, ob sie wirklich territorial sind«, dachte ich laut, und ehe ich mich's versah, hatte ich wieder einmal mit einem meiner unwissenschaftlichen Experimente begonnen. Ich setzte eine andere Tarantel zu Harriet ins Terrarium, ein kurzbeiniges, noch nicht ganz ausgewachsenes Weibchen, das wir in jener verregneten Nacht auf der Straße eingefangen hatten. Beide bäumten sich auf, gestikulierten mit den Beinen und öffneten die Klauen so weit, dass ein Daumen dazwischengepasst hätte. Zunächst stolperten sie in gegenseitiger Umklammerung durch das Terrarium, dann lösten sie sich voneinander und krabbelten in gegenüberliegende Ecken. In der freien Natur hätte das mit Sicherheit das Ende des Kampfes bedeutet, aber die beiden befanden sich auf begrenztem Raum. Ich zog in Erwägung, hineinzufassen und eine von ihnen herauszuholen, doch sie waren so aufgebracht, dass ich mich nicht traute.

Die Spinnen gingen abermals aufeinander los, schnappten zu, rempelten sich an und drohten sich gegenseitig mit ihren Klauen. Das Schauspiel erinnerte an einen Amateurringkampf mit Hackmessern. Dann ließen sie wieder voneinander ab und zogen sich zurück. Sie tasteten sich an den Wänden des Terrariums entlang, bis sie erneut aufeinander trafen und sich abermals ein heftiges Gefecht lieferten. Offenbar begriffen sie nicht, dass sie eingesperrt waren; beide suchten mehrmals in Panik das Weite, nur um anschließend wieder aufeinander zu prallen und zu raufen. Ich blieb bis spät in die Nacht wach, hörte Musik und sah ihrem Kampf zu.

Am nächsten Morgen lag das kurzbeinige Weibchen tot im Terrarium. Ihre stabiles Außenskelett sah aus wie eine angeknabberte Pastetenkruste. Harriet hatte offensichtlich nichts von ihr gefressen, sondern sie einfach nur getötet.

»Weibchen sind hochgradig territorial«, berichtete ich Tracy.

Beim Herumstöbern zwischen den Felsen unten am Bach förderte ich einen mageren Vorrat an Tarantelnahrung zutage: einen kleinen Tausendfüßer und ein Dutzend Kugelasseln. Allerdings bezweifelte ich, dass Taranteln so kleine Beutetiere überhaupt anrührten. Als ich Prima meine ganze Sammlung auf einmal vorwarf, stieß sie ihre langen Klauen mit einer Präzision, die ich nicht erwartet hatte, in den Tausendfüßer. Nachdem sie ihn eine Zeit lang bearbeitet hatte, sah er aus wie ein Fadenknäuel. An den Asseln war Prima nicht interessiert; als sie eine von ihnen versehentlich anrempelte, schüttelte sie das Bein wie eine Katze, die versehentlich in eine Pfütze getreten ist.

Für Taranteln ist es nichts Außergewöhnliches, den ganzen Winter über keinen Bissen zu fressen, doch das wusste ich damals nicht. Ich ging davon aus, dass Prima dringend Nahrung benötigte und kaufte deshalb in einer Zoohandlung ein Dutzend Grillen.

Ich warf ihr das ganze Dutzend auf einmal zum Fraß vor. Sie stand in der Mitte ihres Glasbehälters, schnappte sich sofort eine Grille und brach deren kleinen braun-weißen Körper mit einem kräftigen Biss entzwei. Die anderen Grillen zeigten sich am Schicksal ihrer Kameradin nicht sonderlich interessiert. Sie verteilten sich im Behälter und drückten sich gegen seine Glaswände. Die Zoohandlung musste mit Eiweiß geknausert haben: Die Grillen schnappten sich je eine Kugelassel, drehten sie auf den Rücken und begannen, ihre Innereien zu verspeisen. Dabei verwendeten sie die Außenskelette als Schüsseln. Kugelasseln sind Krustentiere; vielleicht schätzen Grillen sie ebenso wie wir Hummer.

Prima stand gemächlich kauend inmitten der Fleisch fressenden Grillen. Sie sah aus wie die Königin einer kleinen Abteilung der Hölle.

Bei der vierten Tarantel, die ich in jener verregneten Nacht nach Hause gebracht hatte, handelte es sich um das einzige Männchen. Wir tauften es Raoul. Sein Verhalten unterschied sich von dem der Weibchen. Wenn ich Harriet mit einem Bleistift anstupste, machte sie ein paar gemächliche Schritte. Wenn ich Raoul anstupste, drehte er sechs hastige Runden in seinem Behälter.

Eines Tages webte Raoul eine rechteckige Gespinstfläche, die etwa so groß war wie sein Körper. Er legte sich darauf, den Bauch gegen die Seide gepresst, und hopste zitternd auf und ab. Dann erhob er sich und tauchte seine Pedipalpen in die Tröpfchen, die aus der Pore im vorderen Teil seines Abdomens ausgetreten waren. Die Pedipalpen schwollen daraufhin an. Männliche Taranteln benutzen die Pedipalpen, die nicht mit den Geschlechtsdrüsen verbunden sind, um zu kopulieren. Bevor die Menschheit die künstliche Befruchtung und die In-vitro-Fertilisation erfand, bedienten sich nur zwei Arten eines zweistufigen Fortpflanzungssystems – Spinnen und eine Insektenart, die als »Fanghafte« bezeichnet wird.

Raoul drehte langsame Runden in seinem Behälter, als hätte er Angst, irgendwo anzustoßen. Sein Gang war anders als zuvor, geschäftig, aber irgendwie graziös. Der Unterschied zu dem hyperaktiven Verhalten, das er sonst an den Tag legte, war so groß, dass es mir beinahe peinlich war, ihn zu beobachten.

Weibliche Taranteln brauchen etwa zehn Jahre, bis sie voll entwickelt sind; dann können sie sich bis an ihr Lebensende jedes Jahr paaren. Sie werden 20 bis 30 Jahre alt. Männchen brauchen ebenfalls zehn Jahre, um heranzureifen, und haben dann im Herbst einige Tage Zeit, um sich eine Partnerin zu suchen. Im Anschluss daran sterben sie, egal, ob sie bei der Partnersuche erfolgreich waren oder nicht. Ich beschloss, Raoul dieselbe Chance zu geben, die er auch in der freien Natur gehabt hätte, und setzte ihn in Harriets Terrarium.

Harriet zuckte zusammen und machte einen Schritt zurück. (»Igitt! Eine Tarantel!«, meinte Tracy, als sie spekulierte, welchen ersten Eindruck Harriet von ihrem Verehrer wohl haben mochte.) In der freien Natur muss ein Männchen vor der Wohnröhre des Weibchens herumtrampeln und sich als Beutetier ausgeben, um es herauszulocken. In diesem Fall konnte Raoul sofort mit dem Abklopfen von Harriets Vorderbeinen beginnen. Dieses Klopfen stellt einen artenspezifischen Code dar, der sich vermutlich mit »Bitte friss mich nicht« übersetzen lässt. Es kommt allerdings durchaus vor, dass das Weibchen diese Bitte ignoriert.

Harriet richtete sich auf den Hinterbeinen auf und zeigte ihre Klauen. Raoul bäumte sich ebenfalls auf. Die beiden rangen miteinander, so wie Harriet und das kurzbeinige Weibchen es bereits einige Tage zuvor getan hatten. Der Unterschied bestand in den daumenähnlichen Fortsätzen an Raouls Vorderbeinen.

Diese Fortsätze erscheinen bei männlichen Taranteln mit dem letzten Häuten, das sie zu Erwachsenen macht, und befinden sich an den Knien des vordersten Beinpaars. Bei Raoul hatte ich sie bis dahin noch gar nicht bewusst wahrgenommen, doch jetzt brachte er sie ins Spiel. Er hakte die Fortsätze an Harriets Klauen ein und hielt sie mit seinen langen Vorderbeinen auseinander. So befand er sich erst einmal in Sicherheit. Er drängte Harriet zurück, bis sie beinahe senkrecht stand, dann drückte er ihr eine seiner keulenförmigen Pedipalpen in den Bauch. In dieser Stellung verharrten die beiden einige Minuten. Anschließend löste er sich, strampelte wie wild mit den Beinen und machte sich hastig davon, wobei er wiederholt vom Boden absprang. Von seinem merkwürdigen Gang während der Partnersuche war nichts mehr zu sehen; stattdessen war seine hyperaktive Paranoia zurückgekehrt. Er krabbelte schnurstracks an der gläsernen Wand nach oben und kauerte sich in eine der oberen Ecken. Harriet schlenderte davon. Sie machte einen etwas gereizten Eindruck, zeigte aber kein Interesse mehr an Raoul. Doch auch das konnte ihn nicht davon überzeugen, wieder hinunterzuklettern. Er blieb den ganzen Tag und die ganze Nacht in seiner Ecke und machte sich so klein wie möglich.

Raoul hatte sich gepaart und würde bald sterben. Prima war dazu verdammt, in Gefangenschaft zu schmachten und würde keine Gelegenheit bekommen, sich zu paaren. Harriet würde bald einen Eierkokon produzieren, und ich würde mich mit dem Problem konfrontiert sehen, mich um zahllose winzige Taranteln kümmern zu müssen. Da Tracy und ich bald in eine andere Stadt umziehen wollten, beschloss ich, den Taranteln die Freiheit zu schenken. Heute stelle ich mir gerne vor, dass sich auf der Wiese, auf der ich sie freiließ, jetzt überall die Wohnröhren ihrer Nachkommen befinden.

Alle paar Jahre packt mich das Tarantel-Fieber. Weibchen sind nur schwer zu finden, bei Männchen ist es einfacher. Wenn ich im Sommer mit dem Auto auf Schnellstraßen unterwegs bin, muss ich nur die Augen offen halten und mir merken, wo ich eine Tarantel gesehen habe. In den letzten Herbsttagen vor dem ersten Frost (den Taranteln exakter vorhersagen als Meteorologen), suche ich diese Stellen dann abermals auf. Die Männchen, die sich bis dahin noch nicht gepaart haben, sind verzweifelt. Auf der Suche nach Weibchen überqueren sie die Schnellstraßen, die manchmal mit zerquetschten Spinnen regelrecht gepflastert sind.

Ich fahre an diesen Stellen bei Sonnenuntergang langsam vorbei und halte nach dem unheimlichen Gang von Taranteln Ausschau. Wenn ich gefahrlos anhalten kann, steige ich aus und warte auf dem Seitenstreifen, um die Wanderer abzupassen. Meistens fange ich sie in Blechdosen ein, in die ich sie mithilfe des Deckels hineinbugsiere. Diese Männchen, die bei Frost sterben würden, können in geschlossenen Räumen noch einige Wochen lang überleben. Auf dem Weg nach Hause höre ich sie auf dem Sitz neben mir an den blechernen Wänden ihrer winzigen Gefängnisse kratzen.

Bekannte von mir, die oft auf dem Highway 160 unterwegs sind, nennen den kaum befahrenen, eintönigen Streckenabschnitt östlich von Meade in Kansas die »endlose Straße«. Die Orte entlang der Straße sind klein und 50 Kilometer voneinander entfernt. An ein paar Stellen hat das Wasser der roten Erde üble Wunden zugefügt, ansonsten bieten sich dem Auge nur Felder, Zäune, Vieh, freier Himmel und Asphalt, und die einzige Abwechslung ist die eine oder andere Steigung oder enge Kurve. Das Befahren dieser Straße stellt jedermanns Geduld und Konzentrationsfähigkeit auf eine harte Probe. Alle geben kräftig Gas.

Ein Ehepaar näherte sich von Osten kommend dem Ende der »endlosen Straße«. Als es zu einer Brücke in der Nähe von Meade kam, sah es etwas, das es aus seiner Langeweile riss.

»Sie muss so groß gewesen sein«, sagte die Frau, und formte mit den Händen einen Kreis mit 20 Zentimetern Durchmesser. Sie behauptete, die Tarantel sei viel größer gewesen als alle, die sie je gesehen hatte, so groß, dass sie Übelkeit in sich aufsteigen spürte. Sie geriet in einen Gewissenskonflikt, ob sie ihren Mann bitten sollte, auszuscheren und die Spinne zu überfahren, oder ob sie ihn bitten sollte aufzupassen, dass sie nicht mit dem Auto in Berührung kam. Nachdem die beiden an der Tarantel vorbeigefahren waren, sahen sie die Spinne noch einmal im Rückspiegel. Sie krabbelte unmittelbar neben der Brücke von der Straße.

Die Frau sagte, dass sie zwar nicht gerade ein Faible für Spinnen habe, aber trotzdem noch nie so heftig auf eine reagiert habe, auch nicht auf eine andere Tarantel. »Das lag an ihrer Größe«, betonte sie. Ihr Mann nickte energisch, als wollte er ihre Bemerkung unterstreichen.

Natürlich zweifle ich daran, dass dieses Monstrum tatsächlich existiert. Vielleicht haben Müdigkeit und Überraschungseffekt die Spinne in der Wahrnehmung der beiden vergrößert. Unmöglich ist es allerdings nicht. In gewisser Weise kommt mir die Reaktion der Frau authentisch vor. Ob die Spinnenphobie, die bei fast allen Menschen zumindest im Ansatz vorhanden ist, zutage tritt, steht in unmittelbarem Zusammenhang mit der Größe der jeweiligen Spinne.

Ich würde die riesige Tarantel nur zu gerne sehen. Auch andere haben mir ihre Geschichten von Taranteln auf der »endlosen Straße« erzählt. Ich höre immer wieder, dass sie dort besonders zahlreich und groß sein sollen. Die Häufigkeit kann ich bestätigen. Ich bin schon an so manchem Herbstabend diese Straße auf und ab gefahren und habe den Asphalt nach der charakteristischen, wellenförmigen Bewegung von Taranteln abgesucht – einer Bewegung, die sich kaum von der eines Ahornblatts unterscheidet, das vom Wind getrieben wird. Ich habe dort bereits etliche Taranteln gesehen und habe hin und wieder angehalten – wenn kein Verkehr herrschte, da diese Straße keinen Seitenstreifen besitzt –, um eine einzufangen. In den meisten Fällen handelte es sich um Männchen mit einer Beinspanne von etwa zwölf Zentimetern.

Aber die riesige Tarantel habe ich noch nicht zu Gesicht bekommen. Nur ein Weibchen könnte so groß werden, vielleicht ist sie heute, einige Jahre später, noch immer am Leben. Manchmal parke ich in der Nähe der Brücke und spaziere an dem Bach entlang, über den sie führt. Ich starre die Böschung hinunter in die abendliche Dunkelheit und hoffe, dass das Monstrum auftaucht.

SCHWEINE

Sengende Hitze, die üppigen Blätter sind feucht und funkeln in der Morgensonne wie Smaragde; lange, dunkle Schatten; überall steigen Dampfwolken auf und schlängeln sich zwischen den Palmen und Farnen hindurch. Melonenfarbene Schmetterlinge mit stumpfen Flügeln machen sich trunken an riesigen Blüten zu schaffen. Etwas Größeres bewegt sich: Ein Vogel bahnt sich einen Weg über den moosbewachsenen Boden. Sein massiges Hinterteil schiebt sich mit jedem Schritt hin und her. Er sieht anders aus als alle Vögel, die man je zu Gesicht bekommen hat, wie eine graubraune, aufgedunsene Taube mit nutzlosen, verkümmerten Flügeln und dem gekrümmten Schnabel eines Bussards. Sein Körper ist muskulös, sein Gang ist merkwürdig, hat aber nichts mit dem unbeholfenen Stolpern zu tun, von dem man immer wieder liest.

Aus dem Dickicht stürzt ein größeres Tier hervor, mit vier Beinen, dunklem Fell und einem hohen, gekrümmten Rücken. Seine lange Schnauze erinnert an die einer Ratte. Aber es ist kein Nagetier. Nachdem es den Vogel mit dem Maul gepackt hat, hält es in seiner Vorwärtsbewegung inne, und man kann sehen, dass es sich um ein Schwein handelt. Man mag sich über seinen schlanken Wuchs wundern; sein Rüssel mag unnatürlich lang wirken – er verjüngt sich und läuft dann wieder auseinander, ehe er in einer flachen, knorpeligen Nase endet. Zunächst fallen einem jedoch die um den Rüssel geschwungenen Hauer auf, die das Schwein benutzt, um den panikerfüllten Vogel mit ruckartigen Kopfbewegungen auszuweiden. Die kleinen Flügel des Vogels schlagen vergeblich, seine schwarzen Augen huschen hin und her, dann erstarren sie. Das Schwein ist mit seiner Beute bereits auf dem Weg ins schützende Grün.

Dieser Tod war typisch für einen Dodó. Dem schnellen Läufer wurde ein Wesensmerkmal zum Verhängnis, das bei Tieren, die auf Inseln ohne natürliche Feinde leben, weit verbreitet ist: seine Arglosigkeit gegenüber Fremden. Wie Hunderte andere Arten von Inseltieren wurde der Dodó von Räubern ausgerottet, deren Brutalität seine Erfahrungswerte bei weitem überstieg.

Der Dodó, ein Verwandter der Taube, starb vor etwa 300 Jahren aus – der genaue Zeitpunkt lässt sich nur schwer ermitteln, da es damals niemandem auffiel. Die Gründe für sein Aussterben sind kompliziert. Im Allgemeinen geht man davon aus, dass der Dodó von Menschen ausgerottet wurde, doch das ist nur die halbe Wahrheit. Genau genommen war etwa ein halbes Dutzend räuberischer Arten für seinen Untergang verantwortlich, die alle in seinen isolierten Lebensraum eindrangen. Obwohl man bei dem Wort »Räuber« zunächst an keine dieser Arten denkt, beschworen sie gemeinsam eine Dodó-Apokalypse herauf. Zu den Missetätern, die allesamt mit dem Schiff eintrafen, zählten Ziegen, Katzen, Ratten, Affen, Menschen, Hunde und Schweine.

Die Ziegen machten den Dodós Konkurrenz, indem sie herabgefallene Früchte verschlangen, die diese nur allzu gerne gefressen hätten. Die Übrigen schadeten den Vögeln unmittelbarer. Entgegen der Überlieferung waren Dodós elegante Läufer, die mit ihren Schnäbeln schmerzhaft zupacken konnten, wenn sich jemand ihren Nestern näherte. Doch die kämpferischen und läuferischen Qualitäten des Dodó reichten nicht aus, um seine Eier und seine Jungen vor heimlichen Räubern wie Katzen oder Ratten zu schützen. David Quammen führt in seinem kürzlich erschienenen Buch *Der Gesang des Dodó* handfeste Beweise dafür an, dass Makaken – eine Affenart, die sich bereits vor 300 Jahren auf Mauritius ausbreitete – noch heute eine gefährdete Turmfalkenart bedrohen, weil sie deren Eier fressen. Turmfalken legen ihre Eier in Felswänden ab; die Nester des Dodó, die sich frei zugänglich am Boden befanden, wären eine leichtere Beute für Makaken gewesen. (Von wem und weshalb Affen nach Mauritius gebracht wurden, ist nicht bekannt.)

Menschen schossen Dodós oder fingen sie einfach ein und brachten sie wie Haushühner zur Strecke. Die Körper der großen Vögel waren mit so viel essbarem Fleisch bepackt, dass sich ganze Schiffsbesatzungen mit Reiseproviant versorgen konnten, wenn sie ein paar Stunden lang Dodós einfingen. Hunde und Ratten fraßen ihre Eier, die größer waren als Gänseeier. Außerdem erlegten Hunde mit Vorliebe ausgewachsene Dodós.

Schweine wurden auf der Insel in der Hoffnung eingeführt, dass eine wild lebende, selbstversorgende Population entstehen würde, die dann von Siedlern und Schiffsbesatzungen auf der Durchreise gejagt werden konnte. Die Schweine streiften frei umher, grasten und wühlten nach Nahrung. Eingefangen wurden sie nur, um geschlachtet zu werden. Die wild lebende Population etablierte sich wie geplant, was kaum verwunderlich ist, da das »europäische« Wildschwein fast überall von den indonesischen Inseln bis West Virginia zu finden ist.

Wildschweine unterscheiden sich ziemlich stark von Hausschweinen, und heutige Hausschweine haben mit den Schweinen, die vor 300 Jahren lebten – ob in der freien Natur oder in Gefangenschaft –, nur noch wenig gemein. Ein Wildschwein wirkt, selbst wenn es wohlgenährt ist, mager und spitzrückig. Es hat einen langen Rüssel und ein borstiges Fell. Außerdem verfügt es über Hauer, die sich hervorragend zum Ausweiden anderer Tiere eignen. Hausschweine haben ebenfalls Hauer, doch die meisten Landwirte stutzen sie aus Sicherheitsgründen.

Die Hauer können menschliche Gliedmaßen amputieren. Ein Freund von mir half einmal zwei Bekannten, einen riesigen Eber zu bändigen, dem seine Hauer gekürzt werden sollten. Um ein Schwein zu bändigen, legt man ihm eine Drahtschlinge um das tellerförmige Ende des Rüssels und zieht sie zu. Aus Angst, sich selbst zu verletzen, hält sich das Schwein still. Besagter Eber durchschaute den Plan, rempelte die Männer weg und wehrte sich dagegen, sich die Nase verdrahten zu lassen. Einer der Männer fasste den Entschluss, den Eber bewusstlos zu schlagen, damit sie mit dem Stutzen beginnen konnten. Er holte aus, um ihm mit einem fünf mal zehn Zentimeter starken

Kantholz auf den Schädel zu dreschen. Der Eber biss es in der Luft entzwei. Die Männer entschuldigten sich und verließen den Stall.

Schweine sind Allesfresser, die sich von Nüssen, Wurzeln, Früchten, Samenkörnern, Rinde und Aas ernähren. Sie fressen sogar Kohlebrocken, die sie wie Bonbons zerbeißen. Auf ihrem täglichen Speiseplan stehen außerdem Insekten, Frösche, Eidechsen, Schlangen (sogar Klapperschlangen), Nagetiere und Lämmer, aber sie sind auch Fischen, Krabben und großen Landtieren nicht abgeneigt. In Argentinien, wo Wildschweine besonders groß werden, erbeuten sie sogar ausgewachsene Schafböcke.

Schweine haben der Dodó-Population vermutlich am schlimmsten zugesetzt. Sie waren groß und schnell genug, um ausgewachsene Dodós zu jagen, und als Allesfresser waren sie mit Sicherheit auch an ihren Eiern und ihren Jungen interessiert. Sie verfügen über einen besseren Geruchssinn als Menschen und konnten den Dodós deshalb auch in den Dschungelgebieten der Insel nachstellen. Da sie Menschen mieden, hielten sie sich im Gegensatz zu den Hunden nicht in von Menschen bewohnten Gegenden auf. Sie konnten überall zuschlagen. Für die flugunfähigen Vögel, die noch nie Räuber gesehen hatten, waren die Schweine eine Katastrophe.

Der Dodó hat im Bewusstsein der westlichen Welt einen ganz besonderen Platz. Er war das erste Tier, dessen Aussterben die Menschen wahrgenommen haben, und wurde zu einem Symbol für die Ausrottung von anderen Lebewesen, doch nur wenige von uns wissen mehr über ihn. Die meisten Amerikaner sind beispielsweise der Meinung, Dodós hätten in Australien gelebt, obwohl sie in Wirklichkeit ausschließlich auf Mauritius ansässig waren.

Der Dodó ist ein Symbol für die Ausrottung, doch die Mythen, die um sein Aussterben entstanden, sind bezeichnend. Wir sehen den Dodó als unbeholfene, seltsame Kreatur, die es verdient hat auszusterben – ein Mythos, der derart wichtig für unser Verständnis der Evolution als Wettkampf ist, dass er Schulkindern als Tatsache verkauft wird, und zwar so überzeugend, dass der Begriff »Dodó« im Englischen zu einem Synonym für »Idiot« geworden ist. Es scheint, als müssten wir unbedingt Verlierer dieses Wettkampfs finden, die es angeblich nicht anders verdient haben. Der Mythos dient als Balsam für unser kollektives schlechtes Gewissen bezüglich der Art und Weise, wie wir mit unserer Umwelt umgehen und andere Lebewesen mit unserer rücksichtslosen Gier vernichten.

Paradoxerweise ist die Wettkampf-Theorie, nach der die Menschen die volle Verantwortung für das Aussterben des Dodó tragen, ein weiterer Hinweis auf unsere Überheblichkeit. Sie gibt uns die Schuld für das Handeln so genannter »Haustiere«, die ebenfalls zur Ausrottung von Arten beitragen. Im Fall der Dodós können wir uns vorwerfen, fremde Arten nach Mauritius eingeführt zu haben. Aber Schweine, Hunde und Katzen erkunden immer neue Territorien – oft zum Nachteil einheimischer Arten. Dieser Prozess ist eine logische Folge der natürlichen Auslese, und wir sind nur Komplizen.

Wir betrachten Tiere überheblich als Unwissende, die im Tempel der Natur spielen, und als potenzielle Opfer bösartigen menschlichen Eingreifens. Doch Katzen töten aus Spaß, Wölfe reißen mehr, als sie fressen können, und Schweine zerstören die Vegetation, auf die sie angewiesen sind. Viele Tiere sind genauso unbeherrscht wie wir, wenngleich wir bei der Zerstörung erfolgreicher sind.

Die Tatsachen zwingen uns, unsere Vorstellungen von »Gebietern«, von »Haustieren« und »Eigentum« durch feinsinnigere Modelle zu ersetzen. Wir »besitzen« Haustiere nicht, außer im juristischen Sinn, der für andere Tiere ohne Bedeutung ist. Wir sind ihre Partner in einer seltsamen Symbiose, die uns alle – Menschen, Hunde, Schweine, Katzen und den Rest – zu einem Sammelsurium merkwürdiger Arten gemacht hat, zu Partnern in einem radikalen System, das jedes Ökosystem umgekrempelt hat, mit dem es in Berührung gekommen ist. Die Säugetiere, die wir domestiziert haben, haben uns ebenfalls domestiziert.

Nach verrichteter Arbeit setzten wir uns an den Zaun und betrachteten die kastrierten Schweine am Trog. Das Wetter war trocken gewesen, und alles war staubig, als es zu regnen begann. Große Tropfen fielen vom Himmel. Jeder einzelne von ihnen wirbelte eine Staubwolke auf. Den Schweinen schien der warme Regen nichts auszumachen, und uns störte er ebenfalls nicht. Nach einer Weile gingen wir zu einer der hinteren Ecken des Verschlags, um einen Blick auf das Stinktier zu werfen, das Cecil dort hingeworfen hatte. Er hatte es am Morgen gefunden, nachdem es in der Nacht zuvor überfahren worden war. Wir hatten alle drei mit eigenen Augen gesehen, dass sich die Schweine daran gütlich getan hatten, konnten es aber noch immer nicht glauben. Ein Stück schwarzes Fell lag noch da, aber das war auch schon alles. Ansonsten war von dem Stinktier nichts mehr übrig – kein Stück Fleisch, kein einziger Knochen, nicht einmal sein penetranter Gestank.

Wir kamen auf die Idee, auf den kastrierten Schweinen zu reiten. Cecil machte den Anfang. Das Schwein, das er bestieg, machte eine Kehrtwendung, rannte quiekend unter ein metallenes Schutzdach und streifte Cecil dabei ab. Nachdem er sich staubbedeckt wieder aufgerappelt hatte, verpassten ihm ein paar dicke Regentropfen ein Punktmuster. »Ziemlich clever«, sagte er. »Ein Pferd wäre nie auf die Idee gekommen.« Wir unternahmen noch einige Versuche, auf den Schweinen zu reiten, die jedoch alle von kurzer Dauer waren.

Dann statteten wir der Sau einen Besuch ab. Sie lag jetzt friedlich da, und acht Ferkel drängelten sich um ihre Zitzen. Wir hatten sie zuvor zum Trog laufen sehen. Die Ferkel waren quiekend von ihren Zitzen in den Dreck gefallen, als sie ihre 250 Kilo Lebendgewicht ungelenk in Bewegung setzte. Niemand machte den Vorschlag, auf ihr zu reiten.

»Es waren neun Ferkel«, stellte Jim fest. »Sie hat eines gefressen.«

»Es war das kleinste«, meinte Cecil, als wollte er die Sau verteidigen. Als wir sie betrachteten, drang aus ihrem Rachen ein Geräusch, das klang wie ein entfernter Wasserfall. Sie hatte die Ohren nach vorne gelegt und bedeckte ihre Augen mit ihnen. Auf der Hinterseite eines Ohrs sah ich ein halbes Dutzend schwarze Punkte – Flöhe. Ihre Haut schimmerte durch ihr spärliches, rostbraunes Haarkleid hindurch.

»Ich weiß von einem alten Mann, der von einer Sau aufgefressen wurde, als er im Stall hinfiel«, sagte Cecil. »Als sie ihn abends suchten, fanden sie ihn, oder besser gesagt, seine blutigen Klamotten.«

Wir beobachteten, wie sich die Ferkel an den herabhängenden Zitzen zu schaffen machten.

Die Menschheit macht mindestens seit der Zeit der Neandertaler Jagd auf Wildschweine. Schweine sind schwer zu jagen, weil sie schlau sind und über eine bessere Nase und bessere Ohren als wir verfügen. Wenn man sie in die Enge treibt, kämpfen sie erbittert. Falkner gingen früher bei der Wildschweinjagd auf Nummer sicher, indem sie die Schweine von Steinadlern aus der Luft angreifen ließen, während sie selbst aus der Ferne zusahen. Da die Adler keine Chance hatten, ein Wildschwein zur Strecke zu bringen, handelte es sich dabei um eine reine Hetzjagd.

Die europäische Methode der Hetzjagd auf Wildschweine verbreitete sich im Zuge der kolonialistischen Expansion von Europäern und Schweinen. Speziell zu diesem Zweck gezüchtete riesige Doggen mit starken Kiefern nehmen die Fährte der Wildschweine auf. Den Doggen folgen blutrünstige Mischlinge, die feige anschlagen, sobald die Doggen die Beute gestellt haben. Reiter folgen den Mischlingen.

Das Wildschwein besitzt sichelförmige Hauer. Seine oberen Eckzähne schärfen die unteren bei jeder Bewegung der Kiefer. Die mächtigen Doggen sehen im Fell eines großen Keilers aus wie Ameisen. Sie verbeißen sich in den Ohren und im Rüssel und werden mit jeder Kopfbewegung hin und her geworfen. Die Hauer des Keilers vergraben sich in ihren ungeschützten Flanken. Einige Hunde sterben, ehe die Jäger zur Stelle sind. Die Wunden sind lang und sauber und sehen aus wie blutgesäumte Straßen.

Die Jäger hören, wenn die Mischlinge jaulend den Rückzug antreten. Mischlingshunde sind sich selbst treuer als reinrassige Züchtungen. Sie wissen ihr Leben zu schätzen. Hunderassen wie die riesige Deutsche Dogge würden ohne menschliches Eingreifen nicht lange überleben. Sie werden dafür gezüchtet, ihr Leben zu opfern.

Wenn die Jäger am Ort des Geschehens eintreffen, finden sie unter Umständen nur sterbende Hunde vor. Wenn es den Hunden gelungen ist, das Wildschwein in die Enge zu treiben, müssen sich die Jäger darauf einstellen, dass es zum Angriff übergeht. In Europa rüsteten sie sich dafür früher mit langen Speeren, die mit einer Querstange versehen waren. Diese Querstange sollte aufgespießte Wildschweine daran hindern, durch den Speer hindurch zu laufen – die Schmerzen hätten sie sicherlich nicht daran gehindert.

Die Jäger waren auch zu Pferd nicht in Sicherheit. Der Attacke eines großen Wildschweins mit einem Gewicht von 200 Kilogramm hielt kein Pferd stand. Selbst wenn das Wildschwein das Pferd knapp verfehlte, reichte das unter Umständen noch immer aus, um dessen Bauch aufzuschlitzen und es buchstäblich auszuweiden. Der Schrei eines Wildschweins klingt wie der eines verängstigten Hausschweins – wie das schrille Kreischen eines Kindes, vermischt mit einem tiefen Grollen.

So viel zur sichersten Wildschwein-Jagdmethode im mittelalterlichen Europa. Für Mutige gab es noch andere Methoden, darunter die Jagd mit dem Schwert vom Rücken eines Pferdes aus, vorausgesetzt, man konnte es sich leisten, sein Pferd zu verlieren und sein Leben.

Die Jagd auf Schweine ist nie aus der Mode gekommen, wurde aber weitgehend durch eine hintergründigere Beziehung ersetzt, eine Art Partnerschaft, die eine der Parteien unfreiwillig eingeht.

Diese Partnerschaft zwischen Mensch und Schwein hat vermutlich begonnen, als wir sesshaft wurden. Wir hörten auf, den Herden auf ihren Wanderungen zu folgen, und ließen uns an Orten nieder, an denen es Feuerholz und fließendes Wasser gab. Mit einem Mal zeigte sich die fatale Unart, die uns bis zum heutigen Tag am besten definiert: unsere Angewohnheit, Abfall zu produzieren. Alte Knochen und Knorpel, unbrauchbare Fellreste, unsere eigenen Fäkalien und die unserer Hunde (die damals bereits bei uns lebten), kaputte Werkzeuge aus Holz, Stein oder Knochen, umgeschnittene Büsche und Bäume, die unseren Hütten Platz machen mussten, sowie die Hülsen und Schalen unserer Nahrungsmittel: Wir hinterließen Müllhaufen und damit ein Festmahl für Aasfresser.

Schweine machten sich an unseren Abfällen zu schaffen, gruben unsere Toten aus, plünderten unsere Felder. Unbewusst hatten wir eine Falle aufgestellt: Alles, was wir wegwarfen oder um uns herum anpflanzten, lockte Schweine an, und wenn sie sich nachts näherten, konnten wir sie töten. Sie waren ein gutes Nahrungsmittel. Fast alle Teile eines Schweins sind essbar, von den Füßen und dem Schwanz bis hin zur knorpeligen, tellerförmigen Nase, wenngleich manche Teile länger gekocht oder gebraten werden müssen als andere.

Umgekehrt sind aber auch wir für Schweine uneingeschränkt genießbar. Theorien über die religiösen Ursprünge der Bestattung lassen meistens die Gegebenheiten außer Acht, mit denen wir einst konfrontiert waren. Wir wollten nicht mit ansehen, wie die Unseren gefressen wurden, deshalb begannen wir, sie zu begraben.

Der Volksweisheit des ausgehenden 20. Jahrhunderts zufolge geht die jüdische und moslemische Tabuisierung von Schweinefleisch auf die Erkenntnis zurück, dass es Parasiten enthält. Im felsigen Boden Palästinas liegt jedoch eine bessere Erklärung begraben. Die Menschen dort konnten ihre Toten nicht einfach bestatten, indem sie Löcher in den Boden gruben. In Felswände gemeißelte Vertiefungen, natürliche Hohlräume und Mulden unter riesigen Bäumen beherbergten die Leichname. Die Gräber wurden mit Felsbrocken verschlossen und blieben über Generationen in Familienbesitz. Wenn Israel im Alten Testament sagt »Ich will liegen bei meinen Vätern«, ist das also wörtlicher zu verstehen, als man zunächst annehmen mag. Denn dort, wo Schweine – ihres Zeichens Liebhaber menschlicher Hinterlassenschaften – als schmutzig bezeichnet wurden, wo man sie weder essen noch berühren wollte, machten sie sich über Leichname her, und das Problem, wie die Schweine von den Toten fern gehalten werden konnten, wurde niemals ganz gelöst.

Während andere Paarhufer, wie beispielsweise Kühe, als essbar betrachtet wurden, galt das Schwein als ungenießbar, denn der Bibel zufolge »wiederkäuet es doch nicht«, was bedeutet, dass es nicht über mehrere Mägen verfügt, was bedeutet, dass es sich nicht auf vegetarische Nahrung beschränkt und man beim Verzehr eines Schweins unter Umständen das Menschenfleisch isst, das es gefressen hat. Diese Tabuisierung hat unser Bild von Schweinen geprägt. William Golding machte in seinem Roman über die Entartung des Menschen ein Schwein zum Herrn der Fliegen. Auch im Horror-Genre begegnet man dem Tabu hin und wieder, wenn Schweine als Menschenfresser dargestellt werden oder Menschen mit Schweinen verwechselt und von ihresgleichen verspeist werden.

Nach dem Buch Jesaja zählt zu den Sünden eines heidnischen Volks, dass es »unter den Gräbern« wohnt und »Gräuelsuppen« verzehrt – Mäuse, das Blut unsauberer Tiere und Schweinefleisch. Im Neuen Testament werden Schweine abermals mit Begräbnisstätten in Verbindung gebracht. Als Jesus in eine Gegend am See von Genezareth kommt, begegnet er einem Mann, der vom Teufel besessen ist. Drei der Evangelisten berichten diese Begebenheit, und die Einzelheiten über den Besessenen variieren von Erzähler zu Erzähler. Er ist mehr oder weniger nackt, neigt zur Selbstverstümmelung, heult des Nachts und sprengt die Ketten, mit denen ihn seine Landsleute zu fesseln versuchen. In späteren Zeiten hätte man ihn zweifellos als Wilden bezeichnet, und im 20. Jahrhundert als schizophren oder autistisch. Matthäus erwähnt zwei solche Männer und beschreibt sie als Schweinehirten.

Alle Evangelisten stimmen jedoch darin überein, dass der Besessene von den Gräbern der Toten, wo er als Ausgestoßener lebt, auf Jesus zukommt. Er beschreibt Jesus' exorzistische Bemühungen als Folter und bezeichnet sich selbst als »Legion«, da ihm angeblich viele Dämonen innewohnen. Jesus schließt einen Pakt mit den Dämonen, die sich dagegen sträuben, in die »Tiefe« geschickt zu werden, und erlaubt ihnen, in eine Herde von Schweinen zu fahren. Die Schweine stürzen sich den Abgrund hinunter in den See und ertrinken – ein merkwürdiges Ende, da Schweine eigentlich gute Schwimmer sind, doch so steht es in der Bibel. Dieses letzte Bild – die Schweine, die sich in den Freitod stürzen – mag lächerlich erscheinen, wenn man rosafarbene, kurzbeinige und dickbäuchige Hausschweine vor Augen hat. Ein ganz anderes Bild ergibt sich allerdings, wenn man sich eine leichtfüßige, borstige Meute vorstellt, aus deren schäumenden, leicht geöffneten Mäulern angriffsbereite Hauer ragen.

Die Anwohner zeigen sich erschreckend undankbar, als sie aus dem Mund des ehemals Besessenen von den Geschehnissen erfahren, und fordern Jesus auf, ihre Stadt zu verlassen.

Die Geschichte vom Wahnsinnigen aus den Gräbern und seinen Gefährten, den Schweinen, hat das westliche Denken jahrhundertelang beeinflusst. In Deutschland wurden Schweine im Mittelalter einer Teufelsaustreibung unterzogen, ehe man sie schlachtete. Noch heute behaupten Menschen, von Dämonen oder multiplen Persönlichkeiten besessen zu sein, und das Skript, an das sie sich halten – der Priester, der nach Namen verlangt, die Folter der Wahrheitsfindung, das verzweifelte Feilschen der Exorzierten –, ist die Geschichte vom Schweinehirten.

Um die Schweine besser verstehen zu können, sollten wir einen längeren Exkurs über die Lebensgewohnheiten von Insekten und Salamandern machen.

An einem warmen Frühlingstag während des Zweiten Weltkriegs wurde in einer kleinen Stadt in Ohio der Schneepflug in Betrieb genommen. Er schob große Haufen von der Straße auf die Bürgersteige. Die größten Haufen lagen unter den Straßenlaternen, wo sie eine Höhe von über einem Meter erreichten.

Doch es handelte sich nicht um Schneehaufen, sondern um Berge von Eintagsfliegen, allesamt braun, leicht behaart und mit durchsichtigen Flügeln ausgestattet, die in Ruheposition im 45-Grad-Winkel von ihrem Rücken abstanden. Die Flügel brachen allerdings nach ihrem Tod ab und verstreuten sich in alle Winde; sie klebten auf Windschutzscheiben und auf frisch abgespültem Geschirr. Wer ein oder zwei Tage vor dem Eintreffen des Schwarms eine Eintagsfliege gesehen hatte, mochte sie für eine Mücke gehalten haben, falls er sie überhaupt zur Kenntnis nahm. Eintagsfliegen sind schlichte Lebewesen, die nur deshalb Aufmerksamkeit erregen, weil sie in riesigen Scharen auftreten. Inzwischen hat allerdings die Wasserverschmutzung dafür gesorgt, dass ihre Zahl stark zurückgegangen ist und die riesigen Schwärme im Mittleren Westen der Vereinigten Staaten der Vergangenheit angehören.

Ihre Jugend verbringt die Eintagsfliege als flügellose Fleischfresserin in Bachbetten, ehe sie an einem Grashalm an die Oberfläche klettert. Dort lässt sie sich trocknen, bis ihr Rücken aufplatzt und sich ein geflügeltes Insekt mühsam herauskämpft, das sein altes Ich als vertrocknete Hülle zurücklässt. Die geflügelte Kreatur klettert den Grashalm noch ein Stück weiter hinauf, wo sie während der Nacht und am folgenden Morgen regungslos verharrt. Dann platzt auch sie am Rücken auf, und eine vollständig entwickelte Eintagsfliege kommt zum Vorschein.

Mithilfe ihres für uns unverständlichen, an ein Wunder grenzenden Timings schlüpft die Eintagsfliege zur selben Zeit wie alle ihre Artgenossen. Die Männchen schwärmen am Abend aus und bilden Wolken, die den Mond verhüllen. Die Weibchen schließen sich den Schwärmen an und suchen sich einen Partner, mit dem sie sich im Flug paaren. Die Männchen sterben noch bevor sie wieder landen können. Die Weibchen suchen Wasser, um ihre Eier darin abzulegen. Am nächsten Morgen sind auch sie tot. Ihre Kadaver werden von Fischen gefressen oder liegen auf Straßen herum.

Das vermeintlich kurze Leben der Eintagsfliege ist länger, als es scheint. Die erwachsenen Tiere leben zwar nur ungefähr einen Tag, aber ihre mit Kiemen versehenen räuberischen Vorläufer leben monate- oder sogar jahrelang am Grund von Bächen oder Teichen. Mit anderen Worten: Die Lebensspanne der Eintagsfliege entspricht in etwa der anderer Insekten, mit dem Unterschied, dass ihre Kindheit einen ungewöhnlich großen Teil davon einnimmt.

Dasselbe Phänomen einer solch verlängerten Jugend ist in verschiedenen Winkeln des Tierreichs anzutreffen. Manche Junikäferarten leben drei Jahre lang als weiße Larven unter der Erde, ehe sie im Spätfrühling als ausgewachsene Käfer zum Vorschein kommen, um ein bis zwei Wochen lang umherzufliegen und sich zu paaren. Manche Schmetterlinge verbringen mit Ausnahme eines einzigen Tages ihr ganzes Leben als Ei oder Raupe.

In Mexiko gibt es eine Salamanderart, die ihre Kiemen und Flossen nie gegen Lungen und Beine eintauscht. Während andere Salamander letztendlich zu Amphibienwesen werden, bleiben Vertreter dieser Art ausschließlich im Wasser. Sie pflanzen sich sogar in diesem kaulquappenartigen Stadium fort. Das Peter-Pan-Syndrom bei Tieren bedeutet also nicht unbedingt eine verlängerte Kindheit, gefolgt von einem kurzen Leben als Erwachsene; es kann genauso bedeuten, dass die Sexualität zu einem unüblichen Zeitpunkt während einer dauerhaften Kindheit erwacht. Dieses Phänomen wird als »Neotenie« bezeichnet. Dieser breit gefächerte Begriff beinhaltet so unterschiedliche Erscheinungen wie eine verlängerte Jugend oder die Beibehaltung eines kindlichen Merkmals bis ins Erwachsenendasein und bezieht sich sowohl auf die Anatomie als auch auf das Verhalten.

Die Ursachen für Neotenie sind von Fall zu Fall verschieden. Bei einer der bereits erwähnten Schmetterlingsarten kommt Neotenie offenbar deshalb vor, weil die Räuber in ihrem Ökosystem – es handelt sich dabei überwiegend um Vögel – zwar viele Insekten fressen, sich aber nur ein kleiner Teil davon kriechend fortbewegt. Indem die Schmetterlinge die Zeit reduzieren, die sie als verwundbare Flieger verbringen, erhöhen sie ihre Überlebenschancen. Der Körperbau des Menschen entspricht im Wesentlichen dem eines jungen Affen. Unsere großen Zehen wandern nicht auf die gegenüberliegende Seite, weshalb wir mit unseren Füßen nicht wie ausgewachsene Menschenaffen zugreifen können; sie bleiben in einer Reihe mit den übrigen Zehen, eine Position, die man auch bei Gorillas im embryonalen Stadium findet. Aufgrund dieses Merkmals können wir uns besser gehend fortbewegen. Auch unsere Kindheit dauert lange an; wir erreichen die Pubertät später als Menschenaffen. Offenbar werden deshalb unsere Gehirne größer, und ein größeres Gehirn hat eine größere Intelligenz zur Folge.

Neotenie ist bei vielen verschiedenen Säugetierarten anzutreffen. Raubkatzen sind beispielsweise zutraulich, freundlich und neugierig, solange sie jung sind. Ihre Zutraulichkeit ist eine Voraussetzung dafür, dass die Jungen die elterliche Fürsorge akzeptieren, ihr freundliches Verhalten animiert die Eltern dazu, sich um die Jungen zu kümmern, und ihre Neugier ermöglicht den körperlich noch unterentwickelten Jungen, auf spielerischem Weg Jagdtechniken zu erlernen. Die meisten wild lebenden Mitglieder der Katzenfamilie legen diese Wesensmerkmale ab, weil sie nicht lange auf elterliche Fürsorge und Erziehung angewiesen sind und bald ein einzelgängerisches Leben führen, in dem die Anwesenheit anderer großer Räuber außer zur Paarungszeit keine Vorteile bietet. Aus diesem Grund werden so viele Menschen, die sich einen jungen Tiger oder Puma als Haustier zulegen, von ihren Raubkatzen angefallen, wenn diese ein fortpflanzungsfähiges Alter erreicht haben. Sobald eine Raubkatze keine Ersatzeltern mehr braucht, sieht sie den Menschen als Feind an.

Hauskatzen behalten ihre kindlichen Züge in der Regel auch im fortpflanzungsfähigen Alter bei. Sie lassen sich weiterhin gerne von ihren menschlichen Gefährten berühren, gehen mit ihnen um, als wären sie ihre Eltern, und erwidern ihre Zuneigung. Sie haben ihr ganzes Leben lang Gefallen an Schnüren und anderen Spielzeugen. Diese Form der Neotenie ist ein überlebenswichtiges Wesensmerkmal, das es Katzen ermöglicht, in Symbiose mit Menschen zu leben und somit regelmäßig gefüttert zu werden.

Neotenie muss nicht unbedingt in reiner Form auftreten. Es ist durchaus möglich, dass Tiere im Erwachsenenstadium nur ein infantiles Merkmal aufweisen. Manchmal treten neotene Züge in überraschender Verbindung auf. Ein solcher Fall machte Wissenschaftlern einen Strich durch die Rechnung, die versuchten, Polarfüchse zu domestizieren, um leichter an ihren Pelz zu gelangen. Nachdem es ihnen durch selektives Kreuzen gelungen war, den Füchsen nach einigen Generationen eine infantile Zutraulichkeit anzuzüchten, mussten sie feststellen, dass dieses Wesensmerkmal mit der gesprenkelten Färbung des Fells von Jungtieren einherging. Selbstverständlich vereitelte das ihr Vorhaben, die Füchse zur Pelzgewinnung zu züchten.

Bislang ist noch nicht geklärt, wie die Neotenie genetisch funktioniert. Manche Biologen gehen davon aus, dass ein bestimmtes Gen dafür zuständig ist, das die Funktion anderer Gene steuert. Fest steht, dass die Fetalentwicklung eine Tierart mit einem Schatz an Ressourcen ausstattet, auf die bei Bedarf zurückgegriffen werden kann. Anforderungen des Lebensraums haben eine zweckorientierte Anpassung zur Folge, die aus einem frühen Entwicklungsstadium des Tiers hergeleitet wird und innerhalb weniger Generationen vonstatten geht. Anpassungen im Rahmen der Evolution nehmen meist wesentlich mehr Zeit in Anspruch.

Die Neotenie ist eine Komponente – vielleicht sogar die wichtigste Komponente – bei der Domestikation. Das Erwachsenenstadium der meisten Haustiere entspricht einer Mischung aus erwachsenen und infantilen Merkmalen ihrer nicht domestizierten Artverwandten.

Menschen haben mit Hausschweinen einige neotene Merkmale gemein. Wildschweine haben mehr Borsten als Hausschweine; unsere engsten Verwandten, die Menschenaffen, sind stärker behaart als wir. Sowohl Hausschweine als auch Menschen haben eine relativ kurze Gesichtspartie, wie auch Frischlinge und junge Schimpansen. Es ist fraglich, ob diese Merkmale irgendeinem von uns bestimmte Vorteile bringen. Andere neotene Merkmale des Schweins kennzeichnen es jedoch eindeutig als Haustier. Seine Fähigkeit, sich zu jeder Jahreszeit zu paaren und fortzupflanzen, ist eher für Säugetiere charakteristisch, die gerade die Geschlechtsreife erreichen, als für erwachsene. Das Hausschwein eignet sich für uns hervorragend als Nahrungsmittel, da es sich viel häufiger fortpflanzen kann als das Wildschwein, das an Brunftzeiten gebunden ist.

Das neotene Merkmal von Schweinen, fett zu bleiben – ihren sprichwörtlichen Babyspeck beizubehalten –, macht sie ebenfalls als Schlachttiere für uns interessant. Wildschweine sind wesentlich schlanker. (»Ein Wildschwein hat kaum Fleisch auf den Rippen«, erklärte mir ein ehemaliger Schweinezüchter.) Wir verlängern die Jugend von Schweinen sogar künstlich, indem wir männliche Ferkel kastrieren.

Wenn Hausschweine entwischen oder freigelassen werden und auf diese Weise eine wild lebende Population entsteht, geschieht etwas Merkwürdiges. Nach ein paar Generationen sehen sie aus wie Wildschweine, haben ebenfalls lange Beine und einen langen Rüssel, dieselbe Farbe, dasselbe Haarkleid. Mit anderen Worten, sie haben sich zurückentwickelt. Diese Entwicklung ist die genaue Umkehrung des Domestikationsprozesses, bei dem diese Merkmale zugunsten des Fettaufbaus ausgelöscht oder vielmehr unterdrückt werden. Die Veränderungen, die wir an Schweinen vornehmen, werden in der freien Natur von selbst rückgängig gemacht.

In fast allen Kulturen existieren Mythen, denen zufolge der moderne Mensch irgendeiner früheren Spezies unterlegen ist – seien es Riesen, Engel, Götter oder Menschen aus Gold. Romane von *Tarzan der Affen* über *Das Dschungelbuch* bis hin zu *Herr der Fliegen* beschäftigen sich mit der Frage, wie »wild« wir werden könnten, wenn wir von unseren Artgenossen getrennt wären. Zahlreiche Sciencefictionerzählungen beschreiben, wie unsere fragwürdige Zivilisation zusammenbricht, nachdem uns irgendeine Katastrophe voneinander befreit hat. Meines Erachtens spiegelt sich darin eine tief sitzende innere Unruhe wider. Wir wissen, wie nahe wir uns an der Grenze zur Wildheit befinden. Ein großer Teil unseres Erfolgs ist auf unsere neotenen Fähigkeiten zurückzuführen: wir können den Fettgehalt unseres Körpers je nach Klima variieren; wir können uns unabhängig von der Jahreszeit fortpflanzen, um unseren Feinden und Konkurrenten einen Schritt voraus zu sein; unser Schädel verknöchert erst nach der Geburt, damit unser Gehirn weiterwachsen kann. Wir haben uns sozusagen nicht von den Affen ausgehend weiterentwickelt, sondern wir sind Affen, die in einer Art Kindheitsstadium stecken geblieben sind.

Um sich ein Bild vom menschlichen Herzen zu verschaffen, untersuchte der Mediziner Galen im zweiten Jahrhundert nach Christus

Schweinekadaver. Das Gesetz verbot ihm, an Leichnamen zu arbeiten. Galens Erkenntnisse galten noch über tausend Jahre später als unbestrittene Grundlagen der Anatomie. Das Zeitalter der empirischen Wissenschaft veränderte das Denken der Menschheit und entlarvte viele Dinge, die wir zu wissen glaubten, als Unwahrheiten, änderte jedoch nichts an unserem Modell von der Anatomie des Menschen: Noch heute steht fest, dass wir in anatomischer Hinsicht eng mit dem Schwein verwandt sind. Mediziner bezeichnen das Schwein aufgrund unserer innerlichen Ähnlichkeiten auch als »horizontalen Menschen«, genau wie die Kannibalen in Neuguinea ihre Opfer als »lange Schweine« bezeichneten.

Diese Ähnlichkeiten werden in vielfacher Hinsicht ausgenutzt. Gerichtsmediziner müssen während der Ausbildung den Todeszeitpunkt von getöteten Schweinen feststellen, die in Tücher eingewickelt oder in flachen Gräbern eingescharrt wurden. Dabei gehen sie so vor, als würde es sich bei den Kadavern um Leichname handeln, da beide von denselben Insekten wieder verwertet werden. Versuchsschweine werden getötet, mit Beil und Säge verstümmelt und in abbruchreife Häuser gelegt, die anschließend niedergebrannt werden. Dann untersuchen Mediziner die Knochen, um festzustellen, inwiefern ein Feuer Mordopfer verändert, denn unsere Knochen verfärben sich bei starker Hitze genauso wie die von Schweinen. Wissenschaftler suchen nach Wegen, Schweinen noch mehr Fleisch auf die Rippen zu packen. Sie haben mit Gen-Splicing experimentiert und das Schwein mit dem einzigen domestizierten Säugetier gepanscht, das noch besser im Zulegen von Pfunden ist: mit dem Menschen. Ärzte benötigen Proteine aus menschlichem Blut, um die Bluterkrankheit und Herzinfarkte zu behandeln, und mit Hilfe des Splicings kann die Muttermilch von Schweinen mit diesen Proteinen angereichert werden.

Doch gerade die Ähnlichkeiten zwischen Mensch und Schwein machen Schweinefleisch gefährlich für uns. Die parasitären Würmer, die wir uns beim Verzehr von Schweinefleisch einfangen können, sind Parasiten, die sich in vertikalen Eingeweiden ebenso zu Hause fühlen wie in horizontalen. Das enge Zusammenleben mit Schweinen und die Tatsache, dass wir sie beharrlich mit unseren Abfällen gefüttert und eingepfercht inmitten ihrer eigenen Exkremente gehalten haben, hat dafür gesorgt, dass sie von diesen Darmparasiten befallen wurden. Schweine ähneln uns aber nicht nur von innen, sondern auch von außen. Das Farbspektrum bei Schweinen reicht von mattem Schwarz über schokoladenbraun, gelbbraun, dem fahlen Gelb reifer Birnen bis hin zu einem schillernden Rosa – dieselben Hautfarben findet man auch bei Menschen. Wenn ein Mensch starke Verbrennungen erlitten hat, und die Haut sich nicht mehr regeneriert, kann ihm Schweinehaut transplantiert werden, die zwar nicht schwitzt, sich aber in der Sonne rot verfärbt.

Einer Schätzung zufolge verzehrt die Menschheit jedes Jahr 88 Millionen Schweine. Ein derartiger Konsum ist die logische Konsequenz unserer eigenen Domestikation, unseres Verlangens, sesshaft zu werden und Häuser und Bücher zu besitzen. Nachdem unsere Umwelt nicht mehr genug Tiere hervorbringt, die wir jagen können, müssen wir unsere Beute selbst produzieren. Dazu züchten wir Schweine in großen Stückzahlen und pferchen sie in herkömmlichen Ställen oder in Massengefängnissen, so genannten »Fleischfabriken«, ein. Wir züchten Schweine für verschiedene Zwecke. Wir züchten sie so, dass sie im hinteren Bereich besonders fleischig sind, damit wir viel Schinken bekommen. Wir züchten sie besonders lang, damit wir viel Speck bekommen. Ich weiß von einem Eber, der über drei Meter lang und 500 Kilo schwer war und zwei jungen Säuen das Rückgrat brach, als er sie besteigen wollte. Auf einem Volksfest stieß ich zwischen Zelten mit verschiedenen Attraktionen auf ein Schild mit der Aufschrift: »Der größte Eber der Welt – 2000 Pfund.« Ich zahlte den geforderten Dollar Eintritt, und dann sah ich ihn: ein Monstrum mit den Ausmaßen eines VW-Käfers, dessen Rücken mir bis zum Kinn reichte und dessen Hoden die Größe von Basketbällen hatten. Eine solche Kreatur könnte niemals in der freien Natur leben: Er war ein Kunstprodukt.

1268 verurteilte ein deutsches Gericht ein Schwein, weil es ein Kind getötet und aufgefressen hatte. Das Schwein wurde des Mordes für schuldig befunden und hingerichtet.

Das war das erste Gerichtsverfahren gegen ein Tier im mittelalterlichen Europa; weitere folgten. Vorraussetzung für den Schweineprozess war – wie später bei den Hexenverbrennungen – der Glaube, Dämonen könnten von Lebewesen Besitz ergreifen. Die Richter waren der Überzeugung, dass sie ein empfindungsfähiges Wesen verurteilten. Beeinflusst wurde die Reaktion des Gerichts auf eine ganz gewöhnliche räuberische Handlung durch die Darstellungen des Schweinehirten im Neuen Testament.

Vermutlich hatte die räuberische Handlung tatsächlich stattgefunden. Dass Schweine eine Vorliebe für Menschenfleisch haben, ist vielfach belegt. Historische Dokumente erwähnen zahlreiche nicht provozierte Attacken von Wildschweinen. Als Karl I. von England mit dem Schiff Wildschweine kommen ließ, um mit ihnen einen Wald zu bevölkern, in dem alle Tiere zur Strecke gebracht worden waren, erwiesen sich die Schweine als »Gefahr für die Seeleute«.

In jeder ländlichen Gemeinde kursiert eine »wahre« Geschichte über einen Mann, der im Schweinestall gefressen wurde. Der Vorfall ereignete sich grundsätzlich »nicht weit von hier«; der Mann war alt, starb an einem Herzinfarkt oder einem Schlaganfall, als er die Schweine fütterte, und »außer seinen Schuhen blieb nichts von ihm übrig.« Der sich wiederholende Wortlaut dieser und ähnlicher Geschichten weist sie als Legenden aus – mit besonderer Vorsicht ist der Herzinfarkt zu genießen, der anhand der Schuhe diagnostiziert wurde. Nichtsdestotrotz findet man zahlreiche Belege für solche seltenen Beispiele von Menschenfresserei. Meist sind kleine Kinder die Opfer von Hausschweinen, doch Schweine vergreifen sich auch an Erwachsenen. Hier eine wahre Geschichte, die wie eine besonders lächerliche Version der Legenden klingt:

1938 verdiente ein Mann in dem kleinen Städtchen Harper in Kansas seinen Lebensunterhalt mit der Schweinezucht. Man sah ihn oft mit seinem alten Ford zu den Lebensmittelgeschäften fahren. Die Ladenbesitzer gaben ihm ihre alten, unverkäuflichen Waren, die er mit seinem Ford zu seinen Schweinen karrte. Die meisten kannten ihn nur unter dem Spitznamen Hog Slop Charlie, »Schweinefraß-Charlie«.

Ein Nachbar fand eines Tages seine spärlichen Überreste, die in seinem Schweinestall verteilt waren. Die Leute einigten sich auf die Version, dass Hog Slop Charlie im Stall an einem Herzinfarkt gestorben war und seine Schweine seinen Leichnam gefressen hatten. Natürlich war niemand dabei gewesen; es war ebenso gut möglich, dass die Schweine ihn getötet hatten. Ich konnte nicht in Erfahrung bringen, was nach seinem Tod mit den Schweinen geschah und ob sie irgendjemand gegessen hat.

Ein Freund von mir, der in Vietnam gekämpft hat, spricht nicht gerne über seine Kriegserfahrungen, doch er hat mir anvertraut, dass einige seiner schrecklichsten Erinnerungen mit Schweinen zu tun haben. Das erwähnte er, als wir gerade in seiner Scheune standen und in einen Verschlag blickten, in dem sich vietnamesische Hängebauchschweine befanden – eine Sau mit ihrem Wurf. Die Ferkel waren alt genug, um im Stroh herumzuwühlen. Eines von ihnen lag tot und halb mit Stroh bedeckt in der Mitte des Verschlags. Um sein angeschwollenes Auge tummelten sich blauschwarze Fliegen. Sein Körper endete hinter den Vorderbeinen. Die Mutter hatte es halb verspeist. Es war das kleinste Ferkel des Wurfs gewesen.

»Schweine fressen einfach alles«, sagte mein Freund.

CANIDEN

Die Wohnwagen standen dicht gedrängt. Einige von ihnen waren noch nicht waagrecht ausgerichtet worden, die meisten hatten keine Hausnummer. Die Bewohner bekamen ihre Post in Kästen, die an ein hastig zusammengezimmertes Holzgerüst neben der asphaltierten Straße genagelt waren. Auf den unkrautbewucherten Freiflächen sammelte sich der Müll. Alles an der Siedlung schien zu sagen: »Wir wohnen hier nur so lange, bis wir ein permanentes Zuhause finden.«

Eine holprige, unbefestigte Zufahrt führte zu den Wohnwagen. Tagsüber spielten hier Kinder, nachts übernahmen die Hunde. Sie rauften und kläfften und raubten den Anwohnern den Schlaf. Und sie wühlten im Müll. Ein paar Kinder waren bereits gebissen worden. Die Rancher, denen die angrenzenden Weiden gehörten, behaupteten, dass ihre Rinder abmagern würden, weil die Hunde sie umherscheuchten, und dass es nur eine Frage der Zeit sei, bis sie eines der Tiere reißen würden.

Es kam zu Streitereien wegen der Hunde, da die Rancher die Besitzer der Wohnwagenanlage für alles verantwortlich machten. Diese Auseinandersetzung beschäftigte mich jedoch nicht im Geringsten, als ich eines Abends in einem der Wohnwagen saß und mit Freunden, die dort wohnten, Karten spielte.

Direkt unter dem Küchenfenster entbrannte ein Hundekampf. Dennis schnappte sich seinen Bogen und seinen letzten Pfeil und rannte zur Tür.

Ich lief ihm hinterher, blieb auf der Eingangstreppe stehen und sah die Hunde an. Sie hatten inzwischen aufgehört zu raufen. 10 bis 15 trieben sich herum. Ein großer schwarzer Mischling lag auf dem Vorplatz und zerkaute gerade den Spielzeugrasenmäher der Kinder. Mein Freund schrie eine Drohung. Der Mischling knurrte zurück.

Dennis legte den Pfeil ein, spannte die Bogensehne und ließ los. Der Hund lief jaulend davon. Ich sah, dass der Pfeil auf beiden Seiten aus seinem Hinterleib ragte.

»Büffeljagd«, sagte ein Freund von mir, als ich ihm von dem Vorfall erzählte. Er kannte zwei Männer, deren Hobby es war, Streuner auf Wohnwagenplätzen zu jagen. Die beiden benutzten ebenfalls Pfeil und Bogen, da der Gebrauch von Feuerwaffen in Wohngebieten verboten ist. Sie verwendeten den Code »Büffeljagd«, um ihre Aktivitäten vor denen geheim zu halten, die kein Verständnis dafür gehabt hätten.

»Sie haben nicht ganz Unrecht«, meinte mein Freund. »Wenn man ›Hund‹ sagt, denken die meisten an ein Haustier. Aber diese Streunerbanden sind keine Streicheltiere. Die packen einen an der Kehle, wenn man ihnen zu nahe kommt.«

Meine Großmutter hatte mir Jahre zuvor dasselbe gesagt, als wir durchs Fenster zwei Rüden beobachteten, die sich lautstark um die verrostete Rohkarosse eines Ford Mustang jagten. Vermutlich handelte es sich um einen Führungskampf. Die anderen Mitglieder des Rudels standen kläffend im Kreis und wirbelten scharrend Staubwolken auf. Die Kontrahenten, ein magerer, gescheckter Mischling und ein vernarbtes, kräftiges Ungetüm, das zur Hälfte Boxer gewesen sein mochte, jaulten und schützten ihre Genitalien mit ihren Schwänzen, während sie beide versuchten, den anderen mit einem Biss zu kastrieren.

Einen Haushund zu töten ist fast schon ein Sakrileg. Es ist eine so unangenehme Angelegenheit, dass es die meisten Leute Profis überlassen, damit sie nicht zusehen müssen. Unseren Kindern erzählen wir davon in verschämten Euphemismen. Wir sagen, der Hund sei »eingeschläfert« worden, als könne er wieder aufwachen und uns von der Bürde dieses unwiderruflichen Akts befreien.

Am anderen Ende des Spektrums der Hundeliebe befinden sich diejenigen, die glauben, der Mensch sein seinem Haustier einen Tod durch die Hand seines Herrn schuldig. Ich kenne einen Mann, der gezwungen war, einen Hund zu töten, den er liebte, weil dieser ein Kind verletzt hatte. Er fuhr mit dem Hund aufs Land – dass sich irgendjemand anderer darum kümmerte, kam für ihn nicht infrage. Er nahm ein Gewehr und eine Schaufel mit, und als er zurückkam, war er eine Woche lang betrübt und sprach kaum ein Wort. Seine Frau sagt, er habe die Patronenhülse aufbewahrt.

Farmer und Rancher haben einen Ehrenkodex, wenn es um die Hunde anderer Leute geht. Ein Mann, dessen Hündin von den Rüden aus der Nachbarschaft umworben worden war, fühlte sich gekränkt, als einer der Rüden angeschossen nach Hause kam und er für den Schuss verantwortlich gemacht wurde. Wie er sagte, hätte er zwar unter Umständen auf einen zudringlichen Hund geschossen, allerdings nur dann, wenn er sich sicher gewesen wäre, dass der Schuss ihn getötet hätte. Sein Argument war folgendes: Die Eigentumsrechte eines Menschen zählen mehr als das Leben eines Hundes, doch niemand hat das Recht, einen Hund leiden zu lassen.

Der Collie eines Nachbarn biss mehrere Hühner von uns tot. Jedes Mal, wenn ich nach draußen ging, lag wieder eine weiße Leghorn-Henne in der Einfahrt. Ehe die Hennen ihren letzten Atemzug taten, hoben sie noch einmal ihre mit feinen, gerinnenden Blutströpfchen gesprenkelten Hälse und blickten mich an. »Ich habe selbst keine Hühner, deshalb kann ich es ihm nicht abgewöhnen«, sagte der Hundebesitzer. »Wenn Sie ihn töten müssen, werde ich keine Schwierigkeiten machen.«

Sowohl das Bedürfnis des Stadtmenschen, sich vom Töten seines Hundes zu distanzieren, als auch der Ehrenkodex des Farmers sind Zeichen der Ehrerbietung.

Wenn wir einen Hund hassen, tun wir das nicht nur, weil er gefährlich ist, sondern auch, weil er aus der Rolle geschlüpft ist, in der wir ihn sehen möchten: die Rolle des loyalen Menschenfreundes. Die Loyalität von Hunden ist für uns eine Selbstverständlichkeit, eine Tatsache, die zu offensichtlich ist, als dass sie uns auffallen würde. Doch sie ist auch ein Hinweis auf einen merkwürdigen Trick der Evolution.

Graue Löschbetonwände; Ölflecken auf dem Zementboden, einige davon mit Ölsand bestreut; Werkzeugkästen; eine schmierige Werkbank mit einem schweren Schraubstock. Die Werkstatt meines Vaters. Von einem Dachsparren hing ein Kabel herab; es endete in einer Lampe, die mein Vater in der Hand hielt. Mein Onkel war ebenfalls da. Die beiden arbeiteten in einem Kegel gleißenden Lichts, der von Dunkelheit umgeben war. Auf den schwarzen Haaren an ihren dicken Unterarmen glitzerte der Schweiß. Ihre Werkzeuge waren ein Stück Holz und eine Zange.

Von Zeit zu Zeit sprachen die beiden Männer miteinander. Das einzige andere Geräusch war das Knurren und Winseln der Hunde. Mein Vater nahm sich einen Hund nach dem anderen vor, hielt ihn fest und drückte ihm das Holzstück als Kiefersperre ins Maul. Dann rückte mein Onkel mit Lampe und Zange an. In dem schwarz und rosafarben gefleckten Fleisch der Hundemäuler steckten die Stachel eines Stachelschweins – lange, biegsame Nadeln, an deren Spitzen winzige Enterhaken saßen.

Der zwergwüchsige Bluthund war als Erster an der Reihe. Er wehrte sich knurrend gegen den Griff meines Vaters, während mein Onkel die Zange in sein Maul einführte. Das Schauspiel glich der anschaulichen Darstellung einer Zahnbehandlung in der Hölle. Die anderen beiden Hunde wichen bis zum Rand des Lichtkegels zurück und blieben mit eingeklemmten Schwänzen stehen. Zwischendurch wedelten sie immer wieder beschwichtigend. Ich fragte mich, warum sie stehen blieben und warteten, bis sie an der Reihe waren. Ich wusste, dass es zu ihrem eigenen Wohl war, aber wussten sie das auch?

Am nächsten Morgen zeigte meine Mutter meiner Schwester und mir einen kleinen Plastikkürbis – Halloween stand kurz bevor. In dem Kürbis steckte ein Dutzend braunweiße Stacheln. Als wir nach draußen gingen, freuten sich die Hunde, uns zu sehen, als wäre nichts geschehen.

Den Hunden hatten wir es zu verdanken, dass wir auf das verborgene Leben um uns aufmerksam wurden: auf die nachtaktiven Tiere, die wir nur selten zu Gesicht bekamen, auf die Tiere, die unter der Erde wohnten und die nur sie hören und riechen konnten, auf die entfernten Dinge und Geräusche, die wir nicht wahrnehmen konnten. Wir hatten nur selten Waschbären gesehen, bevor uns die Hunde zu ihnen führten. In unserer Gegend, wo es nur wenige Bäume gab, waren Waschbären nicht besonders häufig; wir sahen nur hin und wieder einen, spät abends auf der langen Fahrt nach Hause – das plötzliche Aufleuchten eines bernsteinfarbenen Augenpaars, ein plumper grauer Körper, der über die unbefestigte Straße hoppelte, so schnell, dass wir ihn nur verwischt wahrnahmen, obwohl er im Scheinwerferlicht durch die staubige Luft zu schweben schien.

Die Hunde witterten sie immer abends, und dann begann eine Verfolgungsjagd, bei der die Waschbären stets einen so großen Vorsprung hatten, dass ich sie nie zu Gesicht bekam. Der alte zwergwüchsige Bluthund führte die Verfolger an; seine verzerrten Lefzen und sein kehliges Knurren verrieten seine Absicht zu töten. Der magere, wolfsähnliche Collie lief auf Höhe seiner Hüfte neben ihm her – er war schneller als der Anführer, zollte ihm jedoch Respekt, indem er sich ein Stück zurückfallen ließ und bellte, um den langsameren Hunden die Position der Beute mitzuteilen. Der unermüdliche, kurzbeinige Mischling mit dem Stinktierschwanz folgte mit einigen Schritten Abstand und bellte ebenfalls. Meine ältere Schwester machte noch ein paar Meter dahinter mit ihren langen Schritten Boden gut, manchmal gefolgt von einigen Cousinen oder Freundinnen. Ich, der Langsamste im Bunde, bildete das Schlusslicht. Wir Menschen dachten – selbst in unserem zarten Alter –, die Hunde würden uns dienen. Ich frage mich, wie wir diese Annahme aufrechterhielten, während wir uns bemühten, bei einer Jagd Schritt zu halten, die der Bluthund angezettelt hatte.

Solche Jagden fanden während meiner Kindheit Dutzende Male statt, und das typische Muster, das sich aus einer Fülle von Details in meinem Gedächtnis festgesetzt hat, beinhaltet Bewässerungsrohre. Diese Aluminiumrohre, die so dick waren, dass man den Kopf hineinstecken konnte, schienen überall in Stapeln herumzuliegen und darauf zu warten, in Betrieb genommen zu werden; ich weiß nicht, wie die Getreidefelder jemals bewässert wurden. Die Beute – es konnte sich um einen Jackrabbit oder ein Wildkaninchen, um einen Waschbären, eine Beutelratte oder ein Stachelschwein handeln – sauste in ein Rohr, worauf die Hunde von einem offenen Rohrende zum nächsten eilten, bis sie – mit der Nase, nicht mit den Augen – das Rohr ausgemacht hatten, das dem Tier Zuflucht bot. Wenn sie es nicht gleich fanden, hörten sie auf zu schnüffeln. Der Mischling und der Bluthund hatten Schlappohren; ich konnte sehen, dass sich die Knorpel an ihren Ohren leicht bewegten. Die Ohren des Collies, die normalerweise unterwürfig nach hinten angelegt waren, richteten sich zu Dreiecken auf.

Das erfüllte seinen Zweck: Plötzlich wussten alle drei Hunde ganz genau, wo sich ihre Beute befand. Sie trennten sich, um beide Enden des fraglichen Rohrs zu sichern, und bellten hinein. Ihr wütendes Kläffen hallte von den Blechhütten in der Umgebung wider. Dann steckten sie die Schnauzen ins Rohr (der Bluthund immer als Erster), und ihr Bellen war darin gefangen; wenn man das Rohr berührte, spürte man, wie das Gekläffe es zum Vibrieren brachte. Ich stellte mir vor, wie der Waschbär in der Mitte des Rohrs kauerte, so weit wie möglich von beiden Enden entfernt, und seine Eingeweide im Takt zu den Drohungen bebten.

Die Waschbären waren immer so schlau, im Rohr zu bleiben und abzuwarten, selbst wenn das Gebelle stundenlang anhielt. Wir stocherten mit Stöcken nach ihnen und schleuderten Steine in die widerhallenden Rohre. Einmal fand ich früh am Morgen am Rand eines Bewässerungsrohrs einen Tropfen Blut zwischen den Tautropfen. Der Waschbär, den wir am Abend zuvor eineinhalb Stunden lang vergeblich gejagt hatten, hatte sich in der Nacht aus dem Staub gemacht, nachdem wir alle – Menschen und Hunde – das Interesse verloren hatten. Er musste sich durch die Schikanen eine Verletzung zugezogen haben, hatte aber trotzdem seine einzige Überlebenschance wahrgenommen und sich nicht von der Stelle gerührt.

Die Beutelratten wussten ebenfalls, dass sie sich den Hunden auf keinen Fall ausliefern durften. Sie rollten sich zusammen und schafften es irgendwie, sich im Inneren des Rohrs festzukrallen. Sie bewegten sich keinen Zentimeter, nicht einmal, wenn wir das Rohr kippten. Einmal hatten wir es mit einer Albino-Beutelratte zu tun. Sie kam vor dem Bluthund bei den Rohren an, blickte uns mit ihren dämonischen karmesinroten Augen an, bleckte ihre milchweißen Zähne und fauchte. Sie sah aus wie ein leprakranker Teufel. Hin und wieder lassen Beutelratten solchen Drohgebärden Taten folgen, doch diese musste sich darüber im Klaren gewesen sein, dass ihre Chancen schlecht standen. Sie verschwand in einem Rohr.

Hasen ließen sich manchmal aus den Rohren scheuchen; sie sind schneller als Beutelratten und Waschbären, doch gemessen an der Zahl, die die Hunde fingen, war ihre Neigung, ihr Versteck zu verlassen, wohl eher ein Zeichen geringer Intelligenz. Die Hasen liefen im Zickzack. Mit dieser Strategie hätten sie einzelnen Jägern entkommen können; vor den Hunden, die sie zu dritt im Team verfolgten, konnten sie sich auf diese Weise allerdings nur selten retten. Der alte Bluthund sauste los und veranlasste die Hasen, zur Seite zu springen. Die anderen Hunde liefen schräg hinter ihm her; oft hüpften die Hasen einem der beiden direkt ins Maul. Dieser Hund packte dann den Hasen am Hals, worauf der Bluthund herbeistürzte, zuschnappte und an dem Hasen zerrte. Früher dachte ich immer, dass der ältere Hund den jüngeren die Beute entreißen wollte. Als ich Jahre später andere Hunde auf dieselbe Weise im Rudel jagen sah, wurde mir klar, dass es sich dabei um eine Tötungsmethode handelt.

Der Hund, der als Zweiter einen Biss landet – meistens ins Hinterteil oder in den Schwanz –, zerrt an dem Beutetier, um sein Rückgrat zu strecken und zu biegen. Beide Hunde werfen den Kopf hin und her, was den Eindruck erweckt, sie würden um die Beute ringen; vielleicht tun sie das tatsächlich. Aber sie versuchen auch gemeinsam, ihr das Rückgrat zu brechen. Wenn der erste Hund die Beute an der Kehle gepackt hat, erstickt sie durch das Zerren des zweiten.

Daneben dient das Tauziehen der Hunde dem Selbstschutz. Wenn ein Beutetier gestreckt wird, hat es geringere Chancen, die Hunde zu kratzen oder zu beißen. Andere Mitglieder des Rudels versuchen währenddessen, ebenfalls einen Biss zu landen. Manchmal kann man beobachten, wie die Hunde die Kiefer über das Beutetier wandern lassen, bis sie eine Stelle finden, an der die Zähne tief ins Fleisch eindringen können. Das Opfer blutet, bis es einen Schock erleidet. Dann ist es wehrlos und bereit zu sterben.

Die Straßenhunde in Indien gehören keiner bestimmten Rasse an. Es sind kurzhaarige, braune Kreaturen, die alle gleich aussehen und in der Regel verachtet werden. In weniger dicht besiedelten Gebieten jagen diese Hunde im Rudel. Sie beißen fliehenden Hirschen so lange in die Flanken, bis deren Eingeweide freiliegen, dann schnappen sie sich ein Stück Darm und ändern die Richtung. Die Gedärme wickeln sich ab; der Körper eines Hirsches beherbergt – wie der menschliche Körper – eine beachtliche Menge Darm auf engstem Raum.

Manchmal wird das Tier durch das Zerren an seinen Gedärmen zur Strecke gebracht und muss zusehen, wie das Rudel es bei lebendigem Leib frisst; wenn es der Zufall will, erstickt das Beutetier aber auch schon vorher an einem Biss.

Im Nahen Osten sind Hunde ebenfalls Ausgestoßene, wild lebende Aasfresser, die in der Regel niemandem gehören. Der Abscheu, mit dem man Hunden dort begegnet, ist mindestens so alt wie das Alte Testament, das sie zu schmutzigen, nicht zum Verzehr geeigneten Tieren erklärt. (Wer überrascht ist, dass das überhaupt in Erwägung gezogen wurde, erinnere sich an die Azteken, die Hunde für den Verzehr mästeten.) Sie dienen den Menschen in ihrer verhassten, aber nützlichen Rolle als wandelnde Müllbeseitiger. Fleischreste, die sich für Menschen nicht zum Verzehr eignen, werden den Hunden ebenso vorgeworfen wie Tischabfälle.

Die Bibel benutzt den Hund beharrlich als Metapher für Verabscheuungswürdigkeit. Der Hunger leidende Bettler Lazarus ist so tief gesunken, dass ihn sogar die Hunde ablecken. Goliath empfindet die

Tatsache, dass David nur mit einer Schleuder und Steinen bewaffnet gegen ihn antritt, als Ausdruck der Geringschätzung, die nur einem Hund gebührt. Selbst wenn ein Hund nützliche Arbeit verrichtet, wie zum Beispiel als Bewacher einer Herde, wird er mit Verachtung gestraft und sein Name fortwährend mit Exkrementen oder Erbrochenem in Verbindung gebracht. Außerdem wird er als gefürchteter Rudeljäger dargestellt, der menschlicher Beute nicht abgeneigt ist.

Der schlechte Ruf, den der Hund im Nahen Osten genießt, hat denselben Ursprung wie der schlechte Ruf des Schweins: beide Tiere fraßen Leichname. Die Strafe Gottes für Herrscher, die sich über ihn hinwegsetzten, bestand darin, dass sie und ihre Familien getötet und ihre sterblichen Überreste nicht bestattet wurden. Im Alten Testament wird beschrieben, wie Hunde und Vögel solche Leichname fressen. Und die Bibel erwähnt mehrfach Hunde, die menschliches Blut auflecken.

Die biblische Isebel wird aus einem hohen Fenster gestoßen und zerschellt auf dem Pflaster. Als man ihren Leichnam entfernen will, stellt sich heraus, dass streunende Hunde nur ihren Schädel, ihre Füße und ihre Handteller übrig gelassen haben.

Als Kind veranlassten mich die Jagdmethoden unserer Hunde, über die Unterschiede zwischen wild lebenden Tieren und Haustieren nachzudenken. Das Gleiche galt für die langen, blutigen Rinder-Beinknochen, die wir manchmal in unserem Hof fanden, und um die sich die Hunde kurz zankten, um abzumachen, wer von ihnen das Knochenmark herausnagen durfte.

Was jedoch wirklich mein Interesse an den Gegensätzen zwischen wild und zahm weckte, war das Heulen, das jeden Abend ertönte, wenn ich schon im Bett lag.

Es begann meistens irgendwo in der Prärie und glich dem gespenstischen Schrei einer Eule, vermischt mit unsagbarer Einsamkeit. Dann verdoppelte es sich, als befände sich ein und derselbe Kojote plötzlich an zwei Orten; ein Chor stimmte mit ein; Stimmen konkurrierten miteinander, überlagerten sich, bis sie sich plötzlich im Einklang befanden. Daraufhin fingen in der Nähe des Hauses unsere Hunde an zu heulen, wobei die Stimme jedes einzelnen klar und deutlich zu erkennen war.

Tagsüber hatte ich bereits einige Kojoten gesehen. Die Hunde hielten plötzlich inne, egal, womit sie gerade beschäftigt waren, und starrten auf irgendetwas Unsichtbares im Präriegras. Der Bluthund bellte – ein tiefes, fragendes Bellen, in dem eine Drohung mitschwang. Dann rannten alle drei Hunde los, und man sah in der Ferne, wie der Kojote vor ihnen in großen Sätzen durchs Gras floh. Die Kojoten waren schnell. So plötzlich, wie sie auftauchten, verschwanden sie auch wieder. Ab und zu schnappte sich ein Kojote nachts eines unserer Hühner. Mein Vater lief jedes Mal mit dem Gewehr nach draußen, nachdem ihn die Hunde gewarnt hatten.

Kojoten und Hunde waren also Feinde. Trotzdem hatte ich in der Stadt einen Hund gesehen, den meine Großmutter als Kojoten identifizierte. Mein Onkel hatte einmal einen wildernden Kojoten erschossen, und als ich den Kadaver aus der Nähe betrachtete, stellte ich fest, dass er lange rötliche Haare wie ein Collie hatte: ein weiterer Hinweis, dass es Kreuzungen gab. Und wenn Kojoten und Hunde nachts gemeinsam heulten, klang das nicht wie ein Austausch von Drohungen. Es klang wie ein gemeinsames Lied.

Der Kojote kann in Gegenden leben, in denen kein Mensch und auch kein Wolf leben kann. Er hält sich in der Wüste auf, kann aber ebenso im Schnee überleben. Er wohnt vom Menschen unbemerkt an Flussufern, marschiert aber auch am helllichten Tag in Städte und stöbert in menschlichen Abfällen herum. Der Kojote flieht vor unseren Blicken, aber wenn wir schlafen, kehrt er zurück und holt sich ein Lamm oder ein Kalb. Er zieht seine Jungen in unserer Hörweite groß. Er kennt und fürchtet uns, doch seine Furcht hält sich in Grenzen. Er weiß, dass unsere Gewehre nur töten können, was wir sehen.

Im Spanischen bedeutet sein Name »gerissen«. Er kann Klapperschlangen töten, ohne gebissen zu werden. Er kann Hasen fangen, indem er sie so lange jagt, bis sie an die Grenzen ihres Reviers stoßen – ein Rammler würde niemals in das Revier eines anderen Männchens eindringen, selbst wenn er sich auf diese Weise vor dem sicheren Tod retten könnte. Der Kojote folgt der Fährte von Wölfen und frisst, was sie von ihrer Beute übrig gelassen haben. Die Beute von Pumas rührt er nur im Notfall an, weil es bei ihnen wahrscheinlicher ist, dass sie ihn aufspüren und Rache üben.

Als ich einmal von einem Friedhof auf dem Land nach Hause fuhr, sah ich einen Kojoten im Morast neben einem Bewässerungsgraben. Sein Kopf und seine Beine wirkten glatt und zerbrechlich wie Porzellan. Im Vergleich zu den schlanken Extremitäten schien sein Rumpf überdimensioniert, als stecke er in einem zu großen Mantel, und sein Schwanz hing wie eine dicke Keule herab. Der Kojote suchte nicht in wogenden Sätzen das Weite, sondern glitt flinken Schrittes davon. Seine schlanken Beine, die den in Pelz gekleideten Körper trugen, arbeiteten wie die eines Insekts in vollendeter Koordination. Ein zweiter Kojote, den ich nicht bemerkt hatte, folgte ihm ins Gras; ein dritter drehte sich um und blickte mein Auto an, ehe er sich den beiden anderen anschloss.

In der Alten Welt war das Äquivalent zum Kojoten der Schakal – manche Schakale sind äußerlich nicht von Kojoten zu unterscheiden, und vielleicht handelt es sich tatsächlich um die gleichen Tiere. Die biblische Abscheu gegenüber Hunden schließt auch den Schakal mit ein. Im Alten Testament dient er als Metapher für Verwüstung und streift durch die Straßen zerstörter Städte. Seine Darstellung erinnert an den ägyptischen Gott der Unterwelt, eine Kreatur von menschlicher Gestalt mit dem Kopf eines Schakals. Hiob schildert seine trostlose Lage, indem er behauptet, Bruderschaft mit den Schakalen geschlossen zu haben. (Manche Übersetzungen bezeichnen die Schakale irrtümlich als »Drachen« oder »Schlangen«.) In der Offenbarung ist die Mutter des Antichristen, der Wurzel allen apokalyptischen Übels, ein Schakal.

Ich besuchte Philip und Alberta Hart, weil ich in Gefangenschaft lebende Wölfe sehen wollte. Als ich vor der Haustür stand, erspähte ich sie bereits im Garten: drei weiße Wolf-Hund-Mischlinge und einen reinrassigen weißen Wolf, die hinter dem Zaun hin und her huschten.

Philip Hart ging mit mir in den Garten, damit ich sie mir aus der Nähe ansehen konnte. Der reinrassige Wolf, ein Männchen, das mir bis zur Hüfte reichte, lief auf mich zu. Er wirkte geschmeidig und wog etwa 35 Kilo – für einen Wolf nicht besonders viel, aber mehr als die meisten Hunde. Ich hielt ihm eine geschlossene Hand hin, wie ich es auch bei einem fremden Hund getan hätte, und ließ ihn daran schnüffeln. Seine perfekten Zähne waren weiß, nicht einmal leicht gelblich, und sein Fell war ebenfalls reinweiß. Er nahm meine Hand ins Maul und hielt sie fest. Einer seiner Eckzähne rastete auf meinem Zeigefingerknöchel, ein Backenzahn auf meinem Ehering. Ich sagte ihm, wie hübsch er sei. Meine Faust passte problemlos in sein Maul. Ich sah mir genau seine seitlichen Reißzähne an, die speziell darauf ausgelegt sind, Fleisch aus einem Kadaver herauszutrennen. Vermutlich hätte er keine großen Schwierigkeiten gehabt, meine Hand abzubeißen.

»Er ist freundlich zu Ihnen«, erklärte Philip Hart. »Wenn er Ihnen wehtun wollte, wäre er mit geschlossenem Maul auf Sie zugekommen.« Der Wolf ließ meine Hand los, stellte sich auf die Hinterbeine und legte mir die Vorderpfoten auf die Schultern, um mir in die Augen zu sehen. Ich hatte keine Angst, da ich die Körpersprache des Wolfes deuten konnte. Hunde benutzen dieselbe Sprache, eine Sprache, die Menschen verstehen können, ohne nachzudenken. Seine Haltung, sein Schwanz, seine Ohren und seine Nackenhaare verrieten mir, dass ich nicht in Gefahr war.

Nach langem Zögern rang ich mich dazu durch, meinen Gastgeber zu fragen, ob Wolf-Hund-Mischlinge tatsächlich gefährlich sind, wie oft behauptet wird. Sie waren ins Gerede gekommen, weil einige von ihnen Kinder getötet hatten. Verschiedene amerikanische Staaten waren nun dabei, Gesetze zu verabschieden, die den erlaubten Anteil von Wolfsblut bei Kreuzungen festlegten.

»Das ist völliger Unsinn«, sagte Philip Hart, der selbst solche Mischlingswelpen verkaufte. »Die Leute glauben, dass Mischlinge durchdrehen und töten, weil die wilden Wolfgene schließlich zur Geltung kommen. Aber Wölfe töten keine Menschen, Hunde schon.« Er hatte Recht. In den Vereinigten Staaten werden mehr Menschen von Hunden getötet als von Klapperschlangen, Giftspinnen, Stechinsekten, Bären oder Haien. Tatsächlich kommen Hunde gleich an zweiter Stelle nach Menschen, was das Töten von Menschen anbelangt. Reinrassige Wölfe, egal, ob wild lebend oder in Gefangenschaft, töten so selten einen Menschen, dass es schwierig ist, einen authentischen Fall ausfindig zu machen. Von allen gefährlichen Tieren, die angeblich eine angeborene Furcht vor Menschen haben, ist der Wolf das einzige, für dessen Furcht es Belege gibt. Wissenschaftler, die Wölfe auf ihren Wanderungen beobachtet haben, sind zu dem Ergebnis gekommen, dass sie manchmal weite Entfernungen zurücklegen, nur um nie wieder auf die Fährte eines Menschen zu stoßen.

»Ein Mischling verfügt einerseits über den Instinkt des Wolfes, seinen Führungsanspruch geltend zu machen, und andererseits über die Furchtlosigkeit des Hundes Menschen gegenüber«, fuhr Philip Hart fort. »Je mehr Wolfsblut in einem Mischling steckt, desto harmloser ist er. Je mehr sich der Hundeanteil 50 Prozent nähert, desto größer ist die Wahrscheinlichkeit, dass er jemanden tötet. Ich züchte kaum noch 50-50-Kreuzungen. Bei meinen Kreuzungen ist der Vater ein Wolf, die Mutter ein Mischling. So erreicht man einen hohen Wolfsanteil.«

Vor mehr als einem Jahrhundert wurde beim Kampf um die Great Plains zwischen Amerikanern europäischer Abstammung und Indianern viel Blut vergossen. Die Pflanzen fressenden Bewohner dieses Gebiets wurden von Wölfen und Pumas, Schwarzbären und Kojoten, Adlern, Eulen und Klapperschlangen erlegt, und das Land war übersät mit den riesigen Städten von Präriehunden, deren Bevölkerung in die Milliarden gehen konnte. Doch das Tier, das die Reisenden am meisten beeindruckte, war der Bison. Damals zogen die Bisons in riesigen

Herden durch die Plains, in Herden, deren Trampeln und Wälzen und Scharren die Landschaft formte, deren Durst einen ebenso großen Einfluss auf das Oberflächenwasser hatte wie Wind und Wetter und deren Kadaver Räuber und Aasfresser ernährten.

Ein Bisonbulle ist ein gewaltiges Tier, von dessen Fleisch sich ein ganzer Indianerstamm tagelang ernähren konnte, das jedoch auch kräftig genug ist, um jeden menschlichen Störenfried zu Brei zu trampeln. Damals gab es in jeder Bisonherde einige Bullen, die deutlich größer waren als alle anderen. Wenn ein solches Monstrum wegen seines Fells oder seines Fleischs zur Strecke gebracht wurde, stellte sich meistens heraus, dass es sich um einen Eunuchen handelte. Kastrierte Hornträger werden größer als nicht-kastrierte. Aus diesem Grund stammt das Rindfleisch, das man im Laden kaufen kann, oft von Ochsen.

Diese riesigen Bisonbullen waren Überlebende von Wolfsattacken, denen während der Verfolgung durch einen Biss die Hoden abgetrennt worden waren.

Ehe ein Wolfsrudel die Verfolgung eines großen Pflanzenfressers aufnimmt, gibt es einen Moment, in dem sich die potenziellen Killer und das potenzielle Opfer in die Augen sehen, als würden sie einen Pakt darüber schließen, dass jeder seine Rolle zu spielen hat. Pflanzenfresser, die sich darauf einlassen und fliehen, haben einen Vertrag unterschrieben.

Wölfe können ihre Opfer kilometerweit verfolgen, weil sie sich abwechselnd ausruhen, während die anderen Rudelmitglieder der Beute auf den Fersen bleiben. Durch diese Taktik vervielfacht sich das Durchhaltevermögen jedes einzelnen Wolfes, und so gelingt es nur wenigen Pflanzenfressern, einem Wolfsrudel zu entkommen, indem sie die Wölfe ermüden. Solange einige Wölfe noch bei Kräften sind, kann ein Rudel auch einen erschöpften Elch oder Bison problemlos überwältigen.

Eine bevorzugte Tötungsmethode von Wölfen ist, an der Luftröhre der Beute zu zerren, eine andere, möglichst viel Blut zu vergießen. Wenn ein Pflanzenfresser vor dem Rudel flieht, sind seine verletzlichen

Flanken schnellen Bissen schutzlos ausgeliefert. Der Biss eines Wolfes richtet auch aus dem Lauf heraus großen Schaden an, und mehrere solche Bisswunden bringen die Beute zur Strecke, weil großer Blutverlust einen Schock verursacht.

Das Haus war an einen Hang gebaut. Um von einem Zimmer ins nächste zu gelangen, musste man Treppen hinabsteigen, und es schien eine Menge Zimmer zu geben. Schließlich kam ich an eine Glasschiebetür, vor der zwei Wölfe in der Dunkelheit standen.

Ich war bei Bud und Nancy Sanders zu Besuch, denen die Wölfe gehörten. Die beiden erzählten mir, dass, kurz bevor ich angekommen war, ein kleines Hirschrudel die Weide überquert hatte und die Wölfe geheult hatten. Nancy reichte mir ein Tonbandgerät mit einer älteren Aufnahme des Heulens der Wölfe. »Spielen Sie es ihnen vor«, forderte mich Bud auf. »Vielleicht antworten sie.« Ich drückte die »Play-Taste«.

Die Aufnahme klang dünn und blechern und wurde von dem fließenden, wunderschönen Echo verschluckt, das aus den Kehlen der Wölfe ertönte. Ihr Heulen klang beängstigend und beruhigend zugleich; es erinnerte mich an das Lied der Kojoten, war jedoch voller und tiefer, und ich hatte das Gefühl, dass es eine Botschaft enthielt, die ich nicht entschlüsseln konnte.

Als Bud und Nancy die Wölfe hereinließen, saß ich auf dem Boden vor dem Kamin. Im Schein des Feuers glänzte ihr graubraunes Fell rostrot. Ich kraulte beiden Wölfen die Brust. Meine Hände versanken tief in ihrem Fell, und als ich sie wieder herausnahm, waren sie ölig und rochen nach Wolf. Während ich Bud und Nancy gebannt zuhörte, hörte ich auf, einen der beiden Wölfe zu kraulen. Er legte mir seine riesige Vorderpfote über das Handgelenk und zog. Ich kraulte weiter. Nancy bestätigte, dass die Pfoten von Wölfen besser zum Greifen geeignet sind als die von Hunden. Sie legen großen Pflanzenfressern die Vorderbeine um den Hals und zerreißen sie in Raubkatzen-Manier.

Als ich der Wölfin in die Augen blickte, sah ich etwas, das ich noch bei keinem Hund gesehen hatte: mein Spiegelbild. »Das liegt daran, dass sie einem in die Augen sehen«, erklärte Nancy. »Hunde tun das nicht, weil sie sich dem Menschen unterordnen. Wölfe ordnen sich nicht unter, zumindest nicht immer.«

»Sie sind eben keine zahmen Tiere«, fügte Bud hinzu. »Hunde sind zahm. Sie akzeptieren einen als Gebieter. Wölfe behandeln einen, als wäre man einer von ihnen, und der Rudelführer kann immer herausgefordert werden.«

Ich fragte die beiden, ob sie jemals herausgefordert worden waren. Nancy erzählte, dass sie einmal in Gegenwart der Wölfe gestürzt war. Einer der Wölfe ging auf sie los, doch der Kampf war nach einer Sekunde vorbei, ohne dass sie ernsthaft verletzt wurde. Nancy sagte, dass die Sache ganz anders hätte ausgehen können, wenn sie gezögert hätte, den Wolf zu schlagen. Manche Wolfbesitzer verpassen den Tieren grundsätzlich am ersten Tag eine Tracht Prügel, damit keine Zweifel über die Hierarchie aufkommen.

Attacken in Gefangenschaft lebender Wolf-Hund-Mischlinge laufen nach einem ganz bestimmten Muster ab: Sie greifen Kinder an, die sich vor ihnen fürchten, oder Erwachsene, die irgendeine Schwäche zeigen – ein Hinken, ein Stolpern, alles, was ihnen zeigt, dass die Zeit gekommen ist, in der Rangordnung des Rudels aufzusteigen.

Wir haben die anderen Bewohner unseres Planeten stets in von uns selbst entworfene Rollen gezwängt. Meist sind diese Rollen leicht durchschaubar, wie beispielsweise bei der biblischen Darstellung der Schlange oder den moralbeladenen Tieren in Äsops Fabeln. Manchmal sind die Rollen aber auch hintergründiger: Jede Begegnung mit einem Tier hat für uns eine tiefere Bedeutung, die nicht situationsbedingt ist, sondern von Büchern, anderen Überlieferungen oder sogar von abgenutzten Metaphern unserer Sprache herrührt. Wir interpretieren die meisten unserer Begegnungen mit Tieren symbolisch und drücken ihnen unseren anthropozentrischen Stempel auf. Ich kenne Menschen, die Schlangen mit einer Inbrunst töten, als würde jede von ihnen den Teufel höchstpersönlich verkörpern. Wenn ich in meinem Haus eine

Maus fange, habe ich das Gefühl, über einen Einbrecher triumphiert zu haben. Sicher hat die Freude, die ich empfinde, wenn ich Falken beobachte, etwas mit der Freiheit zu tun, die ich unbewusst mit ihnen verbinde.

Der Wolf ist so tief in der Geschichte der Menschheit eingebettet, dass die Wahrheit über ihn vielleicht niemals ans Tageslicht kommen wird. In der westlichen Welt gilt er seit jeher als Dämon, Menschenfresser und Viehdieb. Und er musste als Alter Ego herhalten: der Werwolf als Inbegriff menschlicher Lust an der Sünde, der Berserker als Sinnbild menschlicher Tapferkeit im Krieg. In Amerika wird der Wolf mit Wildnis und Urvölkern in Verbindung gebracht und dient als Symbol für würdevolle Wildheit. Die Vorläufer dieses Mythos sind die wolfgesäugten Erbauer Roms sowie Geschichten über verwahrloste Kinder, die von Wölfen aufgezogen wurden. Manche Menschen sehen in dem Bemühen, den Wolf vor dem Aussterben zu retten, einen Schritt in Richtung Erlösung von unseren ökologischen und genozidalen Sünden. Mir fällt oft auf, dass dabei der Wolf dem Kojoten vorgezogen wird, als sei das Talent der kleineren Caniden, die menschliche Nähe auszunutzen, ein Zeichen von Verrat – an wem oder was bleibt dabei im Verborgenen.

Die Tatsache, dass der Wolf ein Meister darin ist, unsere Fantasie anzuregen, bringt für ihn Tabuisierung und Gefahr mit sich. Unsere Vorfahren sahen ihn nach Schlachten zwischen den Gefallenen umherstreifen und Menschenfleisch fressen. Dabei erfuhr er unser dunkelstes Geheimnis: dass wir uns zum Verzehr eignen. Doch damit entdeckte er nur etwas wieder, was er schon wusste, ehe wir lernten, Dinge aufzuschreiben.

Die Unterscheidung zwischen Wölfen, Kojoten und Schakalen richtet sich oft nach der Größe – der Kojote ist kleiner als der Rotwolf, und dieser ist wiederum kleiner als der Grauwolf. Generell erfolgt die Einteilung von Tieren in Arten nach dem Gesichtspunkt, ob sie sich untereinander vermehren können: Wenn sich zwei Tiere paaren und dabei fruchtbaren Nachwuchs produzieren können, gehören sie derselben Art an. Pferde und Esel können zwar Nachwuchs produzieren, da sie aber verschiedenen Arten angehören, ist dieser Nachwuchs – Maultier oder Maulesel – in der Regel unfruchtbar. Bei Caniden führt dieses Kriterium jedoch zu verwirrenden Ergebnissen. Die Kreuzung von Wölfen, Hunden, Schakalen und Kojoten bringt viele verschiedene Hybriden hervor. Manche Hunderassen können sich angeblich sogar mit Füchsen paaren.

Die Caniden stellen unser Konzept der Arteneinteilung infrage. Wir gehen intuitiv davon aus, dass sie sich unterscheiden, doch ihre häufigen Kreuzungen weisen sie als identische Arten aus. Auf der anderen Seite kann man zwischen einzelnen Hunderassen – bei denen wir akzeptieren, dass sie einer einzigen Art angehören – größere Unterschiede in Bezug auf Körper- und Verhaltensmerkmale feststellen als beispielsweise zwischen Wölfen und Kojoten. Es gibt winzige Hunde, die dazu gezüchtet werden, untätig auf Schößen zu sitzen; es gibt riesige Hunde, die dazu gezüchtet werden, Löwen, Wildschweine, Tiger und Wölfe zu töten. Es gibt flinke Hunde, die dazu gezüchtet werden, Kojoten zu jagen: sie strecken und zerfetzen ihre Beute, wie es andere Hunde bei einem Hasen tun würden, aber sie fressen sie nicht auf. Sie ähnelt zu sehr einem Hund, und selbst ihr bis zur Unkenntlichkeit verstümmelter Kadaver scheint für Caniden mit einem Tabu belegt zu sein.

Früher züchteten wir gewaltige Mastiffs, um ihnen Speere oder Pötte mit flüssigem Teer umzuschnallen und sie auf feindliche Armeen loszulassen. Caesars Geist werde »Mord rufen, und des Krieges Hund' entfesseln«, prophezeit Shakespeares Marcus Antonius nicht gänzlich im übertragenen Sinne. Hunde werden für alle möglichen Zwecke gezüchtet – um Lasten zu ziehen, Fährten zu finden, Herden zu hüten oder nach Dachsen zu graben. Ihre unterschiedlichen Aufgaben spiegeln sich in ihren Körpermerkmalen wider.

Die Grenzen zwischen den verschiedenen Arten von Caniden stellen ein Mysterium dar, in das wir unmittelbar verwickelt sind und dessen Wurzeln bis in die Vorgeschichte zurückreichen.

Wenn Raubtiere die Wälder verlassen, verändern sie sich.

Der Urahn aller heutigen Räuber, die ihre Beute mit ihren scherenförmig modifizierten Backenzähnen zerlegen – darunter Wolf, Tiger, Otter, Vielfraß, Stinktier und einige andere – lebte vor etwa 40 Millionen Jahren. Dieser urzeitliche Fleischfresser bewohnte den Dschungel, kletterte mithilfe seiner Furcht einflößenden Klauen auf Bäume und spürte seine Beute dank seiner scharfen Sinne und seines Talents sich anzupirschen auf. Im Zuge der Evolution schlug er zwei Richtungen ein. Eine Linie blieb in den Bäumen und führte weiterhin das einzelgängerische Leben kletternder Jäger, das noch heute bei Leoparden und Wildkatzen beobachtet werden kann.

Die andere Linie begab sich auf den Boden, wo sie sich schließlich weiter verzweigte, um zahlreiche ökologische Nischen zu füllen, die alles fressenden Bären ebenso Platz boten wie zur Hälfte an Land, zur anderen Hälfte im Wasser lebenden Ottern.

Doch die Abzweigung dieser Linie, die mich hier interessiert, ist diejenige, aus der die Caniden hervorgegangen sind. Die flexiblen, zum Klettern geeigneten Gelenke des urzeitlichen Fleischfressers versteiften sich bei den Caniden zum Laufen, da sie sich auf das Verfolgen von Beutetieren spezialisierten. Allerdings beeinflusste diese Spezialisierung nicht nur den Aufbau ihrer Gliedmaßen, sondern führte auch zur Zusammenarbeit bei der Jagd. Das Anpirschen hatte in den Wäldern funktioniert, aber auf den offenen Savannen war Verfolgung alles, und in der Gruppe waren Raubtiere bei der Verfolgungsjagd erfolgreicher als allein.

Die Zusammenarbeit bei der Jagd führte zu ausgeklügelten Sozialstrukturen. Ein Wolfsrudel besteht aus einer erweiterten Familie um ein dominantes Pärchen, das auch für den Nachwuchs sorgt. Es verfügt über ein Versorgungssystem, in dem die Jungen, die sich keinem anderen Rudel anschließen, zu dienenden Untergebenen heranwachsen, sowie über eine detaillierte Körpersprache, über eine lautliche Sprache sowie über Gesten der Beschwichtigung, der Zusammengehörigkeit und des Missfallens.

Dasselbe Muster hat sich mehrmals wiederholt. Die Katzen-Linie verzweigte sich später erneut und brachte die Hyänen hervor, die sich zu Räubern entwickelten, die in der Gruppe jagen und über ausgefeilte Sozialstrukturen verfügen. Noch später begab sich eine andere Gruppe von Katzen in die Savannen, die ihren Vorfahren anatomisch noch recht ähnlich waren: Der Löwe ist im Gegensatz zu anderen Katzen gesellig und jagt im Rudel.

Doch auch die einzelgängerische Lebensweise bot immer gewisse Vorteile. Der Fuchs hat die Praktiken seiner prä-caniden Vorfahren wieder entdeckt. Sein Verhalten erinnert eher an das von Katzen als an das von Hunden: er ist ein Einzelgänger, außer zur Paarungszeit; er ist ein Pirschjäger und kein besonders ausdauernder Läufer; er klettert auf Bäume, frisst Mäuse und Larven, und seine winzigen Jungen werden von Eulen und Adlern erbeutet.

Die grundlegenden Merkmale von Caniden sind so beherrschend, dass sie auch bei anderen, nicht verwandten Familien auftreten. Paviane und Hunde haben nicht nur dieselbe Sozialstruktur, sondern zeigen auch gewisse anatomische Ähnlichkeiten, obwohl sie nicht miteinander verwandt sind – ein Beispiel für konvergente Evolution. Der offensichtlichste Fall unter den Primaten ist allerdings der Mensch. Auch wir stiegen irgendwann von den Bäumen herab, wurden zu Jägern schneller Huftiere und entwickelten infolgedessen komplexe Sozialstrukturen.

Zwischen Mensch und Wolf bestehen elementare Ähnlichkeiten: Wir verständigen uns beide durch Laute, wir verfügen beide über komplexe Sozialstrukturen, unsere Körpersprachen sind sich so ähnlich, dass wir uns gegenseitig verstehen können, und wir haben beide einen tief verwurzelten Jagdtrieb, der manchmal dazu führt, dass wir weitaus mehr töten als erforderlich. Diese Affinitäten sind tief in unserer Entwicklung verwurzelt. Wir haben beide unbeholfenen Nachwuchs mit großen Köpfen und Füßen. Der arteigene Nachwuchs löst bei Erwachsenen beider Arten Beschützerinstinkte aus, doch die Auslöser dafür sind so unspezifisch, dass sie sich als artenüberschreitend erweisen. Auf der einen Seite sind Menschen in der Lage, junge Wölfe zu »adoptieren«, auf der anderen gibt es Belege dafür (die allerdings umstritten sind), dass wild lebende Wölfe hin und wieder Kinder beschützen. Der Grund dafür sind vermutlich ähnliche Instinkte.

Sowohl Wölfe als auch Menschen durchlaufen in ihrer Entwicklung Phasen intensiven Lernens. Während dieser »prägenden« Phasen müssen bestimmte Fertigkeiten erlernt werden, sonst werden sie niemals erlernt. Für Wölfe stellt das Jagen eine erlernbare Fertigkeit dar, bei Menschen zählt die Sprache dazu. Doch der Jagdinstinkt eines Caniden kann während der prägenden Phase modifiziert und den Lebensumständen des jeweiligen Tiers angepasst werden. So kann ihm zum Beispiel beigebracht werden, den Wünschen eines Menschen zu entsprechen.

Diese Affinitäten ermöglichen es Menschen und Wölfen, in einer hybriden Gesellschaft zu leben. Eine weitere Zutat vervollständigt diese Symbiose: Neotenie, die Beibehaltung kindlicher Merkmale bis ins Erwachsenenalter. Für den Hund – wie auch für das Schwein – stellt die Neotenie eine Abkürzung in der Evolution dar. Sie erlaubt ihm, im Laufe seiner individuellen Entwicklung Adaptionen aufzugreifen, ohne sie schrittweise entwickeln zu müssen. Darin unterscheidet sich der Hund vom Wolf: Er ist ein auf Dauer kindlicher Wolf, dessen infantile Bereitschaft, sich einer Autorität unterzuordnen, erhalten bleibt. Und er fügt sich in die menschliche Gesellschaft ein, indem er sein kindliches Verlangen nach ständiger Zuneigung beibehält und so die Herzen der Menschen für sich gewinnt.

Viel wichtiger für das Interesse des Menschen an Hunden als lebendige Spielzeuge ist jedoch die Tatsache, dass die Neotenie ein enormes physisches Potenzial mit sich bringt, eine Formbarkeit, hervorgerufen durch die Veränderungen, die Säugetiere während ihres Reifeprozesses durchlaufen. Stellen Sie sich vor, Ihre körperliche Entwicklung hätte im Alter von 13 Jahren stagniert, als Sie gerade einen Wachstumsschub hatten. Sie wären jetzt größer als die meisten Menschen. Hunde können aufgrund von Neotenie innerhalb weniger Generationen durch selektives Kreuzen größer oder kleiner werden. Aber die Größe ist nur ein Beispiel; jedes Merkmal, das sich im Laufe der Entwicklung verändert, kann zu einem bestimmten Zeitpunkt »einfrieren«. Diese Abweichung von der Norm kann dann an den Nachwuchs weitergegeben werden. Aus diesem Grund können wir Hunde züchten, die besonders scharf oder besonders anhänglich sind. Die meisten spezifischen Merkmale von Hunden haben eine neotene Komponente. Mit anderen Worten: Die Neotenie hat uns unterschiedliche Hunderassen beschert.

Wenn Hunde verwildern, streifen sie meist an den Rändern menschlicher Siedlungen umher und ernähren sich von unseren Abfällen. Sie ähneln eher straffälligen Halbwüchsigen als unabhängigen Erwachsenen, sie verlieren die rassenspezifischen Merkmale, die wir ihnen angezüchtet haben, und erinnern an Teenager, die sich ihren Eltern entfremden, ehe sie ihre erwachsene Persönlichkeit entwickeln.

Wie bereits erwähnt, sind wir Menschen ebenfalls domestiziert, halten uns aber trotzdem für Gebieter. In Hunderten von Nächten bin ich bei Regen und Schnee nach draußen gestapft, um die Hunde zu füttern und ihnen Wasser zu geben: Ich diene ihnen. Ich habe schwere Eimer zum Schweinetrog geschleppt: Ich diene den Schweinen. Ich habe Pferde gestriegelt, Enten mit Brot gefüttert, Hühnerfutter ausgestreut und Mist aus den Boxen von Rindern geschaufelt: All das sind Dienste, die ich »niederen« Tieren erweise.

Das Versorgen von Tieren ist – wie auch das Anbauen von Getreide – eine Wurzel unserer Sozialstruktur. Es hat uns dazu gebracht, sesshaft zu werden, Mauern und Zäune zu errichten, und ist letztendlich auch die Basis unserer Wirtschaft und Kultur. Zu verdanken haben wir das dem Hund, denn es war der Hund mit seiner feinen Nase und seinen scharfen Ohren, der es uns ermöglicht hat, unsere Herden vor nächtlichen Räubern zu schützen. Unsere Werkzeuge – unsere Intelligenz und unser Sehvermögen – ergänzen sich mit seinen Sinnen, und wir verfügen beide über einen Revierinstinkt, der uns ein gemeinsames Ziel setzt.

Als die ersten Europäer Nordamerika erkundeten, stellten sie manchmal fest, dass ihnen einsame Wölfe folgten, die ihre Abfälle fraßen und sie weckten, wenn sich Bären oder andere Wölfe näherten. So muss auch in der Vorgeschichte die Partnerschaft zwischen Mensch und Caniden begonnen haben. Vermutlich fingen die Menschen irgendwann an, Wölfen und Schakalen ihre Jungen wegzunehmen und sie großzuziehen. Diese Partnerschaft führte dazu, dass sich aus dem Caniden der Hund entwickelte: Bei domestizierten Wölfen und Schakalen traten nach einigen Generationen neotene Merkmale hervor. Der Unterschied zwischen einem Hund und einem Wolf wurde also von Menschenhand herbeigeführt. Dabei handelt es sich allerdings nicht um einen Fall bewussten Eingreifens. Wie ein Pilz, der eine Alge vergesellschaftet, um mit ihr die unter der Bezeichnung Flechte bekannte Symbiose zu bilden, haben wir den Hund vergesellschaftet, um mit ihm in einer Symbiose zu leben, die uns beide neu erschaffen hat.

Wer beschließt, Hund und Wolf zu kreuzen, versucht gleichzeitig, die uralte Kluft zwischen zahm und wild zu überbrücken, zwischen dem, was mit uns lebt, und dem, was sich ungesehen in der Nacht bewegt. Diese Kluft haben wir selbst vor Tausenden von Jahren geschaffen, als wir den Wölfen und Schakalen, die unsere Abfälle fraßen, ihre Jungen wegnahmen. Und wir haben sie vertieft, als wir diese adoptierten Caniden auf ihre wilden Geschwister hetzten, ihnen eiserne Stachelhalsbänder anlegten und sie lehrten, menschliche Behausungen und Herden vor ihresgleichen zu beschützen.

So alt diese Kluft nach unseren Maßstäben auch sein mag, aus größerer Distanz betrachtet ist sie verhältnismäßig neu: sie tat sich erst kurz vor Beginn der Geschichtsschreibung auf. Die ältesten Belege für das Zusammenleben von Mensch und Hund sind nicht älter als 14 000 Jahre – ein Bruchteil der Jahrmillionen, die wir als gesellige Jäger in den Savannen verbrachten. Das Verhältnis entwickelte sich von Gegend zu Gegend unterschiedlich: Im Norden Europas wurde der Hund verehrt, in Palästina verachtet. Doch solche Unterschiede sind vorwiegend auf die jeweilige Weltanschauung zurückzuführen. Hunde sind überall in das Leben der Menschen eingebunden, als niederste Mitglieder unserer Gesellschaft.

Die Partnerschaft von Mensch und Wolf begann auf der ganzen Welt mehr oder weniger gleichzeitig. Genau das ist das Merkwürdige daran: die Universalität einer Verbrüderung zwischen zwei Arten. Diese Verbrüderung unterscheidet den Hund von anderen Caniden. Und sie unterscheidet die moderne Menschheit von ihren Vorläufern, denn sie ist ein elementarer Bestandteil unserer Verwandlung von Jägern und Sammlern zu sesshaften Geschöpfen.

Wenn die Menschheit morgen aussterben würde, würden Hunde und Wölfe damit beginnen, die Kluft zwischen sich zu schließen. Der Hund würde seine Anpassungsfähigkeit und seine Artenvielfalt einbringen, der Wolf seine Unabhängigkeit und seine Sozialstruktur. Spezielle Züchtungen würden innerhalb weniger Generationen aussterben, da die schwachen Herzen der Reinrassigen im Wettbewerb mit der Vitalität der Mischlinge unterliegen würden. Und durch die Straßen unserer Geisterstädte würden Schakale streifen.

BRAUNSPINNEN

1. Variante: Nekrose

Ein Freund von mir, der Hobby-Herpetologe ist, sich also mit Lurchen und Kriechtieren beschäftigt, besaß einmal eine Haiti-Anolis. Die Echse maß von der Schnauze bis zur Kloake etwa 15 Zentimeter und besaß einen sieben bis acht Zentimeter langen Schwanz. Sie entwischte im Haus meines Freundes, doch zur Freude seiner Familie fand er sie wenige Tage später wieder und konnte sie einfangen.

Er stellte fest, dass mit dem Tier irgendetwas nicht stimmte. Es hatte zwei Wunden im Maul, die sich schnell zu Abszessen entwickelten. Über dem linken Auge der Anolis wuchs ein blasser Knoten. Aus den Mundverletzungen schloss mein Freund, dass die Echse irgendetwas gefressen haben musste, das sie verletzt hatte. Er durchsuchte sein Haus und fand einige Braunspinnen, aber keine Insekten und auch keine anderen Gliederfüßer. Braunspinnen sind verhältnismäßig klein und abgesehen von der Zeichnung auf ihrem Rücken, die ihnen hierzulande im Volksmund die Namen »Geigenrücken« und »Violinenspinne« eingebracht hat, unauffällig gefärbt.

Mein Freund wusste, wozu Braunspinnen und ihre Verwandten imstande sind. (Verschiedenen Schätzungen zufolge gibt es in den Vereinigten Staaten ungefähr ein Dutzend Braunspinnenarten.) Er folgerte daraus, dass die Anolis eine der Spinnen gefressen hatte und von ihr dabei ins Maul gebissen worden war.

Die Symptome der Anolis bestätigten seine Diagnose bald auf grausige Weise. Der Knoten über dem Auge verwandelte sich in einen wässrigen, graubraunen Klumpen toten Gewebes – Wissenschaftler bezeichnen diese Erscheinung als Nekrose. Die Wunden im Maul der Echse vergrößerten sich und wurden schwammig, als parasitäre Pilze das abgestorbene Gewebe befielen. Zwei Tage später war die Anolis tot.

Verschiedene Tiere reagieren genauso wie die Echse meines Freundes. Bei Hasen, die von Braunspinnen gebissen wurden, treten immer nekrotische Läsionen auf, an denen manche von ihnen sterben. Dasselbe gilt für Meerschweinchen. Aufgrund der gleich bleibenden Reaktionen von Hasen und Meerschweinchen benutzen Wissenschaftler sie zur Erforschung des Gifts.

Eine Frau klagte über Schmerzen in der Wade, die sich anfühlten, als hätte sie sich eine Prellung zugezogen. Die Stelle verfärbte sich rot und schwoll an, und in der Mitte zeigte sich ein schwarzer Punkt. Bald wurden die Schmerzen der Frau so stark, dass sie in die Notaufnahme gebracht wurde. Die Diagnose lautete »Loxoscelismus«, das ist die wissenschaftliche Bezeichnung für den Zustand, der durch einen Braunspinnenbiss hervorgerufen wird. Die Frau hatte im Haus und in der Garage gearbeitet, konnte jedoch keine genauen Angaben machen, wo und wann sie gebissen worden war.

Die Ärzte konnten nicht viel für sie tun. Das Gegengift wirkt nur, wenn es innerhalb einer halben Stunde nach dem Biss verabreicht wird, und der wird meistens – wie auch in diesem Fall – nicht wahrgenommen. Eine langwierige Behandlung mit Antibiotika folgte. Wenn ein Medikament keine Wirkung zeigte, versuchten die Ärzte es mit einem anderen. Währenddessen verschlechterte sich die schmerzhafte Wunde zusehends, und aus ihrem Zentrum sickerte Flüssigkeit wie aus einem weinenden Auge. Der Bereich des abgestorbenen Gewebes vergrößerte sich, und während er wuchs, stellten sich neue Infektionen ein. Schließlich überwiesen die Ärzte die Frau zu einem plastischen Chirurgen.

Der Chirurg schnitt ihr eine Nekrose von der Größe einer reifen Pflaume aus der Wade. Die Fäden wurden erst zwei Monate später gezogen. Der Spinnenbiss hatte der Frau fast ein halbes Jahr lang das Leben schwer gemacht und es manchmal sogar bestimmt. Was ihr blieb, war eine große Narbe.

Das Erlebnis der Frau liegt in der Mitte der Skala: Manche Menschen hatten mehr Glück mit den Symptomen nach dem Biss einer Braunspinne, manche weniger.

Ein Freund von mir hatte sich in einer Holzhütte am North Platte River in Wyoming einquartiert. Die Wandverkleidung in der Hütte war schlampig angebracht; als er später wegen seines Problems Nachforschungen anstellte, erfuhr er, dass lockere Wandverkleidungen einen idealen Lebensraum für Braunspinnen darstellen. Ihre Angewohnheit, sich in Spalten zu verstecken, ist vermutlich der Ursprung ihres englischen Namens *Recluse*, »Einsiedler«, obwohl ihre Jagdgepflogenheiten zeigen, dass sie alles andere als scheu sind. Eines Morgens erwachte mein Freund mit einer Entzündung in der Armbeuge, die zu einer schmerzhaften Pustel anwuchs. Die Pustel war von einem blassen Ring umgeben, von dem strahlenförmig rote Streifen wegführten. Das Gewebe im Bereich der Entzündung vertrocknete, fiel ab und hinterließ eine Narbe. Nach sechs bis acht Wochen war die Wunde verheilt.

Der Onkel meines Freundes, der Jahrzehnte vorher gebissen worden war, hatte weniger Glück. Niemand aus seiner Familie kann sich an die genauen Umstände des Bisses erinnern. Sie erinnern sich nur noch daran, dass sich der untere Teil seines Beins »auflöste«.

Hautbereiche, die infolge eines Braunspinnenbisses absterben, verheilen nie wieder. Das Gift setzt auf bislang ungeklärte Weise das Immunsystem und damit die Regenerationsfähigkeit des Körpers außer Kraft. Das Opfer kann nur hoffen, dass der befallene Bereich möglichst klein bleibt. Manchmal ist das allerdings nicht der Fall.

Auf einem Foto, das eine Betroffene Wissenschaftlern zur Verfügung stellte, ist ein faustgroßer Klumpen schwarz verfärbten Fleisches an ihrem Oberschenkel zu sehen. Die Frau überlebte, geht jedoch seitdem am Stock. Etliche Menschen sind infolge eines Bisses an Faulbrand gestorben, andere wurden durch den chirurgischen Eingriff entstellt oder mussten sich einer Amputation unterziehen.

2. Variante: Immunität

Die weiße Ratte, der Inbegriff des Versuchstiers, ist für Toxikologen, die das Gift der Braunspinne untersuchen, völlig ungeeignet. Ratten reagieren nicht auf Braunspinnengift. Die Wirkung des Gifts auf Menschen zu erforschen ist schwierig, da der Biss nur selten wahrgenommen wird. Die Klauen der Braunspinne packen wie eine Beißzange zu, legen die oberste Hautschicht in Falten und injizieren dem Opfer Gift zwischen diese Schichten, ohne ihm dabei eine nennenswerte Verletzung zuzufügen. Doch offensichtlich können sich die meisten Menschen ebenso glücklich schätzen wie Ratten: Sie reagieren überhaupt nicht auf den Biss einer Braunspinne.

3. Variante: Plötzlicher Tod

Mit Mäusen können Braunspinnenforscher ebenso wenig anfangen. Eine gebissene Maus reagiert mit drastischem Blutdruckabfall und stirbt, bevor brauchbare Daten gesammelt werden können.

Ein Mann trug Holzscheite. Als er eine Ladung ablegte, bemerkte er eine Spinne, die sich mit den Klauen in der Haut seines Arms verhakt hatte. Er fing die Spinne in einem Glas ein und nahm sie mit in die Notaufnahme, wo er tot zusammenbrach. Bei der Spinne handelte es sich um eine Braunspinne.

Ich lernte eine Frau kennen, die ständig krank war. Jede Grippewelle fesselte sie mindestens einmal ans Bett. Sie fühlte sich nie gut, auch wenn sie keine erkennbaren Krankheitssymptome hatte. 15 Jahre zuvor war sie von einer Braunspinne gebissen worden; eigenen Angaben zufolge hatte sie sich bis zu diesem Zeitpunkt bester Gesundheit erfreut.

Der Biss einer Braunspinne hatte sie ein Stück Gewebe am Bein gekostet und die übliche Narbe hinterlassen, ansonsten hatte sie sich jedoch erholt. Ihre Anfälligkeit für Krankheiten entwickelte sich kurze Zeit später. Als sie sich nach Jahren damit abfand, dass irgendetwas mit ihr nicht stimmte und dass sich hinter ihren häufigen Erkrankungen eine Funktionsstörung verbarg, beschloss sie, ihre Krankheitsgeschichte schriftlich festzuhalten. Dabei fiel ihr plötzlich ein Ereignis auf, das sie immer für nebensächlich gehalten hatte: Der Spinnenbiss, der ihr ein paar Wochen lang Schwierigkeiten bereitet hatte, stand am Anfang ihrer gesundheitlichen Probleme.

Ich hörte ihr aufmerksam zu und machte mir Notizen. Es gab keinen Grund, an ihren Angaben zu zweifeln, aber ich glaubte nicht, dass der Spinnenbiss für alles verantwortlich sein konnte, was sie durchgemacht hatte. Insgeheim vermutete ich, dass sie an irgendeiner noch nicht diagnostizierten Erkrankung des Immunsystems litt, wie zum Beispiel an *Lupus erythematodes*, einer tuberkulösen Hautflechte. Ich spielte sogar mit dem Gedanken, dass ich es mit einer Hypochonderin zu tun hatte.

Wir besuchten zusammen den Vortrag eines Toxikologen, der auf Braunspinnengift spezialisiert war. Seine Antwort auf ihre Geschichte lässt sich in zwei Punkten zusammenfassen. Erstens: Er hatte bereits von ähnlichen Spätfolgen, die durch Braunspinnengift ausgelöst wurden, gehört. Spezialisten wussten bereits seit mehreren Jahren davon, und für einen Zusammenhang gab es zahlreiche Indizien. Zweitens: Es ist außerordentlich schwierig, ein derart verzögert auftretendes Phänomen zu erforschen, und niemand weiß, warum es auftritt und wie es behandelt werden kann. Die Frau fühlte sich bestätigt und ging trotz der schlechten Nachrichten zufrieden nach Hause.

Der Toxikologe erklärte mir, welche seltsamen Reaktionen das Gift auslöst. Bei manchen Menschen bringt es die weißen Blutkörperchen dazu, zu Verrätern zu werden und den Körper anzugreifen. Das ist die Ursache für Nekrosen. Die Interaktion des Gifts und des menschlichen Immunsystems ist ein komplizierter Tanz mit faszinierenden und erschreckenden Folgen. Wenn man in der Lage wäre, die Abwehrfunktionen des Körpers unabhängig voneinander einzuschalten – so wie das Gift es tut –, wüsste man mehr über Aids und alle anderen Immunschwächekrankheiten. Man könnte Krebs ohne Skalpell, Bestrahlung und gesundheitsgefährdende Chemikalien behandeln. Man könnte weiße Blutkörperchen darauf programmieren, Gehirntumoren zu beseitigen.

Bislang wissen wir allerdings so gut wie nichts über das Gift und seine Begleiterscheinungen.

Der Braunspinne selbst bringt ihr nekrotisierendes Gift keine bekannten Vorteile. In dieser Hinsicht ähnelt sie der Schwarzen Witwe mit ihrem unnötig bösartigen Gift. Doch der Fall der Braunspinne ist noch seltsamer.

Das Gift der meisten Spinnen enthält einen Inhaltsstoff, der Insekten lähmt oder tötet, und die Braunspinne macht in dieser Hinsicht keine Ausnahme. Die für Menschen schädliche chemische Substanz im Gift der Braunspinne ist jedoch eine andere als diejenige, die Insekten schwächt. Das Toxin der Schwarzen Witwe hat beim Beutefang einen offensichtlichen Nutzen: zufälligerweise kann es auch großen Tieren gefährlich werden. Die Gefährlichkeit der Braunspinne beruht dagegen auf einem zusätzlichen, offenbar überflüssigen Toxin in ihrem Gift. Das Gift der Braunspinne unterscheidet sich auch von dem der Klapperschlange, das dazu dient, Drohungen wahr zu machen, die zuvor von einem Warnsystem ausgestoßen wurden. Die Braunspinne schlägt ohne Vorwarnung zu.

Braunspinnen kamen in den Vereinigten Staaten 1957 in Verruf. Selbstverständlich wurden sie nicht erst in diesem Jahr eingeschleppt, sondern waren schon immer vorhanden. Bereits früher waren Menschen von Braunspinnen gebissen und zum Teil schwer verletzt oder sogar getötet worden. Doch wie bei der Schwarzen Witwe glaubten Ärzte und Wissenschaftler nicht an die Gefährlichkeit der Spinne, was dazu führte, dass die breite Öffentlichkeit unaufgeklärt blieb und die Situation noch gefährlicher wurde. Allerdings sind die Menschen schon immer sehr unterschiedlich mit den beiden Spinnen umgegangen, und im Fall der Braunspinne darf die Schuld nicht ausschließlich ungläubigen Wissenschaftlern in die Schuhe geschoben werden. Weitere Faktoren sind die Gewohnheiten der Braunspinne, ihr Aussehen und die nackten Tatsachen hinsichtlich sanitärer Anlagen.

Europäische Siedler hatten bereits vor der Unabhängigkeitserklärung der Vereinigten Staaten Informationen über die Schwarze Witwe gesammelt. Viele Indianerstämme wussten, wie gefährlich die glänzenden Spinnen sind, und einige von ihnen gaben dieses Wissen an die Europäer weiter. Mir ist nicht bekannt, ob die Indianer auch Kenntnisse über Braunspinnen besaßen; wenn ja, wurde das von den Europäern nicht aufgezeichnet. Die Furcht vor Braunspinnen hatte keine Tradition.

Das Aussehen der beiden Spinnenarten spielt dabei eine entscheidende Rolle. Witwen sind unverwechselbar. Sie sind leicht an ihrer glänzenden Warnzeichnung zu erkennen. Braunspinnen gibt es in verschiedenen matten Farbtönen. Es gibt eine beigefarbene Art, mehrere braune Arten, einige beigebraune Arten und so weiter. Sie besitzen keine charakteristischen Merkmale. Manche Braunspinnenarten tragen eine Zeichnung in Form einer Violine auf dem Hinterleib, doch das ist kein charakteristisches Merkmal. Eine ähnliche Zeichnung ist auch auf dem Rücken einer bestimmten Wolfsspinnenart und einer harmlosen Laufspinnenart zu finden – um nur zwei zu nennen. Ich bin der Violine bereits in meinem eigenen Haus begegnet. Sie ist hierzulande nicht charakteristischer als der Name »Smith«.

Ein anderer Grund, weshalb die Spinne nicht als Gefahr erkannt wurde, ist ihr zunächst schmerzfreier Biss. Kaum jemand brachte die richtige Spinne mit dem Biss in Verbindung, es sei denn, er ertappte sie auf frischer Tat. Dazu kommt noch die Unberechenbarkeit des Gifts. Obwohl manche Menschen daran sterben, treten bei der Mehrheit keinerlei Symptome auf, und der größte Teil derer, die Symptome haben, leidet unter Nekrosen und nicht unter Wirkungen, die andere Bereiche des Organismus betreffen. Andere giftige Tiere, wie etwa Klapperschlangen oder Schwarze Witwen, verursachen unterschiedliche, aber wesentlich besser berechenbare Symptome.

Alle diese Faktoren verhinderten, dass die breite Öffentlichkeit viel über Braunspinnen erfuhr. Das soll allerdings nicht heißen, dass niemand etwas wusste; manch einer hatte böse Erfahrungen mit einem Biss gemacht und diese schriftlich festgehalten. In den Vereinigten Staaten wurden bereits in den siebziger Jahren des 19. Jahrhunderts solche Fälle aufgezeichnet. Allerdings reagierten damals Wissenschaftler und Ärzte auf Berichte über tödliche Spinnen mit empörten Vorträgen über die Leichtgläubigkeit der Bevölkerung. Es gibt in der Tat nichts, was Wissenschaftler mehr hassen, als von Nicht-Wissenschaftlern belehrt zu werden. Was sie fast genauso hassen, sind Fakten, die nicht in ihre Theorie passen – ein merkwürdiger Standpunkt für jemanden, der angeblich empirische Forschung betreibt.

Bis Anfang des 20. Jahrhunderts verkündeten die Experten selbstgefällig, dass es in den Vereinigten Staaten keine Giftspinnen gäbe. Als schließlich Beweise für das tödliche Potenzial der Schwarzen Witwe vorlagen, machten die meisten Fachleute leichtgläubigen Journalisten weis, es gäbe nur eine giftige Spinnenart in den USA.

1934, im selben Jahr, in dem Dr. Blair seinen Bericht über die Witwe veröffentlichte, die ihn beinahe getötet hätte, publizierte ein Wissenschaftler namens Machiavello die ungeschminkte Wahrheit über eine Spinnenart aus Chile, die so genannte *Loxosceles laeta*. Exemplare dieser Art verstecken sich in Kleidungsstücken und Bettbezügen und beißen, wenn man sie versehentlich zerdrückt. Zu den

Symptomen, die ihr Biss verursacht, zählen unter anderem nekrotische Läsionen.

Die *Loxosceles laeta* gehört zur selben Gattung wie die Braunspinne. Mit anderen Worten: Einer nordamerikanischen Spinnenart wurde vorgeworfen, dass ihre Vertreter Menschen beißen und Nekrosen verursachen; bei einer eng verwandten Spinnenart aus Südamerika wurde genau dasselbe nachgewiesen, und trotzdem gingen die meisten amerikanischen Wissenschaftler nach wie vor davon aus, dass die Schwarze Witwe die einzige Giftspinne in den Vereinigten Staaten sei. Die Witwe wurde für viele Braunspinnenbisse verantwortlich gemacht, und Nekrosen wurden für ein Symptom von Witwenbissen gehalten. (Schwarze Witwen können tatsächlich Infektionen übertragen, die nekrotische Entzündungen hervorrufen.)

Natürlich ließen sich nicht alle Wissenschaftler von solchen Vorurteilen beeinflussen. Manche von ihnen dokumentierten, dass einige Spinnenarten bei Menschen leichte systemische Symptome hervorrufen können. Doch den größten Einfluss auf die Forschung in diesem Gebiet hatte die Verlegung der Toiletten ins Innere der Häuser. Nirgendwo wurden so viele Witwenbisse verzeichnet wie in Außentoiletten. Als in den fünfziger Jahren innerhalb kürzester Zeit die meisten Außentoiletten nach drinnen verlegt wurden, ging die Zahl der Witwenbisse drastisch zurück. Die Ärzte stellten daraufhin fest, wie viele der Spinnenbisse, die sie behandelten, einer Kategorie angehörten, die einst in der Minderzahl gewesen war – einer Kategorie, die bei Patienten Nekrosen verursachte. Warum blieben die herkömmlichen Fälle der von Schmerzen und Schweißausbrüchen begleiteten Witwenbisse aus, wenn die seltsamen Fälle von absterbendem Gewebe weiterhin auftraten? Es war, als wäre das Meer zurückgewichen und hätte einen Felsblock, der sich ehemals unter Wasser befunden hatte, mitten auf dem Strand zurückgelassen. Die Wissenschaft war endlich bereit zu akzeptieren, dass es noch andere Spinnen gab, die Menschen gefährlich werden konnten. 1957 berichteten medizinische Fachzeitschriften erstmals von Nekrosen, die nachweislich von Braunspinnenbissen verursacht worden waren, und bald darauf waren diese Neuigkeiten auch in Zeitungen, Illustrierten und populärwissenschaftlichen Büchern nachzulesen.

Als Braunspinnen damals Schlagzeilen machten, wurden sie oft ungenau beschrieben. In einem Buch wurden sie zum Beispiel als »große, behaarte Spinnen« bezeichnet. Eines dieser drei Worte trifft zu. Vermutlich geht diese falsche Beschreibung darauf zurück, dass einige große, behaarte Wolfsspinnen ebenfalls eine violinenähnliche Zeichnung auf dem Rücken tragen. Man findet sogar Bücher aus dieser Zeit, die Braunspinnen der Gattung *Latrodectus* zuordnen, zu der jedoch nur Witwen gehören, und Witwen haben mit Braunspinnen ebenso viel gemein wie Menschen mit Giraffen.

In den letzten vier Jahrzehnten hat die Boulevardpresse die neue Parole der Wissenschaft deklamiert: In den Vereinigten Staaten gibt es nur zwei giftige Spinnenarten. Wie üblich hat uns die Annahme, wir seien allwissend, in Schwierigkeiten gebracht. 1996 berichtete die Zeitschrift *JAMA: The Journal of the American Medical Association*, dass der Biss einer weiteren Spinnenart bei Menschen Nekrosen verursachen und zum Tod führen kann. Die wissenschaftliche Bezeichnung dieser Spinne lautet *Tenegaria agrestis*, im Volksmund wird sie hierzulande »Landstreicherspinne« genannt oder trägt den reizenden Namen »Aggressive Hausspinne«. Diese Art wurde bereits vor langer Zeit katalogisiert, und Vertreter ihrer Gattung sind auf der ganzen Welt anzutreffen. Sie wurde schlicht und einfach als ungefährlich betrachtet, da man davon ausging, dass es in den USA zunächst nur eine, später noch eine zweite giftige Spinnenart gab. Die Symptome nach dem Biss einer *Tenegaria agrestis* wurden oft für das Werk einer Braunspinne gehalten.

In Wahrheit weiß niemand genau, wie viele giftige Spinnenarten tatsächlich existieren. Neben den in den Vereinigten Staaten bekannten Arten gibt es weltweit noch eine Hand voll anderer Spinnenarten, die Menschen erwiesenermaßen töten können – die Australische Falltürspinne, die Brasilianische Wanderspinne und einige tropische Tarantelarten. Die erheblichen Unterschiede zwischen diesen Spinnenarten lassen erkennen, dass überall in der weit verzweigten Spinnenfamilie eine Art auftauchen kann, die über ein besonders bösartiges Gift verfügt. Niemand sollte überrascht sein, wenn in 40 Jahren eine weitere tödliche Art entdeckt wird.

Bei einer kürzlich abgehaltenen Konferenz präsentierte ein Wissenschaftler, der soeben aus den Wäldern Zentralamerikas zurückgekehrt war, die Exemplare, die er dort gesammelt hatte. Es handelte sich um Dutzende verschiedene Arten aus der Gattung der Braunspinnen, von denen bis dahin keine einzige katalogisiert worden war.

Im Sommer ging ich regelmäßig in den Schuppen, um Ungeziefer zu jagen. Fast immer fand ich in der nordöstlichen Ecke das Netz einer drallen Schwarzen Witwe, das zwischen den Blechwänden und den verschweißten Metallstreben gespannt war. Ich warf jedes Mal eine Grille ins Netz, um die Witwen herauszulocken. Sie kamen vorsichtig aus ihrem Versteck und klopften mit ihren langen Vorderbeinen die Fäden ab. Das Zappeln der Grillen bestätigte ihre Diagnose, dass sich Nahrung im Netz befand. Dann stürmten sie auf ihre Beute los, hielten dabei jedoch immer wieder inne, um mit den Beinen zu »lauschen«. Wenn sie sich bewegten, zitterte ihr Abdomen wie eine Seifenblase, die kurz davor ist zu platzen. Sie hingen immer mit dem Bauch nach oben im Netz, und die rote Sanduhr auf ihrem Abdomen schimmerte im Halbdunkel wie eine Wunde. Sobald sie sich weit genug vorgewagt hatten, fing ich sie ein.

Ich nehme an, dass Ausrichtung und Form des Schuppens den Luftzug in diese Ecke lenkten. Offenbar wurden Jahr für Jahr junge Witwen vom Wind dorthin getrieben, denn ich fing jeden Sommer neue erwachsene Spinnen ein.

Beute für sie zu finden war nie ein Problem. Fast immer sausten auf dem Betonboden einige Grillen umher, die von der plötzlichen Lichtflut aufgeschreckt wurden, wenn ich die Tür öffnete. Am Boden entlang der Wände krabbelten Kugelasseln, und im unteren Bereich des Witwennetzes hingen die vertrockneten Hüllen ihrer Artgenossen wie schmutzige Quasten an einem Schal. Ich konnte immer noch weitere Kugelasseln aufscheuchen, indem ich Wasser in die Ritzen im Beton goss. Quer durch den Schuppen führte meistens eine Ameisenstraße; was dort transportiert wurde und wohin, blieb mir verborgen. Wenn hin und wieder ein Kakerlak über einen Karton huschte, ertönte ein Geräusch wie das eines aufflammenden Streichholzes. Nachdem er wieder von der Bildfläche verschwunden war, blieben nur seine hieroglyphischen Spuren im Staub zurück.

An den Querstreben klebten mehrere Lehmwespennester. Sie bestehen aus hellem Schlamm, der nach dem Aushärten härter ist als ein Ziegelstein. (Als ich einmal ein solches Nest mit einem Ziegelstein aufschlagen wollte, gab der Ziegel zuerst nach.) An den Blechwänden entdeckte ich manchmal auf Augenhöhe die Eikapsel einer Gottesanbeterin – ein hartes, geripptes Gebilde von der Form eines Grabhügels.

In dem Schuppen blühte das Leben, doch das sollte sich bald ändern.

Der Schuppen musste aufgeräumt werden. Ich hatte ihn seit langem nicht mehr betreten.

An den Querstreben hingen noch immer Wespennester, aber keine einzige Wespe schwirrte durch die staubige Luft. Als ich gegen eines der Nester klopfte, zerbröselte es. An einem anderen Nest fand ich die Reste eines Spinnennetzes. Weit und breit war keine Grille zu sehen, und es sang auch keine im Verborgenen. Ich sah keine Kakerlaken, keine Ameisen, keine Kugelasseln und entdeckte auch keine Eikapseln an den Wänden. Die Ecke, in der die Witwen früher ihre Netze gewebt hatten, war leer. An den Wänden hingen kleine, scheinbar formlose Gespinstknäuel. Sie waren nicht das Werk von Witwen; die Beschaffenheit war anders.

Aber ich musste mich um meine Arbeit kümmern. Als ich eine alte Kiste mit Steuerunterlagen anhob, kitzelte mich etwas an den Fingern.

Ich ließ die Kiste fallen und drehte sie um. Auf der Unterseite befanden sich etliche kleine Spinnen, und einige weitere krabbelten dort umher, wo die Kiste gestanden hatte. Die Spinnen waren braun und hatten dünne Beine. Die meisten von ihnen reagierten nicht auf meine Störung, doch die zwei, die es taten, flüchteten blitzschnell auf die Rückseite der Kiste.

Ich streifte mir wie wild die Arme ab, wo sie die Kiste berührt hatten. Ich hatte die Spinnen an ihrer Bewegung erkannt: Es handelte sich um Braunspinnen.

Anschließend ging ich nach draußen ans Tageslicht und untersuchte meine Finger an den Stellen, wo ich eine Berührung wahrgenommen hatte, konnte jedoch keine Bissverletzungen entdecken.

Ich zog Handschuhe an und ging wieder in den Schuppen. Unter jedem Regalbrett, in jeder Schublade, hinter jeder Wandstrebe und in jeder Ritze waren Braunspinnen, die in der Nachmittagshitze in Schlafsäcken aus Seide dösten. Wenn ich sie aufschreckte, sausten sie in rhythmischen Bogenlinien davon. Die rasante Bewegung ihrer dünnen Beine erinnerte mich an lodernde Flammen. Überall befanden sich Netzfetzen. Ich fand einige scheibenförmige Gespinste, die orangefarbene Gelege umschlossen. Abgeworfene Spinnenhäute lagen ebenfalls herum, die sich nur darin von den Spinnen selbst unterschieden, dass die Beinhüllen gerade nach hinten zeigten.

Ich fing eine Spinne in einem Marmeladenglas ein. Zwei zu fangen hatte keinen Sinn; wenn man zwei Braunspinnen in ein Glas setzt, ist bald nur noch eine übrig. Als ich die Spinne später auf dem Küchentisch bei gutem Licht genauer betrachtete, erkannte ich die violinenförmige Zeichnung auf ihrem Hinterleib: ein dunkelbraunes Muster auf hellbraunem Grund.

Obwohl ich die Spinne anhand ihrer Bewegungen einwandfrei als Braunspinne identifiziert hatte, sah ich sie mir unter der Lupe an. An ihrem Kopf befanden sich in halbmondförmiger Anordnung sechs einfache weiße Augen: zwei an der Vorderseite und jeweils zwei auf der Seite. Es waren nicht die großen, glänzenden Augen einer Springspinne, die Insekten bereits im Flug erkennt und sie anspringt und fängt, sobald sie landen. Es waren auch nicht die kümmerlichen Augen einer Radnetzspinne, die in ihrer Falle auf Beute wartet. Es waren die Augen eines hinterhältigen Räubers, der alles tötet, was ihm zufällig über den Weg läuft. Es waren die Augen einer Braunspinne.

Braunspinnen sind visuelle Jäger und greifen alles an, was sich bewegt. Man kann sie zum Narren halten und dazu bringen, einen Stock zu packen, wenn man ihn vor ihren Augen über den Boden zieht. Die Braunspinne packt ihre Beute, injiziert ihr Gift und zieht sich daraufhin zurück. Während sie in einiger Entfernung wartet, lähmt ihr Gift die Beute. Die Kombination aus Schnelligkeit und lähmendem Gift ermöglicht ihr, auch größere und kräftigere Räuber zu töten. Sobald das Beutetier weitgehend gelähmt ist, packt die Braunspinne erneut zu und knabbert ein Loch in sein Außenskelett. Sie injiziert Verdauungssäure und saugt die Beute anschließend aus.

Ich erinnerte mich an die seltsam leblose Stille im Schuppen. Meine Gedanken kreisten um die Lehmwespen, die ich dort oft gesehen hatte: spindeldürre Räuber, die auf das Jagen von Spinnen spezialisiert sind und mit ihnen ihren Nachwuchs füttern. Ein Biochemiker hatte mir einmal von seinen Erlebnissen beim Einfangen von Braunspinnen erzählt, deren Gift er untersuchen wollte. Er hatte beobachtet, wie eine Braunspinne in das Nest einer Lehmwespe krabbelte. Kurz darauf kam die Spinne mit der Wespe im Schlepptau rückwärts wieder heraus. Ihre Klauen waren im Gesicht der Wespe vergraben.

Auf der Insel Guam gingen in den Jahrzehnten nach dem Zweiten Weltkrieg die Bestände an einheimischen Vögeln und Echsen nach und nach zurück. Einige Arten, die es nur auf dieser Insel gab, starben aus. Wie sich herausstellte, war für diese ökologische Apokalypse die Braune Nachtbaumnatter verantwortlich, eine exotische Schlangenart, die sich auf Guam verbreitet hatte. Vermutlich hatten Menschen sie versehentlich eingeschleppt. In Südostasien und Australien, wo die Braune Nachtbaumnatter heimisch ist, bringt sie die Natur nicht aus dem Gleichgewicht. Dort gibt es andere Räuber und Parasiten, die ihre Population regulieren. In ihrem neuen Lebensraum, befreit von ihren

Feinden, richtete die Braune Nachtbaumnatter jedoch in kürzester Zeit enormen Schaden an.

Der kleine Schuppen war nicht so sehr von der Außenwelt abgeschnitten wie eine Insel. Da jederzeit neue Gliederfüßer in den Schuppen kriechen konnten, waren die »Ausrottungen« nicht endgültig. Trotzdem ist die Ähnlichkeit mehr als nur eine Analogie; sowohl auf einer Insel als auch in einem Schuppen interagieren verschiedene Populationen auf begrenztem Raum. Allerdings ging die Apokalypse im Kleinformat in diesem Fall nicht auf das Konto einer braunen Schlange, sondern auf das einer braunen Spinne. Das aggressive Jagdverhalten der Spinne hatte alle anderen Arten ausgerottet. Selbstverständlich muss ein Jäger, der seine Beute ausrottet, dafür bezahlen.

Im folgenden Jahr war der Schuppen buchstäblich ausgestorben.

Früher oder später würden Kakerlaken und Ameisen und Grillen zurückkehren. Vielleicht würden die Grillen die Häute fressen, die die Braunspinnen zurückgelassen hatten. Die Häute waren das Einzige, was noch übrig war; sie lagen überall herum wie die abgelegten Jacken schlampiger Kinder. Nachdem ich sie aus den Fäden herausgelöst hatte, die an den Wandstreben oder an den Unterseiten von Regalbrettern verankert waren, wurden sie von einem Luftzug, den man sonst gar nicht wahrgenommen hätte, über den Boden geschoben. Als ich einen Werkzeugkasten öffnete, sah ich Dutzende von Häuten, die aussahen wie zitternde Hände.

Im Lauf der Jahre musste sich Folgendes zugetragen haben: Eine einzelne Braunspinne war in den Schuppen gekrabbelt und hatte ihre Eier darin abgelegt. Aus den Eiern schlüpfte eine Brut von nicht besonders wählerischen Räubern, die bereit waren, alles zu fressen, was klein genug war. Ihre Beute wuchs mit ihnen. Braunspinnen gehen auch auf Beutetiere los, die um ein Vielfaches größer sind als sie selbst. Außerdem fressen sie ihre eigenen Jungen und ihre Sexualpartner.

Die Braunspinnen im Schuppen vermehrten sich nur langsam. Eine Braunspinne braucht etwa fünf Jahre, bis sie ausgewachsen ist – eine sehr lange Zeit verglichen mit anderen Spinnen und sonstigen kleinen Lebewesen. Die Schwarze Witwe ist beispielsweise bereits nach drei Monaten erwachsen und wird nur selten älter als zwei Jahre. Die flinke Braunspinne lebt ein langes, langsames Leben. Sie überwintert in Ritzen und schützt sich vor der Kälte, indem sie sich mit einer Hülle aus Spinnseide umgibt. Wenn man sie ohne Nahrung und Wasser in ein Glas sperrt, ist ihr langsamer Stoffwechsel manchmal noch monatelang aktiv.

In der kleinen Welt des Schuppens hatten die Braunspinnen letzten Endes alle Lebewesen ausgerottet, die sie fressen konnten – alle Lebewesen mit Ausnahme anderer Braunspinnen, deren Zahl inzwischen in die Tausende ging. Sie hatten noch nie davor zurückgeschreckt, verwandtes Blut zu vergießen, doch jetzt betrieben sie einen systematischen Kannibalismus und fraßen nichts anderes als ihre eigenen Geschwister, Cousins und Cousinen. Die wenigen, die schließlich übrig blieben, krochen auf der Suche nach frischen Jagdgründen ins Freie.

Dieses Jahr im Frühling betrat ich den Schuppen erstmals wieder. Drei Jahre waren vergangen, seit ich dort die Folgen der Bevölkerungsexplosion der Braunspinnen beobachtet hatte. Überrascht stellte ich fest, dass der Schuppen wieder von Räubern bewohnt wurde.

Ich entdeckte den Eierkokon einer Schwarzen Witwe, der ziemlich frisch aussah. Mit einem Stock löste ich den Kokon aus dem Gespinst, das knirschte wie ein verrosteter Reißverschluss, und schreckte dabei einige Witwenbabys auf, die gerade einen Kadaver fraßen. Nachdem die kleinen, kugeligen Witwen das Weite gesucht hatten, identifizierte ich den Kadaver als Braunspinne. Als ich nach einem Glas griff, um einige der Witwen einzufangen, sauste eine große Braunspinne über die Kiste mit den Gläsern und blieb stehen, als wollte sie mir drohen. Ich schlug sie mit dem Stock in die Flucht.

An den Wänden des Schuppens fand ich etwa 20 Witwennetze. Die meisten waren mit dem Staub des vergangenen Jahres bedeckt, und in jedem zweiten hingen die eingewickelten, nur mit Mühe identifizierbaren Überreste von Braunspinnen. Was an weicherer Braunspinnenseide zu finden war, deutete darauf hin, dass hier mehrere Hundert Braunspinnen gelebt hatten. Ein Witwenmännchen war von ihnen an ein Kantholz gefesselt worden. Etliche andere Außenskelettreste an den Wänden sahen ebenfalls so aus, als stammten sie von Witwen, die von Braunspinnen getötet worden waren. Diese Auflistung schließt nur die Überreste ein, die ich tatsächlich einsammelte. Von einem großen Teil der Wandfläche ließ ich die Finger, da mich die zahlreichen lebenden Exemplare beider Arten zur Vorsicht mahnten.

Abgesehen von den Spinnen fand ich noch das Nest einer Lehmwespe, das vermutlich aus dem vergangenen Jahr stammte. Seine Zellen waren voll mit den Überresten von Braunspinnen, die von den Wespenlarven von innen aufgefressen worden waren. Reste von Schwarzen Witwen entdeckte ich nicht im Nest, obwohl Lehmwespen bekanntermaßen Jagd auf Witwen machen.

Außerdem fand ich frische Eikapseln von Gottesanbeterinnen, Grillen, Zwergzikaden und einige winzige Fluginsekten, die ich nicht identifizieren konnte. Die Räuber waren gegenüber den Vegetariern deutlich in der Überzahl.

Das Bären-Buch

Herausgegeben von
Franz Josef Görtz und Hans Sarkowicz

dtv 20375

Bären sind unsere ersten Lebensabschnittsgefährten, sind intime Vertraute und verläßliche Seelentröster. Die beiden Herausgeber haben sich dem Phänomen Bär in seiner ganzen Bandbreite gewidmet und in diesem vergnüglichen Lesebuch Geschichten, Porträts und Interviews versammelt.

Neben Erkundungen über den wilden Bären finden sich Antworten auf die Fragen, warum er tanzt, was er im Zirkus zu suchen hat und warum er in Literatur, Kunst und Werbung so beliebt ist. Im Mittelpunkt aber steht der Teddybär, denn diese frühe Herzensbindung, so wissen Liebhaber, ist abgrundtief echt und vollkommen gegenseitig.

»Das ›Bären-Buch‹ ist in jeder Hinsicht eine freudige Überraschung.«
Kölner Stadt-Anzeiger

»Für Bären-Liebhaber ein Muß!«
Donau-Kurier

Expeditionen in unbekannte Welten

Nigel Barley
Traumatische Tropen
Notizen aus meiner Lehmhütte
dtv 12399
Tanz ums Grab
dtv 12795
Die Raupenplage
Von einem, der auszog, Ethnologie zu betreiben
dtv 12518
Hallo Mister Puttymann
Bei den Toraja in Indonesien
dtv 12580
Traurige Insulaner
Als Ethnologe bei den Engländern
dtv 12664

Mary Crow Dog
Lakota Woman
Die Geschichte einer Sioux-Frau
dtv 36104

Rae Graham
Mashudu
Die weiße Zauberheilerin
dtv 36056

Bernard Lewis
Der Atem Allahs
Die islamische Welt und der Westen
dtv 30640

Redmond O'Hanlon
Ins Innere von Borneo
dtv 20220
Kongofieber
dtv 20324

Annemarie Schimmel
Berge, Wüsten, Heiligtümer
Meine Reisen in Pakistan und Indien
dtv 30639
Im Namen Allahs, des Allbarmherzigen
Der Islam
dtv 36111

Paul Theroux
Der alte Patagonien-Express
dtv 20031
Die glücklichen Inseln Ozeaniens
dtv 20224

Walter M. Weiss
Kurt-Michael Westermann
Der Basar
Mittelpunkt des Lebens in der islamischen Welt
dtv 30783

Kleine Philosophie der Passionen

Zum Selberlesen und Verschenken – für alle, die bereits einer Leidenschaft erlegen sind oder ihre wahre Passion noch suchen

Frank Lämmel
Autofahren
dtv 20164

Heiner Geißler
Bergsteigen
dtv 20039

Eva Gesine Baur
Dessous
dtv 20265

Gabriele von Arnim
Essen
dtv 20215

Barbara Bronnen
Friedhöfe
dtv 20096

Johannes Dräxler
Harald Braun
Fußball
dtv 20162

Peter Würth
Gärtnern
dtv 20036

Bernd C. Sucher
Gäste
dtv 20097

Bernd Schroeder
Handwerken
dtv 20267

Elfriede Hammerl
Hunde
dtv 20037

Florian Felix Weyh
Internet
dtv 20454

Renate Just
Katzen
dtv 20095

Willi Winkler
Kino
dtv 20486

Arno Makowsky
Kochen
dtv 20455

Ulrich Pramann
Laufen
dtv 20161

Burkhard Spinnen
Modelleisenbahn
dtv 20217

Moritz Holfelder
Motorrad fahren
dtv 20363

Stephan Lebert
Harry Nutt
Pferderennen
dtv 20418

Kleine Philosophie der Passionen

Zum Selberlesen und Verschenken – für alle, die bereits einer Leidenschaft erlegen sind oder ihre wahre Passion noch suchen

Hans Helmut Hillrichs
Pilze sammeln
dtv 20365

Roswin Finkenzeller
Schach
dtv 20218

Sky Nonhoff
Schallplatten
dtv 20417

Rainer Moritz
Schlager
dtv 20362

Sylvia Bieker
Christine Ellinghaus
Schuhe
dtv 20320

Dietrich Schwanitz
Angela Denzel
Schweiz – Liebesprobe jenseits der Baumgrenze
dtv 20419

John von Düffel
Schwimmen
dtv 20321

Karl Forster
Segeln
dtv 20038

Michael Knopf
Spielen
dtv 20266

Christian Ude
Stadtradeln
dtv 20364

Franz Josef Görtz
Telefonieren
dtv 20319

Dieter Hildebrandt
Tennis
dtv 20264

Margaret Minker
Umziehen, umräumen, umbauen
dtv 20099

Arnulf Conradi
Vögel
dtv 20098

Thomas Karlauf
Wein
dtv 20216

Konrad Lorenz im dtv

»Es gibt keinen erfolgreichen und guten Biologen, der nicht aus inniger Freude an den Schönheiten der lebendigen Kreatur zu seinem Lebensberufe gelangt wäre.«
Konrad Lorenz

Das sogenannte Böse
Zur Naturgeschichte der Aggression
dtv 33017

Konrad Lorenz behandelt einen gefährlichen Grundantrieb menschlichen Verhaltens: die Aggression, das heißt den auf den Artgenossen gerichteten Kampftrieb bei Mensch und Tier. Das Buch hat eine fruchtbare und nützliche Diskussion über die natürlichen Grundlagen des menschlichen Daseins in Gang gesetzt, die so rasch nicht wieder verstummen wird. Ein Schlüsselwerk von epochalem Rang.

Er redete mit dem Vieh, den Vögeln und den Fischen
dtv 20225

Das Haus von Konrad Lorenz in Altenberg bei Wien glich einer Arche Noah: Es war bevölkert von allen möglichen Tieren, die mit großer Liebe an ihrem Herrn und Meister hingen. Humorvoll und selbstironisch schildert Lorenz seine Erlebnisse mit den Tieren und berichtet dabei viel Wissenswertes über deren differenzierte Lebensgewohnheiten und Verhaltensweisen.

So kam der Mensch auf den Hund
dtv 20113

Aus uralten Instinkten erklärt Lorenz das Verhalten unseres vierbeinigen Hausgenossen, das manchmal fast menschlich anmutet, dem Hundeliebhaber allerdings oft unverständlich und sogar unheimlich erscheint. Jede Hunderasse, aber auch jeder einzelne Hund hat einen eigenen (und oft eigensinnigen) Charakter, den nur entschlüsseln kann, wer die Entwicklungsgeschichte und Verhaltensformen dieser Tierart kennt.

Biologie im dtv